連環殺手的學徒

誘拐綑綁、性侵凌虐、埋屍滅跡，
休士頓最凶殘殺人魔與青少年共犯的
罪惡行徑實錄

The Serial Killer's Apprentice:
The True Story of How Houston's Deadliest
Murderer Turned a Kid into a Killing Machine

凱瑟琳．朗斯蘭（Katherine Ramsland）、
崔西．烏爾曼（Tracy Ullman） 著
傅文心 譯

高寶書版集團

各界盛讚

「《連環殺手的學徒》令人驚艷，報導了一九七〇年代小埃爾莫．韋恩．亨利如何被誘拐，參與『休士頓大謀殺』的經歷，最後更親手結束了誘導他的殺手性命。超過二十四名男孩和年輕男子在那場大謀殺之中喪命。亨利在德克薩斯州監獄中，與朗斯蘭和烏爾曼攜手合作，改變五十年來我們對此案的既定認知，更正了調查審判時的錯誤。」——麥克．巴登醫學博士（Michael Baden, M.D.），前紐約首席法醫

「法醫權威朗斯蘭博士其文筆就像一流的小說家，傳記作家烏爾曼則擁有偵探般的天賦，兩人合作講述可怕團隊——性變態連環殺手狄恩．柯爾和共犯小埃爾莫．韋恩．亨利——聳人聽聞的故事。這本書一出即成為真實犯罪經典，為想要更瞭解本案和罪犯心理的讀者，提供大開眼界、極具震撼力的內容，儘管有惡夢般的細節，但依然忍不住一頁接一頁，捨不得放下。」——蓋瑞．布魯卡托（Gary Brucato）博士，《新邪惡：瞭解現代暴力犯罪的興起》（*The New Evil: Understanding the Emergence of Modern Violent*

Crime，暫譯）共同作者

「《連環殺手的學徒》超出傳統真實犯罪的敘述手法，探索一段過去的時光，呈現深刻的內容。隨著隱瞞的真相逐漸浮現，舊案重新定義，本書成為追求正義永不停歇的見證。讀者將深入過去的陰影，帶著更深一層的體悟，理解追求正義的複雜過程中，這場與獵食者之間的對抗，是一場永無止境的戰爭。」——安·伍柏特·布吉斯，波士頓學院教授、《破案女神》作者

「朗斯蘭醫生透過見解獨到的風格，鞭辟入裡地分析二十世紀數一數二喪盡天良、惡名昭彰的罪犯。《連環殺手的學徒》一書中，朗斯蘭和烏爾曼巧妙揭開狄恩·柯爾犯罪的駭人細節，這名孩童性侵連環殺手下手次數極多；從旁協助犯案的是他誘拐來的青少年共犯，且至少『誘捕』了二十八名受害者。本書令人不忍釋卷，熬夜也想讀完，作者剖析主嫌和誘拐的青少年共犯懷有什麼激勵因子，藉此有效喚起讀者注意，還有別種加害人類型學與性侵殺人類型。」——格雷格里·M·庫珀（Gregory M. Cooper），FBI退休剖繪專家、行為剖繪組組長、懸案基金會執行長

「鮮少有人能比凱瑟琳．朗斯蘭醫生更有資格來解開一名心理病態的精神狀況，《連環殺手的學徒》證明了朗斯蘭醫生是該領域的佼佼者！引人入勝又毛骨悚然的情節接連不斷，精準、密切揭示連環殺手心中的陰暗角落，提供執法界亟需的洞見。」——克莉絲汀．狄利（Kristin Dilley），Podcast 節目〈心志勝於謀殺〉（Mind Over Murder）共同主持人

「凱瑟琳．朗斯蘭和崔西．烏爾曼冒險深入連環殺人、性侵害、弱勢青年剝削的黑暗領域。兩人從心理學與社會學的觀點，認真看待多數人單純視為『邪惡』的行為，運用所學照亮發展歷程與文化脈絡，為那些被大眾視為道德和情感上都難以理解的『邪惡』行為，提供一個更『人道』的解釋。我要向他們的情商與智商致敬。相較於多數真實犯罪作品的膚淺分析，他們的著作是堪稱罕見的深入之作。」——詹姆斯．加伯利諾（James Garbarino）博士，康乃爾大學、芝加哥羅耀拉大學心理學榮譽教授，著有《傾聽殺手：擔任二十年謀殺案心理學專家證人的經驗教訓》（*Listening to Killers: Lessons Learned from My 20 Years as a Psychological Expert Witness in Murder Cases*，暫譯）

「凱瑟琳．朗斯蘭醫生新書《連環殺手的學徒》揭露了一段令人不敢置信的故事，

講述唯一已知的共犯案例如何殺了引誘他步入殺人關係的性侵罪犯。朗斯蘭的訪問和研究，發現了迫切的教訓，對執法單位、家長而言都是無價之寶，最重要的是預防未來的受害者不被現今世界潛伏的獵食者所害。殺人魔狄恩．柯爾被自己引誘到恐怖之網的青少年殺害，以及柯爾與大型兒童性侵集團之間的關聯卻被當局掩蓋一事，都相當引人入勝。如果你認為性販運近幾年才發生，那麼本書是一記警鐘，提醒著這一特別精心組織的邪惡早已存在數十年，或許只是偽裝得過於完善，無人察覺。本書是真實犯罪迷的必讀之作，也是每位擔心小孩安全的家長不可錯過的書。」——克里斯．麥當諾（Chris McDonough），退休刑警、「懸案基金會」調查主任、Podcast節目〈訪談室〉（The Intervi-ew Room）主持人

「凱瑟琳．朗斯蘭和崔西．烏爾曼獨家訪問美國史上最可怕連環殺手集團倖存者，寫下這本扣人心弦的作品，內容不僅是『糖果人』臭名昭彰案件的定論——揭露大量前所未聞、令人瞠目結舌的資訊——還是針對戀童獵食者心理活動和動機的絕佳研究，是讓人一讀就欲罷不能的真實犯罪故事，此外對法醫心理學有重大貢獻。」——哈洛德．謝克特（Harold Schechter），紐約市立大學皇后學院榮譽教授，著有《凶案紀念品：百件物品觀看犯罪史》（*Murderabilia: A History of Crime in 100 Objects*，暫譯）

「凱瑟琳・朗斯蘭醫生和崔西・烏爾曼記者重訪並改寫休士頓『糖果人』狄恩・柯爾及青年共犯小埃爾莫・韋恩・亨利——連環殺手的學徒——故事。兩人出色的調查讓亨利揭露當時營運的性販運組織存在，以及狄恩・柯爾用來確保亨利繼續當——連環殺手的學徒——的心理操縱手法。」

——丹・祖潘斯基（Dan Zupansky），Podcast 節目〈真實凶案〉（True Murder）主持人

謹將本書，獻給我的首批讀者，以及最重要的情感支柱——莎莉（Sally）、堂娜（Dana）、蘇（Sue）。我對這三人永遠心懷感激。

——凱瑟琳

謹將本書獻給亡夫傑弗瑞·費爾什曼（Jeffrey Felshman）以及我們的孩子——艾麗絲（Iris）、馬蒂（Marty）、加布里艾爾（Gabriel）——我最得意的靈感來源之一。

——崔西

目錄
CONTENTS

作者的話

本書重訪、更正七〇年代初期發生在德克薩斯州休士頓（Houston, Texas）的「糖果人」犯罪故事。成年男性狄恩・柯爾（Dean Corll）招來兩名青少年共犯——大衛・布魯克斯（David Brooks）和小埃爾莫・韋恩・亨利（Elmer Wayne Henley Jr.），從旁協助並引誘超過二十四名男孩供柯爾強暴、虐待、謀殺。最終，亨利殺了柯爾，然後自首。

亨利提及自己懼怕柯爾與位在達拉斯（Dallas）的性販運集團有所聯繫。布魯克斯一遭扣押，也描述過同一集團，但休士頓警方不太認真，沒有努力調查這所謂的關聯，最後直接終止調查。儘管如此，這一個集團確實存在，而存在的證據改變了先前我們過去所聽聞的故事。

紀錄片製作人暨調查記者崔西・烏爾曼花費數十年光陰，調查該集團的販運活動。他聯絡了唯一願意聊聊的共犯亨利，而亨利答應知無不言。我是凱瑟琳・朗斯蘭，半途加入他們的談話，探查亨利作為柯爾共犯的經歷；我是本書的主要作者，和烏爾曼一起合作，烏爾曼從他的調查中描繪出柯爾、布魯克斯、亨利三人故事的輪廓，記述這則驚人故事的完整脈絡。亨利沒有要求我們提供今時今日的調查，還同意協助我們更加理解獵食者是如何利用受害目標的弱點，加以剝削的伎倆。

我已經研究逾二十五年，這些年也都和連環殺手保持交流，其中一名罪犯就在我成長的小鎮殺人。他曾經在我才剛剛搭過便車的地方，騎著摩托車載走一位女孩。我那時還只是個孩子，換作是我，我可能也會願意搭上那一趟便車。

那個男人叫約翰．諾曼．柯林斯（John Norman Collins），後來被逮捕，因密西根「男女合校凶殺」一案被判有罪，且涉嫌犯下其他凶殺案。之後，我為法庭電視臺（*Court TV*）《犯罪圖書館》（*Crime Library*）撰稿時，與柯林斯通訊，接著又連絡上其他連環殺手。從此，我就成了這些罪犯的專家，寫作、教授大學課程的重心，都放在這些殺手的心理發展。

在拙作《凶手的心》（*The Mind of a Murderer*，暫譯），我剖析了上一世紀的十二個案件，這些案件都有心理健康專家花費長時間，瞭解特定大屠殺殺手、縱欲殺手、連環殺手的生活和罪行。他們心血換來的詳細素材，提供了我在二〇一〇年到二〇二一年對堪薩斯州威契托（Kansas, Wichita）ＢＴＫ連環殺手丹尼斯．雷德（Dennis Rader）的研究奠定基礎。

為了完成這般有深度的計畫，我採用了一種我稱之為「導引自傳」的格式。也就是說，先安排好問題架構，引導雷德回應他走向暴力的歷程，這些回答對心理學、犯罪學及執法領域皆有裨益。

這過程讓我得以更加理解，雷德那樣的人是如何「體驗」世界的。我們討論區隔化（compartmentalization）等心理學概念，也就是獵食者看起來像一般市民，卻同時藉由分割生活犯下重案。雷德稱這種能力為在各個生活時段「轉動魔術方塊（cubing）」，也就是說，雷德可以視情況所需，轉變外貌以示眾人。

他可以像一位好爸爸、好丈夫，可以是虔誠的教會長執會主席甚至是童軍志工，但同時也在跟蹤、偷竊、殺人。所有的角色都是他「魔術方塊」的一面，他可以任意迅速轉換。因此，雷德告訴我，相較於分割角色，要瞭解他為何可以過著差異巨大的雙面生活，「轉動魔術方塊」這概念更富資訊、更容易理解。

「轉動魔術方塊」的概念幫助我思考韋恩．亨利的經歷。雖然亨利十幾歲時捅了些小婁子，但要不是遇到柯爾，或許亨利永遠不會犯下暴力罪行。儘管協助柯爾殺人，但當亨利可以選擇的時候，他會轉動魔術方塊變成一般孩子，這時他能喘口氣，不再需要擔心自己幹的好事，獲得勇氣，最終得以反抗。亨利是唯一已知殺了性侵犯的共犯，這名性侵犯還誘拐亨利，加入「組隊殺人」的安排。

我們沒有撇除亨利的刑事責任（但他不需要負責），只不過，我們和他一起探索共犯關係的心理過程，提供珍貴的教訓給予輔導諮商人員、犯罪學家、父母家長、未來可能的受害者參考。

本書講述一名引誘兩位弱勢孩童進入犯罪組織的性侵犯，兩位孩童都來自破碎的家庭、處境艱困、資源貧乏，他們都容易受到經濟利益的誘惑。大衛・布魯克斯已在二〇二〇年過世，無法講述他的完整版故事，而亨利還在世，讓我們有機會從受害目標的觀點研究獵食過程。

這些事件發生的時間是五十年前。當時，我們以為已經知道了案件始末，但是當新資訊一出現，我們的認知又會轉變。近年來，我們已經看到其他幾十年前早就「解決」的案件，藉由新的詮釋解答長久以來的疑問，或更好地處理事實，而一一翻盤。

舉例來說，二〇一二年的DNA分析已經推翻了一九七三年對受害人身分的辨識，我們就不該再抱持著舊有的錯誤認知不放（如同本案的情形）。保持彈性與靈活，是坐冤獄的人可以證明自己清白的方式，是揭發包庇、解決懸案的方式，也是如本案般老舊的案件，可以針對當今情形給予重要洞察的方式。

許多柯爾採取過的誘拐技巧至今仍有人在使用，就是因為這些手法有效且好用。烏爾曼調查一九七〇年代在背後支持柯爾威脅的販運集團，顯示當時該集團在美國國內分布範圍甚廣。有影響力的人「丟失」證據、終止調查、抹除關聯，但依然有足夠的蛛絲馬跡，可以拼湊出大部分的故事。

亨利希望貢獻些什麼，以彌補自己的所作所為。亨利接受好幾個小時的訪談，本書都會用到，可能是直接引用，也可能是透過全知視角來陳述他對親眼目睹事件的感受與觀點。一九七三年八月，亨利的警方筆錄也提供了素材，亨利的媽媽以及少數幾位兒時友人也同樣提供素材。此外，我們也使用了相關時期的警方與法庭記錄、解剖報告、新聞文章、電視臺新聞綜合報導。

有時候，我們會引用早期詳盡的陳述，但以本案為依據的兩個主要來源，早在共犯審判之前就已出版，且兩者都包含了與事實不符的錯誤。即便是地方檢察官的回憶錄，書中談論到這些審判時，也和警方報告及其他記錄有所出入。本書不僅為這則故事增添許多細節，更深入挖掘共犯的動態學，讓新世代得以從中汲取有關獵食者最值得警惕的教訓。

第一章　殺死糖果人

一名青少年，身形纖瘦，頭髮微捲，戴著手銬，穿著藍綠色監獄連身衣，坐在無標示的警車上，引導司機開上一條坑坑疤疤的路。該名員警領著一個小車隊，載著警探，朝一排L型的鐵皮浪板儲藏小屋前進，地址是德州休士頓希爾維貝爾街（Silver Bell Street）四五〇〇號。這裡是西南船隻倉儲（Southwest Boat Storage）。

車隊停在十一號倉庫附近，前導車走下來一群穿西裝的男人，其中一位協助那名少年下車。男孩一臉茫然，幾乎無法站穩。

警探需要這名少年，因為他才剛揭露狄恩・柯爾（男孩當天早上槍殺的當地電工）殺害了其他男孩，並把屍體埋在這間倉庫的泥土地面下。警探起先駁斥少年的說法，畢竟他還只是個孩子，而且吸食油漆的快感才剛退去。

不過他提到大衛・海勒吉斯特（David Hilligiest）、馬蒂・瓊斯（Marty Jones）、查爾斯・考伯（Charles Cobble），這三位都接獲失蹤報案，其中兩位在幾個星期前的同一天消失。儘管一九七三年八月當天的午後悶熱到令人窒息，一行人還是來到此處確認這個少年——亨利的說法。

幾名警察來自休士頓警察局，又有幾名來自附近的帕沙第納（Pasadena）——柯爾被槍殺的地方。雙方同意合作辦案。下午五點半左右，一群人接近那間船隻倉庫的鋼製大門，一副掛鎖阻擋了去路。

警方找到住在附近的倉庫老闆梅米．麥尼爾（Mayme Meynier），向他說明緣由。老闆聽到租客死了，很是苦惱，還說狄恩．柯爾人很好，每個月都準時付費，從一九七〇年十一月開始租倉庫以來，沒漏過半次。房東沒有柯爾掛鎖的備份鑰匙，同意員警撬開鎖。

一名員警使用汽車鐵製挖胎棒成功破門。他們開啟大門，進到那個沒有窗戶，長三十四呎、寬十二呎的挑高空間，一陣悶住的熱氣迎面襲來，大家往後踉蹌。向內看，只見一個雜亂的倉庫。大家步入倉庫，評估存放的物件。

倉庫中央交疊蓋著兩條發霉的地毯，遮住了泥土地面。藍色地毯與兩側牆面同寬，長度則約十二呎。沿著右邊靠後側的地方，警探看到一輛蓋著車罩的車、兩罐壓縮天然氣桶、一臺小型紅色單車、一個空的家具紙箱、一個裝滿鞋子衣服的塑膠袋。

警探統計，一共有八個二十加侖的金屬容器，其中一個容器上面放了兩袋十磅的石灰。靠近左邊牆壁，凸起的泥土貝殼地面有一條裂縫，飄出淡淡的異味。兩把短柄鏟、一把壞掉的耙子，耙子的叉齒上有白色殘留物，加深了不祥的印象——這石灰底下，肯定埋著什麼。

帶路的男孩來到門檻，一臉蒼白。他沒有踏進倉庫，而是向後退開，坐在草地上，雙手抱頭。他的人生在那一天已經改變了，無可轉圜。

十七歲的小埃爾莫・韋恩・亨利剛剛開槍射殺了狄恩・柯爾，亨利說開槍是為了救自己和兩位朋友，那兩位朋友是柯爾決定要虐待的目標。亨利接著告訴警探，這間船隻倉庫有四名或可能更多名孩童被埋在裡面。

當天早上的槍擊案發生後，帕沙第納警察局警探戴福・馬里肯（Dave Mullican）就一直在亨利旁邊，盯著這名無望的青年。這孩子還沒有把知道的全都說出來，還有很多都沒說。儘管亨利說他只來過一次，但他仍毫無困難地領著他們抵達了船隻倉庫，甚至指出倉庫老闆住在哪裡。他還知道什麼？他還**做**了什麼？

但這些問題可以等。

首先，警方必須查出狄恩・柯爾是否如同男孩所說，是一位殺手。

窺一眼防水帆布的下方，是一臺被拆得只剩下車架的雪弗蘭卡瑪洛[1]，似乎被用來供

1 譯註：Chevy Camaro，大黃蜂車款。

應零件——常見的贓車賺錢手法。警方必須檢查該車的狀況，再移出倉庫，那臺兒童單車也是一樣。

警隊攝影師比爾・海爾（Bill Hare）為每個物件拍攝照片，隨即站到一旁讓鑑識小組開工。犯罪現場鑑識人員採取泥土、石灰樣本，從多個地方採集指紋，打包物件，當作可能的證物。

約莫晚上六點半，消息傳來說，那臺卡瑪洛似乎是偷來的，而那臺單車的小主人是十三歲的詹姆士・德雷馬拉（James Dreymala），將近一週前有人通報這名男孩失蹤。**又一名失蹤男孩，還不是亨利提過的其中一位。**這名男孩加上其他三名，可能有四個墳墓，或許有五個，因為一九七一年格雷戈里・馬利・溫克爾（Gregory Malley Winkle）和大衛・海勒吉斯特一起消失。但似乎不大可能，誰聽過有一個男人，可以抓走並殺害數名男孩，卻不引起任何人注意？

警探依然存疑，指示兩名從監獄借來的囚犯——「模範囚犯」——挖掘那堆壞掉耙子旁，散發著臭味的泥土小丘。空氣不知為何沒那麼悶了，但室外溫度仍舊炙熱，還有一股會讓襯衫黏在肌膚上的潮濕感。

模範囚犯開始挖掘，他們在地下八吋處敲到一層白色石灰，用鏟子再敲幾下，露出一塊厚厚的透明塑膠布。當他們一邊移開沙土時，一股味道先撲鼻而來，再看到：全身腫脹、赤裸的金髮男孩包在塑膠布中，右側身體朝下倒，白色膠帶纏住男孩的雙腳。從體型來看，警方猜測年紀大概十二、三歲。或許是德雷馬拉？模範囚犯緊張地從洞中將屍體整捆拉起，搬到外面，經過亨利。

挖出靠近洞底已經腐化、裹滿泥土的綠色塑膠袋，裡頭裝著一具屍骨。受害者被放進袋子時，就一直維持蜷縮的姿勢。亨利似乎沒錯，這地方是私人埋葬場。

警探呼叫請求更多人手支援。短時間內，大家還不會離開現場。模範囚犯嘟嘟囔囔發牢騷，他們不喜歡這份工作，其中一位還到外面去吐，但必須繼續挖下去。這個大小的倉庫，還有很多地面要開挖。警方請求架設投射燈、大型電扇，還把車子拖了出去。

第二批車體殘骸一移出，模範囚犯在髒兮兮的藍色地毯下方，找到第二處動過手腳的痕跡。在一層石灰下方，挖出一片六吋長、一呎寬的合板，看起來是個標記。

拉出合板，繼續往下挖，發現兩具包在厚塑膠膜中，被用繩子綑住，且已經開始分解的受害者屍體。兩名受害者都是左側身朝下倒，面向彼此，頭對著腳，似乎同時被殺害、掩埋。

或許，他們是馬蒂．瓊斯和查爾斯．考伯，兩週前警方才撤銷兩人的失蹤報案，認為他們只是離家出走，並沒有派任何人力去尋找。官方理由是，這段時間有那麼多青少年離開休士頓，似乎沒有理由浪費資源去找尋。

瓊斯和考伯是好朋友，在同一天消失無蹤，想當然兩人就是一起離家出走。從一九七一年開始，在休士頓高地（Houston Heights）這個地方就已經有許多男孩失蹤，他們只是其中兩名，而這些男孩中，有六名男孩來自同一所中學。光是這點，就該引起大眾疑慮，尤其他們的父母又已經為警方疏於回應一事鬧得沸沸揚揚，沒有父母相信自己的孩子是離家出走。

那晚，在那間又熱又臭的倉庫裡，每位警察可能都知道要為這紕漏付出慘痛代價。

現在，已經發現四具遺體了——正是亨利陳述的數目。警方大可以喊停，但他們明白可能還有更多具。這地方可能埋有其他證據或物品，可以協助辨識這些孩子的身分。必須繼續探查。

開挖的下一個洞就是卡瑪洛原本放置的地方，挖出一顆頭顱和一些骨頭，下方又是一捆塑膠布包住的遺骸，分解得如此徹底，警方甚至無法判斷手和腳擺放的方向。這樣就有六名受害者了。

犯罪作家傑克．奧爾森（Jack Olsen）認為，當時房東前來觀望，告訴警方柯爾曾因為「空間不夠用了」，最近還想要租另外一間，讓在場幾名警官頓時感到噁心。

救護車運送遺骸到哈里斯郡（Harris County）立的停屍間時，馬里肯看著亨利、抽著菸。他心想，這孩子真的如他所說，阻止了一名殺手。要是他沒有阻止，他和他的朋友也很可能都會被丟棄在那裡，柯爾則繼續殺人，天知道還會持續多久。

現場來了幾名記者，其中幾位發現那個長髮、長得滿臉痘痘的男孩——目前這則恐怖故事的中心人物。男孩看起來不過十四歲，矮小纖瘦，看不出來會造成這一切麻煩。亨利一會兒哭泣，一會兒告訴守衛他沒事。亨利抱怨頭很痛，想要打電話給媽媽，他已經哀求了好幾個小時，說想要和媽媽講話。

警方毆打 KPRC-TV 的記者傑克．卡托（Jack Cato），因為他逮到機會讓亨利使用他車上的電話。亨利答應了，但這是與惡魔交易——卡托沒經過這名青少年同意，就拍攝亨利倚在一臺紅色福特野馬、告訴媽媽瑪麗．亨利（Mary Henley）消息的畫面，甚至記錄媽媽聽到兒子自白的震驚音檔都在電視上播出了。

亨利的聲音顫抖道：「媽媽？」

「是的，是媽媽，寶貝。」

一陣沉默。「我殺了狄恩。」亨利用手遮住臉。

「韋恩？」媽媽聽起來很震驚。「噢，韋恩，你不可能這麼做的！」

「不，媽，我真的殺了。」

「噢，天啊！你在哪？」媽媽開始哭泣。

亨利告訴媽媽他人在柯爾的「倉庫」。當媽媽問能不能去找他時，亨利說可以來，但警探隨即指示亨利告訴媽媽不能來。警探知道他只是名青少年，家長「應該」在場，但卻不想媽媽來讓亨利「閉嘴」，甚至可能還會帶律師。

亨利向媽媽保證自己沒事：「我和警察在一起。」並說晚點會再和媽媽碰面。

「是我的錯。」亨利喃喃自語說，自己認識其中幾位男孩，還把他們介紹給柯爾。卡托詢問亨利訪談能否攝影，但亨利不想要上鏡。卡托趁攝影師專心拍攝排出倉庫內腐爛臭味的電扇時，想辦法錄下亨利的幾句話。

美國第十一臺電視臺記者說服亨利在晚間直播的時候面對面訪談。

亨利承認他已經認識柯爾好一陣子，大概兩年，他們喜歡一起喝啤酒。亨利說，柯爾曾談到某個組織涉及了這一切，還付柯爾好幾千美元。但亨利似乎有些懷疑，因為從柯爾的生活模式看不出來有這樣的關係。

現在到處都在播這些報導。亨利完全沒讓媽媽知道接下來會看到什麼——媽媽和鄰居都不知道。有些鄰居是那些從柯爾船隻倉庫移出的受害男孩父母，瑪麗．亨利還曾在那些男孩消失時安慰這些父母。

「我不相信。」瑪麗說。「那不是我的小韋恩。他才不會做那種事。他愛大家。」

媽媽回想，亨利五歲的時候，走在教會的走道上，宣布要成為牧師。直到最近，亨利還隨身帶著聖經，將它塞在襯衫口袋。亨利是好孩子。瑪麗知道亨利最近心煩意亂，會說些奇怪的事，因為太奇怪了，瑪麗還預約了精神科醫生。瑪麗記得，兩週前柯爾才告訴他說，計劃帶他兒子去玩，去一個他聯絡不到的地方。瑪莉滿腔怒火地警告柯爾，如果他敢這麼做，瑪麗會叫警察去逮捕他。

瑪麗說：「他肯定做了很糟糕的事，韋恩才會殺他。」

但這起案件，遠不只是一樁狄恩．柯爾致命槍擊案那麼簡單，接下來將揭露的真相更令人出乎意料。

看到屍袋一一移出船隻倉庫，亨利表現得很驚訝。亨利早知道有四具屍體，懷疑可能另外還有一、兩具，但現在看起來，柯爾的祕密遠比他意識到的還要更加黑暗。

亨利還知道另外兩處埋葬地，起初只打算告訴警方這些而已，但是承受著要說出所有實情的壓力，他在談話中不小心洩露了更多細節。

亨利對一名警官哀嘆道：「我覺得自己罪惡感好重，好像是我自己殺了這些男孩，是我害死他們的，是我帶著他們去見狄恩的。」

該名警官告訴亨利，他應該覺得幸運，畢竟他很可能也會被埋在這裡。亨利把臉埋在雙手中，知道自己不值得任何安慰，他應該要更早、更早就殺了柯爾，或者應該要去報警。

他擬了好多逃跑計畫，但試過的，沒一個有用。他的軟弱讓自己感到丟臉。有幾個關鍵時刻，亨利大可以做出正確的選擇，但每次都臣服於柯爾的意志。

大約晚上十點，馬里肯送亨利回帕沙第納的監獄——帕沙第納也是亨利給予狄恩．柯爾致命一擊的小鎮。馬里肯相信他們不再需要亨利的協助，但他很快就會明白，這不過是惡夢的開端。

四號洞位在右後方角落，又挖出了埋得很近的兩具屍體。看起來，有幾位孩子直接被丟下去，一具壓住一具。在第七具遺骸下方，模範囚犯找到一件飾有長流蘇的麂皮外套、一綑打結的繩子、一塊藍色毛巾布料。第八具被殺害的男孩，被埋的時候是坐姿，似乎是用一段降落傘繩綁住。這場景怎麼看都不真實。誰會這樣殺了孩子，再把他們埋在船隻倉庫裡面？狄恩．柯爾究竟是誰？

午夜過後，疲憊的警探喊了暫停，搜查還沒結束，但大家都需要休息。大家都難以忍受臭氣和熱氣，有些模範囚犯似乎出現創傷反應。沒人預料到會在這裡待這麼久——為了一件不大可能的報案，照例執行的出差查看，竟然發展成好幾具屍體的重大案件。

目前為止，挖了靠近兩邊牆以及倉庫中央的地面，還有好多處尚待挖掘。有些遺骸的年代顯示，屍體已經在這好一陣子了。

一群記者對著鏡頭大喊，為電視新聞臺播報這駭人的發現。家裡有男孩失蹤的父母相互打給彼此，仔細聽著報導的字字句句。犯罪作家傑克．奧爾森如此描述他們：這些父母對於休士頓警方之前宣稱他們失蹤的兒子只是離家出走而感到憤怒。

後來瑪麗・亨利回想起那天，告訴記者，他在和媽媽克莉絲汀・韋德（Christeen Weed）及三位年小兒子同住的家裡，坐著一動不動。瑪麗知道「埃爾莫・韋恩」和柯爾比較親近也已經有一年半了，埃爾莫・韋恩試著告訴媽媽自己有麻煩，但瑪麗並沒有聽進去。

瑪麗唯一的希望就是，現在目睹的一切都會獲得解決。勢必得如此。瑪麗迫切地想要見到大兒子，想要聽他解釋到底怎麼一回事，但瑪麗無法就這樣跑出去找大兒子。夜已深了，瑪麗懷疑警方不會允許他和兒子碰面。對瑪麗而言，那一夜既無眠又痛苦。

同樣的，亨利在空蕩蕩的牢房裡睡得一點都不安穩。他產生幻覺，看到一名女人跟著一隻狗走進來，然後一位年邁的黑人女性似乎在拍他的照片。這突如其來的「闖入」讓他陷入驚慌。他手足無措，不由自主地顫抖，不管做什麼都無法讓身體回暖。

隔天天剛亮，天氣又跟昨天一樣悶熱。更多遺體被挖出來，有些穿戴衣服、飾品，例如泳衣、鞋子、皮帶。法醫小組開始辨識死者身分。一對失蹤兄弟的身分證，證實了他們的命運。休士頓警察局警探卡爾・西本奈歇爾（Karl Siebeneicher）一臉恐懼地看著馬蒂・瓊斯的遺骸——馬蒂是他的表弟，竟然被殺害了。但其他人的身分就比較難識別了。

電視臺工作人員拍攝可怕的作業畫面，拉出塑膠布包裹住的分解屍體，抬往等待接送的交通工具。證據顯示，其中有幾具屍體的生殖器慘遭殘害。其中一個洞裡，混合了兩名男孩的屍骨，難以分別哪些骨頭屬於哪名男孩。

接下來幾天，休士頓大謀殺（Houston Mass Murders）成了美國史上規模最大的多重凶殺案。

性侵犯

對公共安全官員而言，緊迫的問題是，為何在短短幾年內，這麼多孩子從休士頓同一區域失蹤，卻沒有展開大規模調查？此外，為何看似好人的狄恩．柯爾——喜愛他的孩子都叫他「糖果人」——會做出亨利說的那些事？為何一位平凡的青少年韋恩．亨利會捲入其中？

隨著警方和檢察官急急忙忙拼湊起官方敘事，故事漸漸成形。他們追查多條線索，對於那些資訊模糊或缺少資源而無法可查的，就選擇忽略。最後，他們提出了簡單卻不完整的故事，來講述這名在特定區域下手的性侵殺人魔。

有將近五十年，這則官方敘事無人挑戰。然而，就在二〇一〇年代早期，兩個不同的調查團隊都開始追蹤藍迪．懷特（Randy White）這條線索，探查狄恩．柯爾與芝加哥連環殺手約翰．韋恩．蓋西（John Wayne Gacy）。

承包商蓋西，在柯爾死後整整五年，於一九七八年時遭到逮捕，罪名是殺害將近三十六名年輕男子與男孩。當蓋西監禁受害者和員工、彙整他們的資料時，懷特已經開始「調查」蓋西的工作了。有個名字在報告中反覆出現，即約翰．大衛．諾曼（John David Norman）。

翻出的紀錄可追溯至一九五〇年代，在一次調查中，諾曼強制猥褻青少年。諾曼被關入華盛頓州立麥克尼爾島監獄（Washington State's McNeil Island），入獄原因是不可矯治的性犯罪。不過，諾曼蹲牢房時間並不長。在狄恩．柯爾下手的期間，諾曼正在德州經營數個與未成年性剝削有關的「生意」。

一九七三年八月那場行動，似乎不只是為了辨識並阻止一名當地的連環殺手，還有更大的危險要挖掘。事實上，從發現屍體的那一天起，就已出現跡象了，表示這起案件的範圍遠遠不止一座城市，可能擴及全國。亨利曾提過，柯爾講過有個組織，專門買賣男孩，但是當亨利一承認自己是共犯後，他在警方眼中便失去了信任。

我們並沒有適合的標籤來形容亨利這樣的人——被獵食者鎖定要轉變成幫手的人。他們和那些受害的孩子不一樣，也與主要的性侵犯不同。他們身處於一塊模糊的中間地帶，通常被選中的理由僅僅是因為年紀輕、弱勢、軟弱，又依賴人或很服從，所以容易受人操縱。

社會較常將他們視為與主犯同樣的加害者——尤其當他們也做了令人髮指的事——調查員對他們獨特經驗的研究一直很有限。然而，深入探討這些從未想過要奪取他人性命的人，是如何在特定影響下殺人的，或許能讓我們發現，如何保護潛在共犯候選人的方法。

柯爾有兩名已知的學徒，都是未成年的十幾歲男孩。按照柯爾的吩咐，兩名學徒學會了誘騙、把風、殺害、埋葬其他男孩。

性侵犯的方法

學徒制這個概念，讓人聯想到十八世紀，年輕人在安排下必須習得手藝，目標是培養該項技藝的能力。為了獲得這門教育，學徒得負責簡單枯燥的苦差事。雙方都能從中得益，但奴役狀態會令人極度疲勞，甚至出現虐待。

學徒一般來說是十五歲甚至更小、容易訓練的青少年。學徒生活可以持續好幾年，最後變成合夥關係。在訓練期間，學徒可能會搬去和師傅同住，成為男僕或雜工，而有些工會等規模大一點的組織，會負責學徒的安排與管理。

太遲了，顯然有某個性販運集團的主要營運人員，據點就離狄恩．柯爾不遠，其中兩名男人生活與工作的範圍很廣，除了休士頓、達拉斯，還與加州有合作。根據紀錄，集團參與的獵食者有上萬名，同樣也有上萬名男孩遭到性剝削。柯爾不大可能對這集團毫不知情，因為戀童癖通常都會分享資源來擔保彼此。

對柯爾而言，重點是殺人，他開發了一套尋找年輕獵物的方法，再一步步引誘、控制、殺害、埋葬。柯爾很可能已經知道，讓青少年帶其他少年來參加他的派對，會降低被看到的風險——尤其是降低他與後來被殺害的男孩一起被看到的風險。柯爾利用撞球桌引誘年輕男性到他家玩，幾名休士頓受害者就常常來他家打撞球，其中一位受害者還在他的糖果公司工作過。

通常，獵食者會像柯爾一樣提供「指導」關係，使用一些聽起來很關心的話語以迅速建立親密感。性侵犯利用金錢、禮物、讚美、承諾來操控共犯，手法類似於誘拐受害者的方式，提供離家也能安身的避風港（第二個家），成為可以「懂」青年的大人。

柯爾起初發糖果，再發藥品、啤酒，最後才把家裡布置成少年喜歡且常常聚會、遊玩的地方。柯爾看起來總是樂於助人，他和藹可親的態度，讓他輕易引誘到兩名年紀輕輕的夥伴（可能還有更多）。一旦跨過犯罪那條線，這兩名青年夥伴在精神、道德、法律上都有罪，不成熟的人格結構導致他們容易受影響。他們還沒有能力足以抵抗像柯爾一樣強勢、主導的男性（即便是成年人，也有很多人無法抵抗）。

頭幾天，本案有戲劇性的發展，強迫警探修正他們最初對狄恩．柯爾和殺了他的男孩的想法。同時，亨利打算將實情全盤托出了，管他會發生什麼，他只想要卸下重擔。

這則故事遠遠不止表面看到的這些，還有更多情節尚未揭露。

案件牽連甚廣

八月九日，早上八點半，船隻倉庫內恢復挖掘工作。同一天早上，警探馬里肯把亨利帶出牢房，詢問更多問題。

亨利還在宿醉，人很難受，抱怨牢房太冷，睡得很差，但警方依然不允許他見自己的媽媽，而媽媽接到牧師的聯繫，已經準備好一名律師來代表亨利。

警探知道，在德州，十七歲的亨利是未成年人，但亨利可以合法自行做決定。亨利詢問了好幾次自己是否需要一名律師，但他沒有確切要求一名律師，所以基本上，警探可以繼續詢問。

馬里肯告訴瑪麗，他兒子如果想的話可以保持沉默，但警方會繼續問問題。警方想要在亨利看起來還願意講的時候繼續說。但是，獲得答案這件事，越來越迫切了。一組警探找到了四十多個休士頓失蹤男孩的檔案，資料看起來都很像那些被殺害的孩子。

下一輪訊問時，亨利稍微避而不答。儘管他希望讓自己遠離這一切，逃離自己行為的後果，但他知道沒辦法。警方一挖出更多屍體（當天到了中午又多了四具），亨利就承認，更遠的地方還有其他埋葬地點。

亨利說，要是他不幫忙，警方永遠找不到。他不知道自己會面臨什麼，但需要一五一十講清楚。馬里肯鼓勵亨利一吐為快，亨利說他想讓要那些失去男孩的家人，知道自己的小孩在哪裡，那時他沒有意識到本案會造成轟動，還為休士頓在媒體圈招了個「世界首殺之都」的臭名。

亨利重新提供了一份的陳述，開頭是他如何與狄恩・柯爾相遇。他請朋友大衛・布魯克斯幫忙介紹，希望可以過著像布魯克斯那樣看起來總是有錢花的生活。

「大衛總是開著狄恩的車，還有其他方面，我都覺得好厲害。」亨利的家庭貧困，幾乎繳不出水電瓦斯帳單。「大衛・布魯克斯跟我說，他可以讓我參加一次交易，可以賺點錢。」終於，柯爾提到性販運。「狄恩告訴我，他隸屬達拉斯的某組織，那個組織專門買賣男孩、拉皮條、販售大麻等等。狄恩跟我說，只要我每帶一名男孩給他，至少就會付我兩百美元，如果男孩非常非常好看的話，還會給更多錢。我沒有找任何男孩，大概等到一年後，我打算要用這筆錢為家人買好一點的東西，於是有一天，我到狄恩的公寓……告訴他我會幫他找個男孩。」

他們開著柯爾的車外出，看到一名要搭便車的年輕男子。亨利沒見過他。「因為我留長頭髮還有其他特質等等」，亨利得以說服那名男子，和他們一起回柯爾家抽大麻。

亨利描述他們如何用手銬把戲，限制那名男子的行動。「我以為狄恩要把男孩賣給那個他隸屬的組織。」柯爾付給亨利兩百美元。「後來隔天，還是再晚個幾天，我發現狄恩殺了那位男孩。」

亨利沒有意識到柯爾打算殺人，不過柯爾有告訴亨利，他現在已經是犯罪集團的一份子了，如果洩露出去是會坐牢的，所以亨利「另外幫狄恩找了八名或十名男孩」。

亨利提到大衛．海勒吉斯特（他的朋友，也被柯爾殺害）、馬利．溫克爾（後來被柯爾和布魯克斯殺害），其中一位是他親手殺害的受害者：「查爾斯．考伯是我殺的，我們把他埋在那間船隻倉庫。在帕沙第納的拉瑪爾街（Lamar Street），我用狄恩的手槍朝查爾斯的頭射下去，然後我們把他埋在那間船隻倉庫……然後是馬蒂．瓊斯，我和狄恩勒死他，也埋在那間船隻倉庫。」因此，亨利不只知道十一號倉庫有屍體，還幫忙搬運、埋葬屍體。馬里肯一直懷疑亨利也有涉入，這下驗證了。

他接著列出更多名字——比利（Billy）、法蘭克（Frank）、馬克（Mark）、強尼（Johnny）——有些是勒死，有些被射死。有些埋在薩姆雷本水庫（Lake Sam Rayburn），柯爾的父親在那區有一間度假小屋，其他人則埋在高島（High Island）的一處沙灘。

亨利無法提供確切日期，「因為有太多男孩了」。有些名字他沒聽過，但他估了個總值，「狄恩告訴我，總共有二十四名，但我沒有全都跟著去。」

亨利說，他試著要告訴媽媽「兩、三次，但他就是不相信我。有次我甚至寫了封自白書藏起來，希望狄恩會殺了我，因為我實在被這件事折磨得受不了。我把自白書給媽媽，告訴他，如果我消失好一陣子，就把自白書交給警方。」

亨利說，他和大衛．布魯克斯曾經討論過，要殺了狄恩來阻止暴行。「有好幾次，就差那麼一點我就要殺了他，但我永遠沒有足夠的勇氣下手，直到昨天狄恩告訴我，如果我對他做任何事，他的組織絕對會來抓我。」

這段自白是一種解脫。

中間有一次，亨利大叫道：「我才不在乎有誰會知道。我必須說出來！」等到亨利終於獲得許可，與媽媽見面十五分鐘，他告訴媽媽「要為我感到開心」，因為「現在我可以活下去了！」讓媽媽不明白亨利在說什麼。

亨利病了，媽媽看得出來，亨利正在承受戒斷的折磨，似乎瘋瘋癲癲的。媽媽告訴警探亨利需要照料，也說會另外安排律師，當天下午就會來。一名警官告訴他，在律師來之前，亨利想要說多少可以自己決定。只是在越來越多資訊報導出來之後，新聞報導的那些可怕細節，屍體半包裹著、有些遺骸分解到只剩牙齒和骨頭、有幾具屍體疊在一起埋葬……瑪麗才明白兒子涉入的是什麼滔天大罪。

那天結束時，模範囚犯從那間船隻倉庫運出了十七具屍體。他們挖的洞足足有六呎深，挖到六呎時，撞到堅硬的表面，就無法再繼續挖了。他們還請人來運走挖起來的土，檢查是否藏有沒發現的物品。

新聞報導插播平日的晚間節目，播報員報導發現的屍體。那一區男孩失蹤的家庭都密切關注新聞報導，有些家庭得知自家小孩的下落了，例如魯本（Ruben）、法蘭克、比利。許多家庭打到警局，現在只想要從警察那探聽更多消息，而不是起初這些男孩不過是離家出走的爛說詞。自從柯爾租那間倉庫以來那段時間，這小小鄰里約有二十四名男孩「離家出走」——這太荒謬了。

在一九七三年，這樣的案子，前所未聞，好多問題需要回答。FBI還沒啟動極度暴力罪犯側寫計畫，就連美國的執法單位都還沒開始使用「連環殺手」一詞。普遍認為性變態只在社會邊緣偷偷摸摸亂來，不會和端正規矩的好公民共同生活，一起工作。隨著細節一一揭露，整座城市深陷驚嚇。

然而，就在離達拉斯不遠處，一群性販運者（柯爾宣稱與之有財務關係）成功插旗全國，進攻其他許多地方。亨利對那群性販運者的指控，淹沒在休士頓大謀殺更多的即時細節與強烈震撼下，幾乎未受到關注。雖然所謂的達拉斯聯盟（Dallas Syndicate）也是警方紀錄中的一條線索，但警方似乎沒花多少時間調查就放棄這條線索。

但沒人前往達拉斯去調查狄恩．柯爾這名孤獨之狼性侵犯的所作所為——簡直是最差勁的性偏差行為，柯爾還透過陰險狡詐的誘拐過程，把他的毒液散布給他人。要瞭解這過程究竟是如何運作的，一定要仔細探究這幾名參與者的背景，首先從柯爾還是初出茅廬的性虐待狂，以及大衛．布魯克斯變成第一位打雜小弟開始。

第二章　引誘小孩，製造殺手

其他墳墓

帕沙第納船隻倉庫挖掘之後，亨利另一次陳述結束時，馬里肯警探收到來電通知，大衛．布魯克斯和爸爸、叔叔要一起到休士頓警察局，見警督J．D．貝爾徹（J. D. Belcher）。

布魯克斯主動提出，要告訴警方他所知道的柯爾和亨利。馬里肯告訴亨利這個最新進展時，亨利說很高興能聽到這個消息，因為現在他可以講出所有實情了。亨利以為布魯克斯會和他一樣和盤托出，卻沒料到布魯克斯打算落井下石。馬里肯還以為這次會談需要更多籌碼時，才告訴亨利，布魯克斯要讓他扛下所有責任。

在這四十分鐘的會談期間，亨利說他和布魯克斯兩人都在替小男孩拉皮條，也都參與了殺人。馬里肯通知休士頓警察局，那天下午派出一個小組，帶亨利到薩姆雷本水庫區的埋葬地點。馬里肯警探不再猜測本案究竟何時會結束了。

十八歲的布魯克斯看了新聞，打給哥哥說自己「稍微」涉案。大家都知道，過去三年他和柯爾住在一起，顯然他覺得必須說些**什麼**。哥哥告訴父親奧爾頓．布魯克斯（Alton Brooks），父親堅持他們要去一趟警局。

奧爾頓在休士頓警察局有朋友，那些朋友會知道要怎麼處理。奧爾頓是當地的鋪路工程承包商，有一點政治影響力，還聘僱兼差警察當自己生意場所的保全人員。犯罪作家傑克．奧爾森認為，奧爾頓擔心兒子涉案的汙名會毀了自己的名譽，更糟的是，亨利也曾是他的臨時工之一，所以奧爾頓認為可以利用自己的人脈來控制損害程度。

警督貝爾徹打給吉姆．塔克（Jim Tucker）警探，以及其他幾位他想要從刑事大隊找來的警探。奧爾頓也在場的情況下，大衛．布魯克斯提供了一份「目擊證詞」，說自己認識柯爾多年，甚至住在一起，但從來沒看到有任何犯罪的證據。一名警官記下布魯克斯說的每句話，但是警方根本不買帳。警方知道要找機會讓這名年輕人離開父親視線。

布魯克斯說，他第一次遇到柯爾是六年級。柯爾那時二十七歲，買了一個紫外光燈給他玩，禮物雖小，但印象極深，那次布魯克斯允許柯爾為他口交。事後，柯爾付給他五美元。之後，布魯克斯不停回去找柯爾，因為柯爾一直對他很好。布魯克斯也有看到其他男孩讓柯爾和他們性接觸。又過了一陣子，布魯克斯介紹亨利來到柯爾住處。

在幾個小時的會談期間，布魯克斯用模糊的詞彙講述他的所知所聞。我們不清楚其父奧爾頓是否全程在場，但因為只是「目擊證詞」，警方也不能施壓或盤問布魯克斯。儘管如此，警方還是可以採取策略提問來引導他吐露更多資訊。

布魯克斯最終承認，柯爾有次住在休士頓約克鎮（Yorktown），布魯克斯看到兩名男孩光著身子被綁在床上，柯爾也是全身赤裸。柯爾說他「只是玩得很開心」，然後提議如果布魯克斯保密的話，要買一輛車給他。

布魯克斯說，後來柯爾告訴他，柯爾殺了那兩名男孩。「他給了我一輛車，是一輛克爾維特跑車。」布魯克斯並不知道那兩位男孩的名字，但認識另兩位也失蹤的男孩：馬克・史考特（Mark Scott）和魯本・海尼（Ruben Haney）。

布魯克斯還說了一位「墨西哥男孩」，柯爾住在貝爾方丹（Bellefontaine）的時候，那男孩「攻擊了」柯爾，結果柯爾朝男孩射了兩槍。「他沒說屍體怎麼處理。」還有另一位男孩，柯爾說在浴缸裡殺了，還因此打破了浴缸一角。「有時候我們聊著聊著，他會說勒死人有多困難……其實要花上好一陣子才會斷氣。」

布魯克斯估計，柯爾在這三年殺了二十五到三十名男孩和年輕男子。他補充道，柯爾提過達拉斯有一群人，從事和他類似的活動，他提到有位叫阿爾特（Art）的男人也在達拉斯殺了幾位男孩。「有一天在他家，我撿起一張紙，上面印有阿爾特的名字和電話號碼，但最後一個號碼沒寫出來，區碼是二一四，是達拉斯的電話號碼。」

布魯克斯說，亨利和柯爾有次聯手對付他。亨利打了他的頭，讓他無法行動，柯爾替他上手銬，然後強暴他整晚，強迫他做其他淫蕩墮落的行為。柯爾決定要殺了他，亨利也打算幫忙，但最後卻放他走了。

令人費解的是，布魯克斯仍繼續和柯爾同住。他跟著柯爾搬了好幾次家，住在不同的公寓，直到「韋恩跟我說，狄恩又開始講要再弄我一次，所以我就打包走人了。」但是柯爾越來越偏執，懷疑布魯克斯不在他身邊時會做什麼不利於他的事情，於是布魯克斯又搬回去——布魯克斯沒有解釋為什麼又搬了回去。

下午一點二十分，布魯克斯講完了，除了聽到幾次謀殺外，幾乎沒有牽連他自己。警探嘖嘖稱奇，布魯克斯竟然可以和強暴自己的人住在一起。警方把他安置在一間辦公室，等待下一步。目前為止，警方知道亨利承認自己參與了八次凶殺，還知道另外十六次凶殺。亨利說了布魯克斯也有涉案，所以他們不能就這樣讓布魯克斯回家，至少現在還不行。

下午兩點半左右，亨利被帶到休士頓警察局，送到布魯克斯待著的那間辦公室。當時奧爾頓不在場，警方的計畫是，看看亨利是否可以讓布魯克斯坦承。

亨利在自白後如釋重負，非常興奮，催促布魯克斯喚醒自己的良心：布魯克斯應該直接說出真相，因為他自己就這麼做了，而且做了之後感覺好很多。但是亨利警告，如果布魯克斯避重就輕，亨利會改變說詞，把一切都推給布魯克斯。雖然布魯克斯說自己不打算改變陳述，但似乎也明白自己無法緊緊抓著謊言不放——布魯克斯沒料到，亨利會說這麼多。

那天下午稍晚，大衛．布魯克斯被逮捕，理由是重罪犯自白時供出他，警方也宣讀了他的權利。他父親當場情緒崩潰。有跡象顯示，布魯克斯的家庭有功能障礙，奧爾頓曾經警告亨利不要和自己的兒子一起玩，認為自己的男孩（大衛）一無可取。然而，奧爾頓也從未想過會發生這樣的事。

布魯克斯決定要修正陳述，「講清所有事」。父親接近他，敦促大衛說自己從未涉入任何凶殺。犯罪作家傑克．奧爾森引用奧爾頓的話：「我擔心的是媒體報導，那可是會毀了我的事業。」沒人知道為何他可以做到這種程度的干涉。奧爾森筆下的奧爾頓，對兒子竟然毫不在意事態的嚴重性，感到極度震驚。

同時，新聞媒體一直報導那間船隻倉庫持續增加的屍體數量，死亡人數越來越多。

這是一起多轄區調查案件，現場車輛越來越多，亨利和兩名帕沙第納警探及一名休士頓警探——戴福．馬里肯、希德尼．史密斯（Sidney Smith）、威利．楊（Willie Young）——坐在其中一輛車，前往休士頓東北部七十哩松樹林間的薩姆雷本水庫區，另外三名警探開著另一輛車一道前往。

到了拉夫金（Lufkin），兩名德州巡警德博・克拉克（Dub Clark）和查爾斯・尼爾（Charles Neel）加入護送車隊的行列。另一輛車載著約翰・霍伊特（John Hoyt）警長，以及他在聖奧古斯丁郡（San Augustine County）的部下。幾臺記者的車跟在最後面。

在車內，亨利告訴警官，柯爾答應只要把男孩帶來，就會給錢，但堅持說自己只拿了一次錢而已。楊警探和亨利一同坐在後座，問亨利怎麼會捲進這麼骯髒齷齪的泥淖，對此亨利的回應真情流露：「嗯，如果你爸爸會拿槍射你，那麼你很可能也會做出同樣的事。」

亨利說這一處有四名受害者，可是不太確定埋屍地點在哪裡，因為布魯克斯才是開車的人，不過他知道他們去的地方就在柯爾一家的房產附近。亨利想起了小鎮的名字，霍伊特詢問附近是否有一座長長的橋，亨利說沒錯，又說過了橋之後，他們開上了一條左邊的泥土路。霍伊特知道路了。

讓我們回到那間船隻倉庫，這是挖掘的第二天，開挖過程越來越艱難。有些地方，泥土混著體液，泥濘髒汙亂七八糟，難以完整取出屍體。調查員找到的多是一塊塊頭髮或一片片碎骨頭。有具屍體旁邊，丟棄了三小包塑膠袋，裡面裝的是被切下來的一根陰莖和兩顆睪丸。另一名男孩的陰莖幾乎被啃咬了一半。受害者遭到綑綁，有幾位的手被反綁在背後。所有受害者都用塑膠布包著，但有些塑膠已經破裂了。有條褲子看起來是名年紀較小的男孩穿的，比起多數受害者都還要小，或許只有八、九歲。市府派了一輛挖土機，但機型不符，最終只好由模範囚犯回頭拿起鏟子繼續挖。

在薩姆雷本水庫附近，亨利拿到一雙高爾夫球鞋，換下腳上單薄的監獄涼鞋。霍伊特警告，下了好幾天雨，這裡遍地泥濘。亨利中途走錯了幾次路，整個隊伍不得不放慢速度。他們開到三一八五農場路（Farm Road 3185）後，亨利下車，帶頭在林間走了一百碼，穿過某條小溪旁的區域（他說那裡有一個墳墓），抵達遠處的某個地點，有四條樹枝交錯其上。亨利說，他在所有墳墓上都擺放了這個標記。

警方挖開土壤，鏟子敲到一塊四呎合板。亨利說下方有具屍體，但忘記了受害者的名字。他告訴警方，會有那塊合板是因為屍體曾經浮到地面上，很可能是動物的傑作。合板下方，有一層白石灰。沒多久，就挖到包好塑膠、開始分解的遺體。

整群隊伍回到第一個墓地，亨利說：「比利・勞倫斯（Billy Lawrence）就埋在這裡。」去年六月，勞倫斯就失蹤了。

犯罪作家傑克・奧爾森寫道，勞倫斯最先被找到，就在合板下方，第二個墓地還要更深入樹林，但解剖報告顯示第二具屍體才是勞倫斯，而且也沒有合板。法醫也標明，四具屍體都在八月九日找到，但警方報告卻與此大不相同。

夜幕降臨，一天的工作結束，但亨利堅持還有兩具屍體要找，於是整隊人馬就近找地方過夜，把亨利關在當地看守所。霍伊特警長想要指控亨利，並把亨利留在聖奧古斯丁郡。根據作家約翰．葛威爾（John Gurwell）的紀錄，霍伊特報告寫到亨利和媽媽通電話，大吼媽媽沒有找律師來，但亨利說他不可能對媽媽大聲，也不想要媽媽拿房子去抵押換錢請律師。

亨利服用了鎮靜劑。凌晨兩點左右，霍伊特警長叫醒亨利，打算開始訊問。霍伊特帶了治安法官來宣讀亨利的權利，準備要以謀殺罪起訴並逮捕亨利，但亨利還因為藥物昏昏沉沉，不太清楚霍伊特在做什麼。隔天一早，巡警確認亨利回到車上。

布魯克斯也在牢房過了一晚。禮拜五早上，布魯克斯準備好吐露實情（但只有到某種程度）。他說柯爾和當地多名男孩口交，有時候柯爾會強迫肛交再殺人滅口。布魯克斯又再度說起約克鎮公寓兩名男孩的凶殺案，吐露更多細節道：「屋裡有兩位男孩，我離開的時候，他們還沒被殺。但是狄恩告訴我，他後來殺了他們。」

布魯克斯不知道他們的名字（一九七〇年，柯爾曾住在這地址，只有一名身分經確認的受害者在那時期被殺害。布魯克斯要麼記錯，要麼這些男孩是尚未找到的受害者。當時，柯爾還沒有那間船隻倉庫，把沙灘當成墓地。因此，兩位男孩可能被埋在某一片沙灘）。布魯克斯說，柯爾告訴他這些男孩會被送去加州，也可能只是一套說詞，這套說詞碰巧和柯爾說過的性販運網絡使用同一個地點。不過，柯爾的說詞或許也表示柯爾真正的過去，又或者與該網絡依然保有聯繫。

可能是因為吸食毒品或還沒準備好，布魯克斯的說法有漏洞且不連貫，試圖遮掩自己曾經涉入，但還是承認，一九七一年魯本．海尼在六三六三聖菲利佩（San Felipe）被殺害時，他人在現場。

「下手的是狄恩，我只是在場。」布魯克斯也在另一個地方，看著一對兄弟被殺。「狄恩勒死他們的時候，我人在場，但我還是沒有動手。我想他們被埋的時候我在場，但我不記得他們被埋在哪裡。」

亨利加入之前，布魯克斯還目睹了另一起凶殺，但沒說受害者是誰。「狄恩把男孩關在家裡，四天左右才下手。」他們一起抬走男孩，一起埋了他。「必須殺了男孩讓狄恩很不開心，因為他真的很喜歡那男孩。」

提到亨利時，布魯克斯說，這名共犯同袍最初只是幫忙「找男孩」，但後來主動參與殺人。他說，亨利曾經有一次「特別嗜虐」。布魯克斯那時勢如破竹，越講越多，但行事依然小心翼翼：「多數的凶殺，都是在韋恩加入之後才發生。我還是沒有實際參與殺人，但我們三人幾乎都會在場。」布魯克斯說馬克．史考特被殺的時候，他也在場，推翻了稍早之前的謊言——他離開的時候馬克還活著。

布魯克斯講述了更多虐待、凶殺事件，細節混淆不清，還只把自己形容成「待命」

角色，以防萬一出了差錯。他說，警方在柯爾家找到的手銬合板，是用來拘束男孩，方便性侵的道具。他也是司機，負責載屍體去埋葬。好似要為自己的形象增光，布魯克斯還說自己幫了幾名男孩，其中一位叫比利・李丁格（Billy Ridinger）。「我相信他到現在還活著的唯一理由是因為我求他們別殺他。」（早些時候的陳述中，他說是柯爾決定放過比利。）

布魯克斯強調：「那些男孩大多不是好孩子。」都離家出走過。好似這麼說會對他的案子有益。他還說，大多數都埋在船隻倉庫裡。那裡找到的十七具之中，至少有十具被殺時，布魯克斯在場。「我很遺憾發生這些事，我也為那些孩子的家人感到遺憾。」

亨利帶隊穿越薩姆雷本水庫區的樹林，位在他們前一晚去的南方。亨利找到那棵倒下的樹，之前搬屍體到這裡的時候，他曾被那棵樹絆倒。這群搜索隊走到另外兩名男孩的墓，兩處相隔十呎。

亨利說，這兩名受害者被殺害的時間都不同，認為他們可能是霍莫・賈西亞（Homer Garcia）、麥可・鮑爾奇（Mike Baulch），後者是前一年一名受害者的兄弟。被合板遮蓋的一名受害者，脖子上套著繩索，看起來就像絞刑用的樣式。這一區，亨利只知道這幾個墳墓，沒有其他的了。

回到車上，亨利回答了記者幾個問題，但他看起來相當不耐。亨利承認自己幫柯爾「找了幾名男孩」，好讓柯爾強暴他們。「我們幫他挑選。」只要聽到不喜歡的問題，亨利就草草回句：「不予置評。」最討厭的尤其是被問到，媽媽八月八日被拍攝下來的反應。亨利回道，那是我家私事。他承認自己有涉入這些凶殺，因為「狄恩就是對我有某種影響力」。

這支愁雲慘澹的車隊繼續朝南開三小時，目的地是公共海灘，就在高島的非建制地區社區附近，位在欽伯斯郡（Chambers County）內，郡緊鄰著傑佛遜郡（Jefferson County）和加爾維斯敦郡（Galveston County）。

他們在午餐時間抵達，沙丘遮住了海灘，但穿越沙丘的寬闊路徑供人通行。如今護送車隊已經有好幾十輛，另外還有三架直升機。另一列車隊從休士頓出發，後面跟著休士頓警察局警探吉姆．塔克和傑克．哈默爾（Jack Hamel），兩人正在移交大衛．布魯克斯。一臺挖土機和一臺推土機也加入行列。

那天拍攝的某張照片可見，亨利和布魯克斯一同坐在沙丘上，但是亨利不記得有和布魯克斯講話，也不記得有在布魯克斯附近。這兩人曾經一起蓄謀殺害柯爾，現在亨利獨自一人殺了柯爾，但是布魯克斯顯然對此沒有疑問，也沒有評論。布魯克斯沒跟亨利說自己向警方講了些什麼。

海灘上，遊客站在一旁目瞪口呆。在炎熱的氣溫下，布魯克斯領著警探汗流浹背地前往第一個墳墓，墳墓記號是一大片水泥碎塊。布魯克斯說，受害者叫魯本・海尼。警方找到屍體，包裹著塑膠布，埋在兩呎深的地方，頭顱還有幾縷黑色髮絲。除了腳上殘留的肉，遺骸只剩骨架（事後經法醫證實，布魯克斯弄錯受害者姓名。柯爾帶他來看這個記號，可是埋葬的時候布魯克斯不在場，結果發現死者其實是另一位年輕男孩）。

亨利找到兩百呎之外的第二個墳墓。他也指出其他幾個可能的地點，但都沒有挖到任何東西。這區域真的相當難搜查，因為只有一個明顯的地標。布魯克斯說，這裡會有一排六具屍體，每具相隔不到半哩。一輛海灘平地機耙過目標區域的一大片沙，調查員四處戳洞，想要釋放屍體分解散發的惡臭。

布魯克斯想起一名之前沒提過的受害者，「他是最小的，大概九歲，他的爸爸在狄恩家對面經營一間雜貨店。」（在那間船隻倉庫有找到一條適合九歲男孩穿的褲子。）

警方又臨時舉辦了一場記者會，亨利趁機糾正新聞報導的錯誤陳述，那都是他和警方去外地那趟看到的錯誤報導。亨利很樂意擺姿勢拍照，例如假裝指出某個埋葬地點，但這只會加深他留給警探看似對自己所作所為毫不在意的印象。

警方後來回報，在那趟車程中，亨利告訴他們要勒死人有多麼困難（顯然是重複柯爾說過的話）。大家都在想，亨利怎麼可以這麼多話，他們挖起來的可是分解腐爛的男孩屍體——亨利的**朋友**。他們也不理解，亨利得知柯爾無法再對任何人下手（包括他自己）時，多麼如釋重負，無比安慰。

那天下午，警方只挖到兩具屍體，累積死亡人數達二十三具。亨利和布魯克斯兩人都堅稱沙灘上還有更多屍體，有名叫馬克．史考特的男孩也埋在這裡，但員警還是決定先暫停。要是在今天，這舉動肯定震驚社會，但那時的理由是挖掘還需要機械，為此不僅有文書作業，還需要資金。

一名市府官員宣稱，該區域是鳥類保護區，不該受到侵擾。沒有明確位置，要開挖整片海灘確實相當棘手，他們無法隨意翻挖整片沙灘——即使要搜查的是受害者，即使受害者也是某人的摯愛親人。警方只說，星期一會再試一次，但堅持今天的工作到此為止。

回到休士頓，親朋好友在帕沙第納葛蘭德維墓園（Grand View Memorial Park）齊聚一堂，參加狄恩．柯爾的喪禮。一名年輕男子提早到場，站在一旁，兀自哭泣。警方後來查到該男身分，是柯爾的同學。

柯爾曾在美國陸軍服役，棺木覆蓋美國國旗，表彰其軍事貢獻。該面國旗，摺疊好之後，交給他父親。柯爾的母親瑪麗．魏斯特（Mary West）宣稱布魯克斯和亨利陷害了他兒子，羅織凶殺的罪名。柯爾也是他們倆的受害者。

與此同時，有人向媒體洩露布魯克斯的第二次陳述。全國各地的父母紛紛打到休士頓警察局，想知道他們家失蹤的男孩是否也是其中一名受害者。負責接電話的員警疲於奔命，不堪其苦。

助理地方檢察官唐．蘭布萊特（Don Lambright）意識到，自己需要利用一名已知身分的受害者來證明布魯克斯有罪，於是他向警探施壓，想要拿到第一手的詳細陳述。

八月十日晚間，疲倦的吉姆．塔克警探發現大衛．布魯克斯在和父親討論，塔克想辦法和布魯克斯單獨談話，請他重新回想比利．勞倫斯的凶殺案——勞倫斯的屍體被埋在薩姆雷本水庫區。

塔克拿出一張在拉瑪爾街二〇二〇搜到的相片，布魯克斯認出那張相片，說：「我之前在狄恩家看過同一張相片。」布魯克斯也認出相片中的比利．勞倫斯。布魯克斯說那天他去柯爾家，看到地板上有一位全身赤裸的男孩綁在床邊。那天晚上，男孩依然有呼吸，但等到他們準備要去薩姆雷本水庫區時，男孩死了，「所以他被殺的時候，我肯定在場」。布魯克斯承認，冷冷地說：「看到殺人我沒差，我已經看過很多次了。」他們把屍體運送到薩姆雷本水庫區，睡覺、釣魚、吃飯，然後才動手挖了個墳墓。

塔克打下這段陳述。根據犯罪作家傑克．奧爾森描述，布魯克斯讀完這段陳述後，說他不能簽名，他想要更改一句話。他剛剛才說自己看過很多次殺人，現在他要把原本的「我只是不喜歡親自下手」，改成「我只是不願意親自下手，而我也從來沒有親自下手過」。

很顯然，奧爾頓的擔心影響了大衛。助理檢察官蘭布萊特後來承認，十分後悔讓大衛和爸爸有機會獨處。要是奧爾頓不在，或許還有機會問到更多訊息。大衛・布魯克斯在最終版的陳述簽了名，那次之後，他就沒再發言了——他有了一名律師。

亨利也找了律師。亨利媽媽聘了查爾斯・梅爾德（Charles Melder）律師，梅爾德另外邀請了艾得・佩格洛（Ed Pegelow）律師。梅爾德向媒體表示，亨利病了，精神狀態導致他身體不適、意識混亂。梅爾德發誓，會申請到法院命令釋放亨利。

雖然霍伊特在聖奧古斯丁郡針對薩姆雷本水庫區的發現提起了三項指控，但在哈里斯郡（Harris County）尚未正式起訴。梅爾德說，他不會再讓警方詢問他的當事人。警方已經詢問了好幾個小時，還不讓媽媽在場，而且刻意不讓亨利和媽媽說到話，甚至媽媽已經告訴警方聘好律師了。

梅爾德認為，亨利會招供是迫於威脅，亨利又病了，他會盡力讓警方銷毀自白書。「要是我們在場，亨利根本不會做任何陳述。」梅爾德也說，大衛・布魯克斯涉入的程度比起他在陳述書說的還要深，布魯克斯極有可能是自私的騙子。

星期一，在高島的搜查復工，先前發現兩具屍體的附近，又發現三具屍體。同一個墓中，埋了兩名男孩，頭腳相對，還有不屬於兩名男孩的額外骨頭：有幾節脊椎、三根肋骨、一副髖骨、一根尺骨、一根蹠骨，警方都將這些妥善地搜集起來。

一名機械操作員說，他們已經拖曳了半哩沙灘，但在沙上拖曳，很可能會拉到不同墳墓的骨頭。欽伯斯郡警長路易斯・奧特（Louis Otter）下令開挖更多地方，但沒再發現其他骨頭了。他猜不到下一個墳墓在哪，也沒有資源隨處開挖。警方已經開始在平地機拖曳過的區域，鋪上一層新沙。

三哩外，另一片海灘，又找到一具屍體，但是否為休士頓大謀殺的受害者，一直遭人質疑。幾個月後，該名受害者的身分確認了，是約翰・賽勒斯（John Sellars），衣著完整，身中數槍，用的是大口徑鉛彈。與其他受害者的經歷大相徑庭，除了都有被綁縛以外，亨利也沒有提到這片海灘。但由於這具屍體讓高島的死亡數量達到預估的六具，警方宣布搜索行動停止。亨利堅持警方遺漏了，馬克・史考特還沒找到，他對埋葬那具屍體的事印象深刻。

警方舉行記者會，公布目前確認的受害者身分，反駁社區居民對他們失職的指控。根據作家約翰・葛威爾報導，羅伯特・霍頓（Robert Horton）警監向媒體提供這一區失蹤男孩的統計數據：自一九七一年起，他的科處理超過一萬起未成年失蹤案（他或許指的是來電數量，不是案件數量）。根據報告，一九七二年，已經結案的五千兩百二十八起案件中，僅有四百〇二起尚未結案。他們相信那些「未結」的案件是小孩子回家了，卻沒有向休士頓警察局回報最新狀況。

休士頓高地附近，並不是休士頓失蹤男孩數量最多、情況最嚴重的區域。霍頓留給觀眾的印象是，警方已經好好掌控問題了，還成功解決了大多數的離家出走案件。霍頓還提出官方警察規章，規章規定每個案子最短調查時間就是三十天。

然而，那些兒子慘遭殺害的家長出來駁斥霍頓的說法，警方之前就是告訴他們，孩子是離家出走，因此拒絕展開調查。某位消失的受害者甚至也叫布魯克斯，而大家都知道另一位受害者和大衛．布魯克斯有衝突，許多人目擊亨利和考伯、瓊斯在一起，但警方卻沒有展開後續調查。雖然休士頓高地只有寬兩哩、深三哩的大小，但這區域在短時間內有太多孩子「離家出走」，警方卻選擇無視，令人難以接受。他們沒那麼輕易就能撇除責任。

哈里斯郡地方檢察官辦公室要求，八月八日以來，聽過布魯克斯、亨利談話，或訪問過他們的警官，要寫書面報告。警探馬里肯、史密斯、楊三人於八月二十三日交了一份聯合陳述。這離最初的事件爆發已經隔了兩週，那幾天有數不清的戲劇化發展。記憶不是錄影機，這份聯合陳述基於筆記、宣誓書、辦公室討論、媒體報導、政治壓力，即便沒有明顯錯誤，但非常可能含有偏見。此外，有些在車內直接聊起來的對話內容，沒有任何人做筆記。

陳述書寫到：「亨利說他射中考伯的頭部，他和柯爾一起勒死瓊斯，亨利射死了賈西亞，至於鮑爾奇則是被亨利和布魯克斯勒死，亨利不記得他們是怎麼殺死那名從路易斯安納州（Louisiana）來的男孩。亨利接著說，多數時候，布魯克斯都在場，不僅協助大部分的殺害，還幫忙埋葬所有男孩。亨利說他和布魯克斯、柯爾會慢慢拔男孩的陰毛、把玻璃棒推入男孩的陰莖、閹割其中幾名男孩，亨利再進一步說明，多數受害者都被柯爾痛打，他們還用橡膠陽具放入多數受害者的直腸。此外，亨利還說勒死一個人並不像電視演的那麼簡單。他說那其實很困難，他在勒死他們的時候，通常會等很長一段時間，他們才斷氣，而且多數時候他必須請柯爾或布魯克斯來幫忙一起動手。」

警探還記下布魯克斯弄錯魯本・華生・海尼的墓，在那個洞裡，找到的遺骸其實是傑弗瑞・柯寧（Jeffrey Konen）。重建犯罪現場的任務相當艱鉅，初期，大家都不知道要相信什麼，共犯本人也看似困惑不已。雖然布魯克斯知道的比亨利更多，但是相較之下，布魯克斯願意透露的卻更少。

隨著法醫開始鑑定更多受害者身分，警探的下一個任務便是弄清楚狄恩・柯爾這號人物。如果他是布魯克斯和亨利形容的禽獸，最有可能的動機又是什麼呢？

主導關係的動態

「我有事情要做，有地方要去，有人要見。」

亨利說，每當狄恩．柯爾心癢難耐要滿足自己對男孩的欲望時，就會說出這個招牌句子。他會變得躁動不安；他會不停抽菸；他會拿出手銬；他會在祕密房間地板上鋪一張塑膠布，擺好束縛板；他會開車到處晃；他會抵抗企圖阻止他的一切嘗試。

亨利主張：「狄恩好像有很多個人格。多數時間，他幾乎就像小孩一樣純真。我們會因此笑他，叫他狄恩弟弟。他還有《不可能的任務》人格，他變成這個人格時，我們都會知道，因為車子的遮陽板會放一包香菸。他會點一根菸，不深吸，只淺淺抽幾口。他的行動變得急促，動作一頓一頓。看起來真的很嚴肅，他就是在出任務。」

柯爾放下好朋友、大哥哥的姿態，變成欲望滿盈的性侵犯，太強勢、太主導，沒有青少年能阻止得了。他們大可把他交給警察，但因為本書稍後會探索的原因，他們並沒有這麼做。

獵食者形形色色，毫無標準。不管職業是銀行家、老師、牧師、教練、殺手都好，獵食者的目標都一樣：為自己的利益掠奪他人。獵食者想方設法欺騙、顧左右而言他，做盡一切只為確保他們可以繼續偷偷摸摸。獵食者要找夥伴的話，會觀察特定信號，先觀察那個人的言行舉止，再誘拐對方，直到對方準備好幫他做任何事。

針對性獵食者使用的誘拐手法，大多數臨床研究和犯罪學研究都著重在獵食者如何接近、操縱那些他們打算傷害的對象，同樣也會用來招募那些原本不願犯罪的夥伴。這些手法都是重複的，但要說服沒有犯罪傾向的人去犯罪，需要特別的技巧。可以用物品或金錢來誘惑，可以改用暴力威脅，也可以拿走對方需要的事物，又或者只是單純建立關係，軟化提出違法要求時的衝擊。

這些「罪行較輕」的成員又叫夥伴、共犯、合作者、幫手、從犯、學徒或雜工，通常他們都能理解主犯，甚至愛上主犯。有時候，他們被捲入其中，沒辦法輕易逃離。他們會被鎖定，可能是因為性格特徵或身處環境特殊，但這兩個原因都不是他們的錯，例如年紀還輕或患有心理疾病，都可能減輕他們的刑事責任。除非他們心甘情願想要成為從犯，否則他們的參與度和拉他們進來的獵食者主犯差異之大，完全不可相提並論。布魯克斯和亨利踏上犯罪舞臺的路徑不同，兩人參與的方式也不一樣，而兩人從來沒有想要殺人，但各自都接受了自己的角色（角色依照柯爾操縱的目的而定）。

性獵食者會測試不同弱點，尤其是情感、智力、社交這三方面。許多共犯缺乏安全感且依賴性強，輕易就屈服權威，或在獵食者利用罪惡和恐懼來操縱時，輕易就服從。獵食者總是善加利用他們的情感開關，例如憤怒、絕望、好奇、渴望等。他們可能會有些沒人能滿足的需求，家中幾乎沒有父母管教（通常都是因為家庭破碎或家庭失能），沒有幾位朋友會關心他們的轉變。他們可以輕易被孤立。祕密協定還能增加一點刺激：他們會感受到前所未有的特別。他們可能缺乏自信，可能覺得不用為自己的決定負責，反而會尋找年紀較長的人，帶領他們或為他們提供資源。

研究員羅莎琳．麥克爾瓦尼（Rosaleen McElvaney）從某位被誘拐人的角度，講述了一段「親身經歷」。他不是共犯，但他的故事描繪了柯爾那樣的獵食者是如何操作不同的手法。

麥克爾瓦尼的受試者當初還只是個孩子時，就被迫與施恩者發展關係。施恩者——也就是施虐者——利用受試者與爸爸關係不佳這點，一步步侵犯孩子的界線，他的言行舉止就像代替了父親的角色，與此同時把自己塑造成那孩子最想親近的大人形象。

施虐者一邊幫孩子建立情感依附，一邊與孩子身旁的人打好關係，為促進這段關係的發展做好準備。施虐者利用禮物和金錢創造出隨機的增強時制[2]，懲罰或虐待期間會穿插關愛。這個循環制約了那孩子，孩子接受了虐待也是預期獎勵的一部分。

這樣的關係持續越久，那男孩就越不願意通報，尤其是當他認為沒有人會相信他的

2 reinforcement schedule，行為心理學術語，指的是給予獎勵或懲罰的頻率與方式，用來影響人對行為的期待與反應。

時候，他甚至會開始袒護施虐者——因為對方是他生活中種種恩惠的源頭。只有在回想的時候，這名受害者才明白，他信任的那名男人對他的傷害有多嚴重。但光是揭露這件事的念頭，感覺就像背叛那個男人。

這種間歇獎勵的機制，在支配與臣服的性關係之間很常見。柯爾當然也利用了這個機制。若是要找犯罪夥伴，柯爾要找的是服從的人，也就是奴隸（Sub，臣服方）。身為主人（Dom，支配方），柯爾會是主導的人，而奴隸只能服從一切。這樣形成的親密關係都是基於忠誠，因此當柯爾犯下強暴或殺人等罪行時，他的奴隸會接納這些罪行、掩飾罪行、幫忙收拾善後。柯爾就是這樣制約了奴隸，讓他們做出這些袒護行為。

這對青少年而言特別有用，因為他們的身分認同感尚未成熟，這種形式的妥協會影響他們建構個人意義的論述方式。主人提供青少年想要卻沒有其他辦法能得到的事物，因此青少年選擇了臣服。一旦青少年在犯罪一事上妥協，就能夠被說服，把責任都交給主人；作為交換，主人會獲得更多的控制。

針對凶殺案從犯的心理力學研究通常都太過簡化，就算這些共犯都大不相同，但是透過類型分別，大家會更清楚這種安排到底是如何運作：

- **平等夥伴：**包含兩名（或兩名以上的）個人，但不是共犯類型的團隊。他們一起運作，兩人都想要造成傷害。他們確認彼此的墮落，並且加深彼此沉淪、墮落的程度。沒有人想要手下留情，彼此就是對方的鏡子，加強刺激感。他們或許會有不同角色，但是他們知情且完全同意。通常，平等夥伴遇到執法單位找上門時，都會互相出賣對方換取減刑。有時候，一方會宣稱自己只是共犯（搖身一變成為假共犯）。

- **支配／臣服夥伴：**雙方投入的程度相同，但一方是主導角色，這是出於雙方的心理需求。
- **順從共犯：**接受在殺人時擔任順從共犯，扮演不那麼重要的角色，這是因為和主犯有情感連結。在這關係之外，順從共犯根本沒想過要殺人。順從共犯多半為女性，堅持自己會涉案是出於對夥伴的愛，又或者是因為害怕失去夥伴。研究者這麼形容順從共犯：「被孤立又承受言語虐待，因此自尊低落」。每位被利用的方式都不一樣，可能是承諾、保證，和／或威脅。他們不情不願地參與，但就算有機會離開，或就算有機會結束這段關係，最後還是會選擇留下。
- **被迫的共犯：**參與犯罪是迫於明確的傷害威脅或死亡威脅。他們不想被捲入，但覺得自己別無選擇。
- **幫助犯（小幫手、雜工）：**可以在事前或事後協助主犯。他們知道罪行，但沒有防止事情發生，也沒有通報當局。有些幫助犯可以協助主犯取得武器，提供交通手段，編造不在場證明，幫忙善後或掩飾。

亨利和布魯克斯兩人都屬於「順從共犯」，兩人被拉進去是因為柯爾保證會給錢，也因為兩人都誤以為柯爾要他們犯的罪行都很輕微。兩人都不想要殺人，也因此不能被視為平等夥伴。

性虐待

狄恩．阿諾德．柯爾（Dean Arnold Corll）想要控制一切，但卻生活在他沒有多少權力的世界。他獨來獨往，沒有安全感，還發現在德州身為一名男同志會是個問題，男性觸碰男性被視為反常。為了守護自己不為人知的同性傾向，柯爾學會做一個人見人愛的人。之後他的衝動越加暴力，還漸漸發展出殺人欲望，但這層好人表面都會協助他度過難關。

柯爾死後，警方訪問他的家人、鄰居、同事、老闆等，大家口中的柯爾似乎都是個好人，就連殺了他的亨利描述的柯爾聽起來也是個好人，但這只是煙幕。沒錯，他會幫其他人做事，但同時也對其他人做了邪惡可怕的事。如果沒有被殺，柯爾會繼續為非作歹。他的共犯從來沒看到柯爾良心不安。柯爾只是在做「他的事」，而他們負責善後。

柯爾曾告訴共犯，他和達拉斯的一個性販運網絡有關係。亨利現在想起那個網絡好像叫「聯盟」（the Syndicate）。柯爾似乎知道這集團的運作模式，利用男孩來引誘其他男孩的概念就是其中之一。那時的祕密戀童癖集團不只一個，而柯爾如戲法般收放自如的野蠻很可能就在其中找到了歸宿。這些網絡和男同志地下世界重疊，但不見得所有男同志都是戀童癖，柯爾剛好就是那個交集。他會受到性販運集團概念的吸引，是因為他渴望獲得能夠完全受他控制的年輕性伴侶。

根據組織發行的通訊報和一九七七年的參議院聽證會文件，聯盟成員會彼此交換成功的策略。他們用密碼書寫的訊息在這種網絡中流通，教導對男孩有欲望的男人，如何滿足自己的欲望又不會被抓。對這些男人而言，小男孩不過是滿足胃口的食物罷了。他們或許可以用愛來偽裝，但只是合理化創傷迫害的行為。

能夠躲避逮捕，代表已經過著雙重生活：一是不顯眼，二是成為大家信賴的人，例如童子軍服務員、老師、保姆、青少年事工、鄰居等等。想要誘騙整個社區，就和替受害者做好準備一樣重要，因為大家都會推薦他們喜歡的人。即使休士頓高地有些大人覺得柯爾喜歡和青少年玩在一起很奇怪，但鄰里之間也沒有警鈴大作，因為主流社會很少有人可以想像，公開場合是個好人，私底下竟是邪惡的化身——這麼一個悖論。

休士頓高地的低收入藍領區，街頭毒品文化猖獗。這一區在休士頓西北方，之前曾經是規劃社區，整潔的「有軌電車郊區」適合在都市工作卻想住得離上班地點近一些，又不想住在都市內的人。幾年下來，社區越來越破舊，越來越難找到能賺大錢的工作。精疲力盡的家長認為，多一雙眼睛盯著小朋友，而且還是看起來很關心孩子的男人，有益無害。家長不會猜到，柯爾是在為他們的兒子一一打分數，評價兒子的純真無邪、纖細身型、男孩魅力。

許多人會把像柯爾這種對大眾、對獵物展現雙重面貌的獵食者比喻為《化身博士》（*The Strange Case of Dr. Jekyll and Mr. Hyde*）中的傑奇與海德。羅伯特．路易斯．史蒂文生（Robert Louis Stevenson）的小說《化身博士》中，海德先生（Mr. Hyde）是純粹自我放縱的生物：「地獄之靈在我體內甦醒暴怒。」他表面上是一個地方人人敬重的醫生亨利．傑奇博士（Dr. Jekyll），也是個敦親睦鄰的普通居民，其祕密身分便是這個海德先生。傑奇博士漸漸沉迷違法亂紀的快感，完全沉浸在自我的野蠻暴行中。「我欣喜若狂，痛打那具無法反抗的屍體，細細品味每一擊帶來的歡愉。」

這角色的原型真有其人，即威廉．布羅迪（William Brodie）。布羅迪在蘇格蘭愛丁堡（Edinburgh, Scotland）從事體面的生意，卻在夜晚敲詐行竊。十八世紀中期，布羅迪是細木工和鎖匠，不僅擔任所屬公會會長，還是鎮議會的議員，同時也是五個孩子的父親。布羅迪繼承了一筆遺產，但都賭光了，因此轉而行竊。布羅迪有三位共犯，他們被抓到的時候，供出了布羅迪，布羅迪被宣告有罪，判以絞刑。布羅迪令人大感不安的雙重生活，為可以隱藏自身駭人之處的平凡人，提供了一個心理學框架。

我們可以把柯爾那樣的性虐待獵食者想像成化身博士（傑奇博士與海德先生），他們辛勤營造的平凡表面，作用是「隱藏自己、不被追問的洞穴」。即使他們試著像傑奇博士一樣，堅持守住較有道德的那一面，還是會「發現自己缺乏堅守的力量」。每次放縱後，他們都經歷「更不受控、更狂暴的惡意傾向」。如同傑奇博士所言：「我不止一次觀察到，第二性格出現時，我的感官似乎都敏銳到極致，情緒也更加緊繃。」傑奇博士不顧他人，全心投入自已的恣意殘暴。

對外界而言，兒童獵食者言行舉止都很正常。為了把疑心降至最低，兒童獵食者會當缺席父母、祖父母、兄姊的替身。他們參與兒童的生活，顯得良善有益，還減輕父母的負擔——尤其是單親家長——總是需要支援。實際上，他們獲得信任，家長會默許他們單獨和目標兒童在一起。

他們知道，多數家長或監護人得知的獵食者形象，都是文化創造出來的——在遊戲場邊偷偷摸摸的噁心變態。獵食者利用這些預期，呈現大不相同的一面，不會鬼鬼祟祟也不會遮遮掩掩好似有祕密，反而是能幹且充滿自信，還似乎很真誠。他們會參與父母認為好的事，才可以反駁任何認為他們是壞人的人。「他是童子軍的志工。」；「他會訪視病童。」；「他是青少年事工。」大多數人都難以置信，這樣狡詐的化身博士就在你我身邊。

然而，為什麼有些人會「變成」傷害孩童來滿足自身欲望的那一類人？雖然沒有標準公式，但我們知道這種傾向是如何發展而來。

性虐待是一種神經發展失能，會想要支配他人，對有些人而言，造成他人痛苦就會感到快樂，他們很享受這過程。儘管起源眾說紛紜，但似乎在青春期早期的性心理階段出現控制、歡愉、痛苦的特定連結，就會形成這種狀態。

即便如此，超過三分之一的性虐待狂說，發現自己變態欲望的時候，早已過了青少年時期；他們很享受控制一名順從者而帶來權力、權威的感受。有些性虐待狂找到合法的方式來享受這種體驗，也就是獲得玩伴的同意；其他人沒有，又或者不想取得同意，比較喜歡看不願意的人感到痛苦，這是違法的性虐待狂。這些人因為做了會被抓去關的事，所以可能會決定殺人，清除目擊者。

人類行為介於自我協調（ego-syntonic，即內心和諧）和自我不協調（ego-dystonic，內心不和諧）之間，多數性虐待狂犯的都是自我協調罪。也就是說，犯罪的時候他們覺得自在舒適，越是自我放縱，越覺得行為合理，又稱「性高潮制約法（orgasmic conditioning）」。

一九六五年，心理學家團隊研究自慰與偏差性行為之間的關係，提出此一概念。他們發現在高潮期間提供的圖片、物品、經驗，會影響勃起機制。同一配對越常發生，需求就越強烈，就得更常使用特定圖片或物品才能滿足。若缺乏社會連結，可能會讓這樣的人更加依賴自身幻想。

研究員莉莎・謝弗（Lisa Shaffer）和朱莉・潘（Julie Penn）說，多數虐待狂起初都是受虐狂，享受痛苦和羞辱，有些人嘗試了支配的角色，發現自己更偏好這一面。虐待狂享受的活動類型包括鞭打、繩縛、穿孔、電擊、負重、強暴、切割、踩踏、毆打、窒息，可能會使用不同材質物品，誘導出「意識的改變狀態[3]」，或持續監禁受害者。他們通常也會加上心理折磨，例如播放他們虐待其他受害者的錄影或錄音。

犯罪學家李・梅勒（Lee Mellor）把性虐待稱為「充滿色情的溝通過程」，包含完整的行為循環：施加負面刺激、觀察受害者反應、獲得成功後體驗到增強的自我概念。梅勒將性虐待狂分成三種光譜上連續的類型：

- 破壞 VS. 防護
- 短暫 VS. 持久

3 altered states of consciousness，此指人腦的意識狀態因為藥物、催眠、冥想、強烈性高潮等因素，導致跟平時狀態有所差異，例如意識模糊、感知異常。

• 簡單VS.繁複

依照梅勒的標準來看，柯爾是破壞、持久、繁複的虐待狂。也就是說，柯爾會在某幾位受害者還活著的時候，殘害或毆打他們，也會讓某些受害者苟延殘喘一陣子，嘗試五花八門的方式來造成受害者痛苦。柯爾對自己的支配感到開心滿意，而這份快感就會驅使他重複施虐。

每個步驟都可以是性行為的一環，通常會按照心中的性高潮制約幻想來執行。比起性高潮，虐待狂常常透過折磨來延長勃起時間，藉此獲得更多歡愉。如果虐待狂還是人格障礙心理病態，缺乏悔恨（這種制約的特徵）的情緒，就能開發出新的施虐方式。

前ＦＢＩ罪犯剖繪專家羅伯特．哈茲伍德（Robert Hazelwood）認為，性虐待狂是「偏差犯罪大白鯊，特徵是狂野複雜的幻想世界、無人能比的奸詐狡猾、偏執、無窮無盡的性飢渴、破壞力驚人」。

司法精神科醫生帕克．迪茨（Park Dietz）和同僚一起做了研究，受試者是三十名性虐待狂男性罪犯，研究顯示他們不會衝動犯罪；他們會事先計劃，仔細掩蓋罪行。他們通常會保留信件、照片、錄影等罪證，當成紀念品，有助事後重溫罪行。

儘管柯爾在地方大型垃圾桶丟了多數受害者的物品，但也留了幾位受害者的服飾、家裡鑰匙、照片、證件等。有時候，柯爾會要求亨利戴上某位受害者的皮帶，或穿某雙靴子。亨利回想道：「真的很嚇人，也非常尷尬困擾。我就像行走的紀念碑。」亨利很快就想出方法來拒絕，但對柯爾來說，讓亨利穿戴被他奪走性命的男孩擁有的物品，可以讓他自己重溫下手的那段經歷。在共犯身上看到受害者的服飾，柯爾可以感到自己同時支配了兩個人。

曾為連環殺手泰德．邦迪（Ted Bundy）進行鑑定的前監獄中心理學家阿爾．卡利斯勒（Al Carlisle）曾說，性虐待狂透過幻想和區隔化不斷發展出這類特質。憤怒和欲望的情緒融合，讓幻想生活有了意義和方向。精神上，他們不停排練令他們最興奮的場景，排練得太頻繁時，一有機會就能輕易下手、付諸行動。

卡利斯勒認為：「因為他們可能有童年受虐、失望、挫折、被霸凌、無能為力的不愉快記憶，所以靠著幻想來逃避、來感受到自己的強大。」如果他們在路上看到吸引他們目光的人，便可能將這個人帶入下一段幻想（插入）中，接著找機會去**實踐**這件事。

卡利斯勒也說，這種幻想重溫了壓力、憂鬱、空虛，「這會導致雙重身分認同，其中一個身分和現實有連結……另一個祕密身分能夠體現他們想要對其他人擁有的權力和控制」。如果是靠著憤怒來推動，這另一個身分「通常是頭四處破壞的野獸」。殺手反覆尋找這種力量帶來的快感，感受到黑暗的那一面在控制自己。他們可能會試著抵抗，但最終會無法忽視這種享樂與滿足。卡利斯勒曾訪問過一名罪犯，對方說：「要停止那種行為，在心理上是不可能的。」

一般來說，這些幻想會在第一次行動之前就存在多年。性虐待狂連環殺手艾德蒙．肯珀（Edmund Kemper）殺害並肢解六名年輕女性，在講述自己強暴、肢解的罪行時，也驗證了這點：「這種事在現實生活中發生之前，已經在幻想中思考、執行、感受過好幾百次。」

這類加害者通常和媽媽的關係都不大好，媽媽可能給出混雜的信息，同時混合了需要和拒絕。媽媽可能過度保護，總是把孩子當成嬰兒對待。為了取悅媽媽，男孩可能會發展出「好孩子」人格保護自己，不想受挫。隨著日子過去，男孩可能會藉由支配他人來擺脫媽媽窒息的愛。如果這種心理最終發展成凶殺，這樣的行為能令人信心大增，好似控制了一切。柯爾下手前的心情可以從焦慮不安、步伐僵硬、開車繞來繞去等行為看出，而侵犯男孩似乎是讓自己冷靜下來的方法。

一九七三年，傑夫．奈特伯德（Jeff Nightbyrd）為搖滾樂雜誌《克勞達迪》（*Crawdaddy*）撰文，推測狄恩．柯爾一開始下手的是那些出賣身體交換金錢，再拿錢去買毒品的青少年（布魯克斯確認了這點）。他認為，或許其中一名青少年避開了性行為，柯爾才會掐死他。

柯爾發現自己很喜歡這次的經驗，又或許在某次合意性行為中，意外發現了嗜血的欲望。一旦柯爾跨過殺人的那條線，就會再試一次，只是這次會好好規劃。「對於畢生都祕密幻想著男孩，但因為害怕被拒絕而遲遲未行動的男人而言，這是多麼強而有力的勝利行為！……勒死是瘋子最終極的親密行為……勒死是肉貼著肉、臉對著臉、熱情和激情交融。」不過對這些男孩的愛意，很可能會讓他失去在社區的地位，因此在他的世界裡，摧毀這些男孩才合理。殺害只是先發制人，必須讓指控的人閉上嘴（亨利確認了這點）。

成功的獵食者發展出一項名為「認知彈性」的關鍵技巧，也就是說，他們為達目標可以迅速切換不同心理框架。靈活的獵食者應情況所需，隨時都準備好切換框架。簡而言之，他們擁有絕佳的決策策略。

研究員丹妮拉・勞雷羅－馬丁內斯（Daniella Laureiro-Martínez）和史第芬諾・布魯索尼（Stefano Brusoni）指出，「心向轉移[4]」是流體智力[5]的面向之一，可以讓人照計畫行動，但不需要完全遵守，因此保有彈性，可以輕易改變，執行另一個計畫。創業家擅長這種能力，成功的獵食者也是如此。

---

4 set shifting，可以從一個思考方式或行為反應快速切換到另一個的能力。

5 fluid intelligence，心理測量學術語，指邏輯思考與解決新問題的能力。

糖果人

狄恩．柯爾的資訊寥寥無幾，因為他的罪行是在他死亡後才被揭發。柯爾沒機會從他的角度說這則故事，許多認識他的人都不願意談論他，願意談論的人，講的都只是一些表面的事。幾位柯爾的熟人與警探談過，留下官方紀錄。

犯罪作家傑克．奧爾森使用了其他記者辛苦取得的訪談紀錄，哈里斯郡地方檢察官卡洛．S．凡斯（Carol S. Vance）在自傳中，摘要了他辦公室的調查結果（儘管有些與事實不符的錯誤）。雖然柯爾的生平我們只知道一部分，但就手邊的資訊已經足以看出這位沒自信的男人如何發展出控制的需求。

凡斯寫道，他無法理解柯爾的殺人動機。一九七三年時，連環凶殺案還鮮為人知。一九七一年，勞務承包商胡安．科羅納（Juan Corona）在加州性侵、搶劫、殺害二十五名移工，並將屍體集中埋在費瑟河（Feather River）沿岸的果園裡。科羅納凶殺案的十年前，艾爾伯特．迪塞佛（Albert DeSalvo）坦承在波士頓勒殺了十三名女性。

一九六八、一九六九年，身分不明的「黃道十二宮」（Zodiac）殺手襲擊了舊金山北部多對伴侶，死傷人數至少七名。與此同時，查爾斯．曼森（Charles Manson）帶著信徒在洛杉磯幹下泰特–拉比安卡（Tate–LaBianca）凶殺案。

艾德蒙・肯珀和赫伯特・穆林（Herbert Mullin）兩人更在一九七二、七三年間同步展開大殺戮，在加州聖塔克魯茲（Santa Cruz）總共奪走二十一條人命；而當時FBI才剛開設課程教導探員這類殺人犯的心理。

七〇年代可說是連環殺手的黃金年代開端，這段輝煌歲月一直持續到九〇年代，但七〇年代那時候，還沒有人對這種犯罪有任何看法。現在回想，一九七〇年代有驚人數量的同性戀獵食者，受害者人數也是相當高，同性戀獵食者包括狄恩・柯爾、派翠克・卡爾尼（Patrick Kearney）、蘭迪・卡夫特（Randy Kraft）、胡安・科羅納、約翰・韋恩・蓋西、比爾・波寧（Bill Bonin）。但在七〇年代早期——一九七三——柯爾一案被視為可怕的異常現象。

一九七三年八月八日，柯爾被射殺身亡時，年紀三十三歲。那時官方受害者人數高達二十七名，但實際人數可能遠不止於此（後來又加了一名，但依然懷疑還有更多名受害者）。萬人塚開挖之後，警方很快就停止調查，由於太早喊停，錯失了繼續找屍體的最佳時刻，柯爾很可能獨自殺害了不知多少位男孩（看到船隻倉庫的地面在尚未徹底開挖前，就立刻被填平，一名警官表達自己相當震驚，我們知道至少有一位受害者還埋在高島，至今還沒找到）。

亨利是柯爾身為殺人魔的最佳資訊來源，但他在柯爾已經殺了至少十二名受害者之後才進入柯爾的世界。此外，柯爾在沒有布魯克斯和亨利的協助下，也殺了不少人。兩名學徒都無法給出精準數字，但亨利認為屍體數量比警方找到的還要多。

布魯克斯說，柯爾跟他說過，加州有一名受害者，還說有一名九歲的雜貨店主兒子不在身分已確認的受害者中，另外還有一名墨西哥男孩沒找到。在某個身分不明的受害者墳墓中，還有幾根多出來的骨頭，而一九七二年二月慘遭殺害的搭便車男孩至今依然不知道身分。

所以，狄恩・柯爾究竟是個怎樣的人？

他於一九三九年平安夜出生在印第安納州威恩堡（Fort Wayne, Indiana）的郊區韋恩代爾（Waynedale）。狄恩是兩兄弟家庭的哥哥，父親阿諾德・艾德溫・柯爾（Arnold Edwin Corll）嚴格又好鬥，母親瑪麗・柯爾（Mary Corll，原姓羅賓森（Robison））就是過度保護的媽媽。哈里斯郡地方檢察官卡洛・凡斯寫道：「父親會為了最微不足道的過錯，往死裡痛毆小柯爾。」而瑪麗會用「他就是不懂小孩子」之類的藉口，替阿諾德的嚴懲暴行開脫。小狄恩必須為一些小過小錯，忍受無法預期的毆打逞罰。

瑪麗生下小兒子史坦利（Stanley），但最終在一九四六年和阿諾德離婚，那時離婚還是一件極具社會汙名的事。阿諾德被徵召入空軍，要到田納西州孟斐斯（Memphis, Tennessee）受訓。

瑪麗為了讓兒子和爸爸保持聯繫也跟著去了，並把兩兄弟送到公立日托中心，但沒多久日托就收起來了。瑪麗最後找到了一對年長農夫夫婦，願意在他上班的時候幫忙看顧兒子，便把拖車移到他們的農場。

沒多久，瑪麗又再和阿諾德復合，一九五〇年一家搬到休士頓，和阿諾德的親戚住得更近了，不過夫妻倆又再度大吵一架，這回兩人徹底結束婚姻。阿諾德再婚，瑪麗則開始尋找下一個伴。

神經心理學家黛博拉．尼霍夫（Debra Niehoff）做了許多暴力研究，指出生物和環境因素都會影響一個人是否變得暴力。當然沒有簡單的公式，但是每個人受到的影響會彼此改變，如此一來對那個人而言，會發展出獨一無二的暴力解方。就算是在同一個社區長大的兩個男孩，也可能會有不同的回應。

特定的觸發類型，例如虐待狂父親，不一定就會讓小孩變得暴力：可能對其中一位有影響，但另一位卻毫無影響。每個人都有自己的一套基因，因此有自己獨特的體質與傾向。一切都透過「神經化學方面」來處理，決定了小孩認為他們的世界安全與否。如果不安全，小孩有可能發展出支配（征服與控制）的幻想，日後有機率付諸行動。

我們從多位性虐待狂的生長背景發現，童年受到無緣無故的暴力相向、缺少可靠的榜樣、家庭不穩定、父親長期缺席，有渴望支配的傾向，通常是出於對穩定的需求，也可能因為和強勢的家長角色相處，支配傾向又再加強。阿諾德・柯爾符合這個條件。

情況又因瑪麗是名自戀的家長而更糟，瑪麗除了自身關心的事情之外，看不到其他事物。不論阿諾德的養育方式為小狄恩帶來了什麼傷害，瑪麗很可能輕描淡寫帶過，或相信兒子總會熬過去。瑪麗這種不重視的態度（至少報刊登出的言論看來是如此），顯示他不接受大兒子——瑪麗視為一家之柱的角色——其實也需要媽媽更多的關懷撫育。但是狄恩沒有自信，他可能比任何人都更脆弱。儘管瑪麗保護過度，但還是強加重擔在狄恩身上，來符合他理想中兒子的形象。瑪麗其實從未真正認識過自己的孩子，狄恩也知道這點。

狄恩盡量不和人社交，比較喜歡獨處，對批評和拒絕變得極度敏感，對蔑視他的人心懷怨恨。從他的性虐待發展狀態，我們可以推測，在他祕密享受的幻想生活中，他控制並懲罰那些只是犯了小錯的人（和他父親的教養方式一致）。

隨著青春期到來，他的攻擊行為可能逐漸與性慾結合：傷害他人，感覺很好，甚至感到心滿意足。曾罹患風濕熱的他身體開始衰弱，甚至引發心雜音，也因此形成了神經質的性格。

到了需要性教育年紀的時候，瑪麗把狄恩送回位在印第安納州約德（Yoder）的農場娘家。或許瑪麗希望狄恩可以看著動物學會需要習得的知識。瑪麗認為，既然大兒子從來沒問過性事，就只是他一點都不好奇而已。每當有人說狄恩可能是同性戀，瑪麗總是否認。身為虔誠的信徒，瑪麗無法容忍兒子發生這種偏差的行徑。事實上，有位占星家向他保證，他兒子不可能是同性戀。這讓狄恩很早就經歷到拒絕，但他還是與母親保持親近，瑪麗提供他工作和住處，不過日後這點會有所改變。

狄恩特別關心的事項不少，其中一項就是保持年輕，就這方面，瑪麗是他最主要的榜樣。瑪麗十分熱衷於維持魅力吸引男人，對於獨自一人感到強烈恐懼。狄恩似乎吸收了瑪麗的不安，在一個反同的世界，身為同性戀只是徒增孤獨難受。根據紀錄，他在工作時曾經向男同事表達情愫，結果被斷然拒絕。

瑪麗拚命想要吸引新的男人，他在意的似乎不是這個人是否是個好夥伴，而是他是能找到一個伴。第二任先生傑克．J．魏斯特（Jake J. West）是名旅行社業務，兩人在一九五五年結婚，魏斯特把瑪麗和孩子們接到東德州維多（Vidor）一起住，狄恩很快就有了同母異父的妹妹喬伊斯（Joyce）。

在維多高中（Vidor High School），狄恩就是一般的普通學生，但沒能同時和同班同學一起畢業，因為高三的時候英文不及格。他的主要興趣，或許是唯一的興趣，是在銅管樂隊吹長號。最終他在一九五八年畢業。

魏斯特說服瑪麗一起經營糖果生意，狄恩便開始當媽媽的助理，工時很長，還要去野外採胡桃。他們的事業逐漸起色，搬回休士頓繼續經營胡桃王子（Pecan Prince）糖果公司。狄恩和繼父有過幾次衝突，讓他很不喜歡繼父。每次脾氣沖昏了頭，狄恩會把自己關在房間宣洩情緒，沒有人知道他用什麼方式宣洩，但這可能是他的支配幻想逐漸形成的契機。現在他是青少年了，很可能對一直下命令的繼父心懷怒氣。

狄恩十九歲時，全家搬到休士頓高地。記者傑夫・奈特伯德形容休士頓是「二流的洛杉磯，卻有一流的自負不凡」，曾講過高地給人的感覺是「小聯盟青少年做一些離家出走、販毒、龐克塗鴉、小偷小竊等不法文化」的地方。

在這裡很容易取得興奮劑和鎮靜劑，但居民也是基本教義派的虔誠基督教信徒。如果家裡有小孩來玩，有些父母會檢查他們的口袋，確保沒人帶毒品來，但卻能容許未成年飲酒——通常都是父母自己也喝太醉了，沒注意到。學校之外，小孩沒什麼能做的，頂多走走鐵軌、打撞球、釣魚。相較之下，吸毒好玩多了。

狄恩的祖父過世之後，瑪麗把他送回印第安納州娘家的農場去照顧祖母。他在那裡待了兩年，遇到一位女生，女生愛上了他，還宣告想要嫁給他。令那位女生沮喪的是，狄恩不再和他碰面了。一九六二年，狄恩回到休士頓。

和魏斯特大吵一架後，瑪麗離開胡桃王子，另起爐灶，開了柯爾糖果公司（Corll Candy Company）。隨著商業競爭，兩家公司生意都蒸蒸日上。不過，這麼做並沒有改善婚姻。瑪麗任命兒子當副總裁時，魏斯特相當惱怒。到了一九六三年，魏斯特和瑪麗離婚了。

瑪麗注意到，兒子似乎沒有能力規劃長期目標，個性陰晴不定又衝動，「如果他想要，他現在**立刻**就要有。」換句話說，柯爾依然不成熟，瑪麗保護他的方式，似乎他還是小男孩一樣。在瑪麗眼中，狄恩不可能做壞事，這想法可能造成狄恩的特權感。

一九六四年八月，柯爾被徵召進美國陸軍，當了十個月的兵。他如何提前退役，說法不一。據說他（或他媽媽）說服軍方家裡需要他，得以用個人困境為由退伍，但可能還有另一個原因。

奈特伯德寫道，在入伍期間，柯爾有幾次性交經驗，接受了自己是同性戀（不清楚奈特伯德怎麼發現，但作家哈伯斯（Harbers）和傑克森（Jackson）在書中提到，有位「老朋友」確認了這件事）。地方檢察官凡斯也附和這個說法。

同性戀行為如果被發現，那時在軍中是不可能被接納的。不管實情為何，柯爾回到休士頓做糖果、賣糖果。如果要找性伴侶，可以偷偷地找，沒人會發現。休士頓有個同志地下世界，其實德州到處都有。柯爾會光顧酒吧、澡堂，但一名熟人說柯爾不喜歡去這些地方。

瑪麗．魏斯特的糖果公司搬到西二二街（West 22nd Street），對面有間赫爾姆斯小學（Helms Elementary School），這裡便成了柯爾的實驗場：免費發糖果給小孩子，尤其是大塊、大塊的焙客思（Baker's）半糖巧克力。一傳十，十傳百，就有越來越多小孩出現。對一大群學童和幾名家長而言，柯爾成了「糖果人」。

柯爾買了一架撞球檯和一臺小型本田重機，邀請青少年來家裡玩或出去兜風。他會帶他們到海灘玩或去看電影，有時候會逗弄或捏一下他們，觀察誰願意接受。屈服的孩子會拿到不同的糖果——毒品、酒精、金錢——柯爾得以和他們口交。

雖然柯爾年紀越來越長，但還是喜歡和青少年玩在一起，有些大人覺得這很奇怪，但沒有人插過手，唯一例外是警官威拉德・卡蒙・布蘭奇（Willard Karmon Branch），布蘭奇對自己兒子被柯爾性挑逗怒不可遏。一九七二年，布蘭奇帶著一把上了膛的槍去找柯爾，但人還沒找到便已經冷靜了大半。

高地那區的男孩時不時就會到柯爾的公寓玩，柯爾則是把他們視為可以進一步親密接觸的潛力人選。柯爾也會開著車四處晃，看看是否有孩子可以邀上車。多數人都不知道，柯爾和藹可親面具下，到底包藏什麼禍心。他和大家一樣，沒什麼特別之處。

對小孩而言，柯爾是供給者、酷酷的大人，有地方給他們隨心所欲玩樂，也不會多說什麼，小孩都很喜歡。柯爾也會假裝自己有女朋友貝蒂（Betty），但貝蒂充其量也不過只是煙霧彈，好讓柯爾看起來就是普通男子。

強尼・德洛梅（Johnny Delome）、馬克・史考特、比利・李丁格、鮑爾奇兄弟等男孩都常常到柯爾家喝酒、打撞球、撲克牌、閒晃。每次柯爾要辦派對的消息一出，無論男孩、女孩都會聚集到他家。柯爾看到男孩游泳或在沙灘嬉戲，就會幫他們拍照。其中有幾位他喜歡的男孩，柯爾還會收集他們的學校照片。偶爾，他會詢問是否能做愛，有時候會成功，有時候會遭到拒絕。

瑪麗・魏斯特透過交友婚介服務認識了另一位丈夫——新丈夫路易斯・瓦西拉斯基（Louis Wasilewski）是商船船員，沒想到是個愛虐待又不忠、心理不穩定的人，因此瑪麗結束了這段婚姻。這男的告訴瑪麗他兒子是同性戀，瑪麗卻堅持很可能是自己糟糕的婚姻紀錄害得狄恩完全不想婚。瑪麗意識到，有位男員工曾抱怨他兒子會毛手毛腳，但瑪麗解決問題的方式是開除該名員工。

如同他與前夫阿諾德・柯爾的關係，瑪麗又和第三任丈夫再婚，不過第三任丈夫依然愛控制，瑪麗開始懷疑他殺了第一任妻子（死因查明是自殺）。第三任丈夫還曾經隱隱威脅要活埋瑪麗。這時的柯爾已經長大成人，他放話說如果這男人再動手，他會殺了那男的。按照犯罪作家傑克・奧爾森的說法，瑪麗還鼓勵、催促兒子趕快下手，他真的想要逃離這段婚姻。儘管基督教信仰堅定不移，但瑪麗也會尋求手相算命或靈媒指引，其中一位建議瑪麗改變現況，於是在一九六八年六月送出第五次離婚申請。

那年，柯爾糖果公司倒閉了，遵循另一位靈媒的占卜，瑪麗帶著女兒搬到科羅拉多州馬尼圖斯普林斯（Manitou Springs, Colorado）重操舊業。瑪麗預期兒子會一起過來，小兒子史坦利最終是來了，但大兒子柯爾想要繼續留在休士頓。休士頓這座石油城鎮，熱鬧繁華，容易謀職，推廣人員稱當時的休士頓是「美國的未來」。

柯爾到海蘭姆克拉克路（Hiram Clarke Road）上的休士頓照明電力公司（Houston Lighting and Power Company）登記當電工，專門測試電驛。同事都很喜歡他，有位男同事說柯爾是有常識的好人，安靜可靠，儘管柯爾曾在某次談話中聊到戰爭，後來想想才覺得那次柯爾的發言似乎很詭異。另一名同事說，柯爾曾說：「只要你殺了人，剩下的就容易了。」那時他們以為柯爾在說的是從軍經驗。

為了讓派對更好玩，柯爾偷來好幾罐壓克力漆，吸幾口會讓身體產生融化的感覺，他知道來家裡的孩子喜歡這種「飛起來」的感覺。柯爾也拆解贓車拿去賣，賺外快。這段期間，柯爾根本懶得去科羅拉多州看媽媽和弟弟、妹妹，反倒是他的生父阿諾德住在帕沙第納，就在附近，父子倆發展出工作的關係。

現在快要三十歲了，柯爾可以自由地開放居家環境，歡迎青少年來玩。有一段短暫的時日，柯爾和高中同學一起住，後來同學結婚了（還當了警察），接下來出現另一位室友，一位年輕的男孩。

下手目標

柯爾要找順從的人來當犯罪雜工，或許可以是樂意幫忙的小助手。理想情況下，他們不會反抗或檢舉他，輕易就能利用。最佳人選通常是那些已經踰越了某條道德界線、犯下輕微罪行的人。布魯克斯和亨利為何符合這些類別，取決於我們能相信多少他們自己陳述的動機。

獵食者總是有方法憑感覺找出潛在的共犯。為了試探，獵食者或許會說黃色笑話，先看看反應，或許會交付任務，例如行竊、縱火、闖空門。獵食者會找出助手目標最大的激勵或誘因：金錢、稱讚、性、愛、棲身之地、覺得自己很特別、父母永遠不會放行的誘人活動，然後獵食者會滿足那些需求或欲望。

禮物、喜愛、尊敬、金錢、獲得各種事物的門路（特別是那些下手目標無法取得的事物），都會讓獵食者變成下手目標生命中的要角。情感羈絆逐漸加深，直到下手目標無法回頭，這時獵食者可能會改採威脅、恐嚇，一連串的正向獎勵也不再提供。

祕密封印了這段羈絆，讓下手目標現在被迫放棄原則。獵食者可能讓他們相信自己有罪，也很可能讓他們相信在關心他們的人眼中，自己的形象已經毀了——下手目標被孤立了，而最親近的朋友——可能是唯一的朋友——就是獵食者。

大衛・布魯克斯是我們已知的第一位柯爾幫手，但是否真的是第一位，仍有爭議。有人說柯爾可能在三十歲時才開始虐待活動，但其實不大可能。柯爾跟布魯克斯提過，有些受害者曾經帶來風險，貌似他們已經在之前和柯爾的來往中知道某些事，這些事讓他們上了柯爾的排除名單，其中可能不只一位，就像布魯克斯一樣被當作雜工利用。柯爾也暗示過他在加州幹了某些事，殺人只是其中一件。

儘管布魯克斯告訴警方許多事情，但避開了所有媒體訪問，因此他的故事沒那麼多細節，有時候他的記憶還與事實不相符。他父親奧爾頓透露一些資訊給記者，那些因為透過亨利而認識布魯克斯的人也提供了一些資料。

一名女生告訴記者，布魯克斯很「聰明」，因為他沒有全部都告訴警方，但是布魯克斯確實有向警方透露一些事，也談不上有多聰明。要不是逮捕時父親給的壓力，布魯克斯很可能會承認更多。住在休士頓高地的有些人為布魯克斯感到遺憾，因為看起來他的父母都不要他。布魯克斯高高瘦瘦，不擅社交，很可能還被認為永遠不會有出息。金屬框眼鏡、一縷縷糾結金髮，毫無加分效果。

布魯克斯初見柯爾的時候才十歲，和其他孩子一起去柯爾糖果公司拿免費糖果。柯爾向布魯克斯展現了這位男孩渴望已久的尊重。沒過多久，柯爾就帶著布魯克斯到不同地方玩，對待他的方式讓他感受到被重視，這就是後來讓布魯克斯不停回去和柯爾一起住的原因。

柯爾也沒有嘲笑他的眼鏡。布魯克斯雙親離婚，媽媽帶著他搬去離休士頓約一個小時車程的博蒙特（Beaumont），但到了假日和暑假，布魯克斯探望父親的時候，都會去見柯爾。這時布魯克斯有了前科，未成年犯罪紀錄，罪名是偷竊。

雙親都不大喜歡布魯克斯，父親幾乎無法容忍他，甚至在公開場合表示他認為他的一無是處。年紀大他一倍的柯爾提供了棲身之所，還給他零用錢花。布魯克斯將柯爾視為父親一般的角色，也是一個宣稱自己在組織犯罪中有影響力的男人。擔任柯爾的居家助手，讓布魯克斯感受到和其他大人在一起時從未有過的重要感受。布魯克斯本性並不壞；他只是一個沒有什麼優勢，也沒人引導他的孩子。

只要布魯克斯開口，柯爾都會給他錢。沒多久，柯爾說服布魯克斯，只要他口交，就能賺錢。布魯克斯妥協了，他說在十三、四歲的時候，開始了這樣的交易。比起找份工作，這樣賺錢容易多了。布魯克斯成績不好，被留級，最後在十五歲時退學。

柯爾拿到了一副手銬，想出一款「手銬遊戲」，惡作劇讓男孩自己戴上手銬，陷入無助的情勢。手銬的鎖朝內轉，成了俘虜的男孩是不可能自己打開的。柯爾拿給布魯克斯看，或許還教他怎麼操作。

根據柯爾死後警方搜集的報告，他的行為顯示出他可能曾經和組織犯罪有某種程度的關聯。他頻繁地更改地址，有時候一年換了四、五次。有些房東告訴警方，柯爾搬走卻留下被破壞的公寓，或根本沒有付房租。有一次，他甚至待了不到一個禮拜。警方後來記錄到，柯爾在短短五年內登記過二十五個地址。

布魯克斯常常跟著柯爾一起搬到新地方住。有個故事說到，一位女性大樓經理敲房門，布魯克斯應門，說自己是柯爾的弟弟。經理轉達鄰居的擔憂，然後發現柯爾和布魯克斯半夜就偷偷溜走了。另一位大樓經理說，他看到他們搬出一捆塑膠布。他們搬離公寓時，留下了一片合板，上面鑽了大大的洞。直到後來，大家才明白那片合板的用途。

柯爾的鄰居看到他的住處都有好幾名男孩進進出出。吵雜的派對，還有其他令人擔憂的噪音，讓鄰居抱怨連連。其中一棟公寓，門曾被人連開了四槍，柯爾後來在門上裝了鋼盾。他肯定藏了什麼祕密。

展開行動

七〇年代的反文化潮流，就是性和毒品的實驗，任何人只要能提供這些東西，在青少年間的地位就會上升。即使那些孩子認為柯爾是同性戀，似乎也沒幾個人介意。德州流行起一股小小的嬉皮文化，大家抱持著「接納一切，別干涉他人」的態度。

目前還是不清楚柯爾開始殺人的確切時間，但目前已知的最早一樁發生在一九七〇年九月。柯爾對老化相當敏感，三十歲的時候相當煩躁焦慮。他不喜歡同志酒吧，所以某天就開車亂晃要找人陪。

十八歲的傑弗瑞．艾倫．柯寧就讀德州大學奧斯汀分校，一九七〇年九月底決定要搭便車到休士頓找女友。據說柯寧站在休士頓南沃斯路（South Voss Road）和韋斯特海默路（Westheimer Road）的轉角，柯爾看到他，靠邊停車，邀他上車。

我們不清楚柯爾是怎麼讓柯寧到他在約克鎮的公寓的，畢竟柯寧原本就有目的地，但柯爾確實有一把.22口徑的左輪手槍。在這期間，柯爾用三股尼龍繩綁住柯寧，用白色膠布封住嘴，強暴之後再勒死。柯爾用偷來的厚塑膠布裹住赤裸的身體，把這名年輕男孩埋在高島沙灘，並擺放一大片水泥碎塊標示埋葬地點。

無人知曉柯爾對這次凶殺有什麼感受，不過他後來告訴布魯克斯和亨利，之所以殺害強暴對象是為了清除目擊者。他和某些下手目標有宿怨，但他也有喜愛的類型——高加索人、苗條纖瘦、年輕。

而柯寧這一起，對柯爾來說是犯下了百分之百的無差別殺人，他在搭便車司空見慣的時代，載了一名根本不認識的年輕人。沒有一位認識柯寧的人看到他搭上柯爾的車，也沒有目擊者回報任何意外，沒有人懷疑柯爾。

接下來的兩個月，他照常生活，直到十二月發現下一個機會（照布魯克斯的陳述，很可能十二月之前還發生另一起雙屍凶殺案）。此時，柯爾已經在希爾維貝爾街四五○○號租下那間泥土地面的船隻倉庫，倉庫大門還能防止閒人偷窺他挖洞和鋪石灰。

在一次大膽的行動中，他引誘了兩位十四歲的休士頓高地男孩，吉米・格拉斯（Jimmy Glass）和丹尼・麥可・葉慈（Danny Michael Yates），兩位男孩是好朋友。柯爾看到丹尼和年長一歲的哥哥布萊德利（Bradley）在街上，開車上前問道：「要不要喝啤酒啊？」這是布萊德利・葉慈的記憶。

布萊德利認為這男的好可怕，但是丹尼頗感興趣，柯爾就說了自己的電話號碼。幾天後，十二月十三日，丹尼和吉米去西十一街參加教堂聚會，之後就再也沒有人看到他們了。目前還是不清楚，柯爾如何在十二月十三日把兩人帶回住處，或許那天丹尼和吉米主動聯絡了柯爾。丹尼的姊姊說，有個符合柯爾特徵的男人載他們兩人去電影院，而吉米的哥哥回想他們去了那場聚會，他看到他們走下教會的走道，然後就消失了。

約克鎮街三三○○號公寓裡，柯爾用繩子和手銬把男孩銬在四柱床上，限制他的行動。布魯克斯知情，可是他給警方的陳述相當混亂，情況可能有兩種：一是布魯克斯回去時，柯爾正在虐待他們，一九七○年布魯克斯只看過這兩名男孩；二是葉慈和格拉斯來的時候，布魯克斯已經在家（或者他幫忙引誘他們），所以在葉慈與格拉斯綁架事件之前，他看到的是其他兩名男孩。

如果情況一為真，布魯克斯走進公寓，柯爾裸體，布魯克斯看到男孩綁在床上，柯爾說他「只是玩得很開心」，並對布魯克斯保證，如果乖乖保密，就送他一輛車。布魯克斯沒有離開公寓，因為後來布魯克斯還把格拉斯送回家。「中間有一次我帶他回家，但他不想下車，因為他想回狄恩家。我又帶他回去，結果狄恩殺了他。」

儘管如此，布魯克斯是認識格拉斯的，但他在陳述書中說他不認識比較早看到的兩名男孩，也說自己在事發前就離開了。因此，更有可能為真的是情況二：說要送車給布魯克斯的時間是在葉慈和格拉斯來之前，另外兩位男孩被殺的時候。目前兩人依然身分不明，也沒有在一九七三年那場挖掘中找到，除非哪天發現高島雙人墳墓挖到那幾根多出來的骨頭與他們有關。

柯爾真的買了一輛車給布魯克斯，亮綠色一九六九年款克爾維特二手跑車。儘管知道柯爾殺了兩位男孩，布魯克斯仍收下車，悶不吭聲。那一刻，他有機會做些什麼，可是他決定不作為。他從來沒說柯爾威脅過他，倒是對於他可以被收買這件事，說得再清楚不過了。之後一位布魯克斯的朋友告訴記者：「為了錢，為了車，他什麼都肯做。」

後來有些精神科報告把柯爾歸類為精神病患，似乎他與現實脫節又或者思維錯亂。心理健康專家認為他頗有條理，不至於引起注意，但也確實失控了。因為他已經不在世上了，所以無法好好評估，但相信一名把屍體放在船隻倉庫的虐待狂殺手羅患妄想症，似乎也很合理。無論如何，沒有一位認識柯爾的人感受到異常。柯爾看起來很普通，但他確實有些情緒。就在他聲稱需要去「做我的事」之前，共犯目睹過他的過動行為。

一九七一年一月底，柯爾又出手了。他綁架了一對兄弟，十五歲的唐納．沃德羅普（Donald Waldrop）和十三歲的傑瑞．沃德羅普（Jerry Waldrop）。父親把他們載到西十二街（West Twelfth Street）的朋友家，兄弟倆告訴爸爸要去保齡球館參加聯賽，晚上就會回家，但他們再也沒有回來了。因為唐納曾經離家過，警方把兩兄弟歸類成離家出走。沃德羅普先生工作的地點就在柯爾當時位於麥格農路（Magnum Road）住處——首席公寓隔壁，非常有可能柯爾看到兩兄弟，開始閒聊，邀請或直接帶他們回他公寓。柯爾綁縛他們，加以折磨。

布魯克斯承認「狄恩勒死他們的時候」，他人其實「在場」，這意味著柯爾說服了布魯克斯一同參與。這對兄弟的遺骸被埋在同一個洞裡，靠近那間船隻倉庫的東牆。布魯克斯向警方陳述：「我想他們被埋的時候，我是在場的，但我不記得他們被埋在哪。我想那位弟弟是柯爾殺過年紀最小的。」（布魯克斯後來在海灘的時候修正了陳述，他說最小的受害者才九歲，是雜貨店老闆的兒子。）

布魯克斯聲稱自己只是在場待命幫忙，以備不時之需。不過，布魯克斯站在一旁等待柯爾殺了兩個男孩再埋葬，這畫面怎麼想都很荒謬。從柯爾在其他凶殺案中得知的行為習慣，可以知道柯爾原本期待的更多，他拿籌碼交換的不只如此。布魯克斯收下車就代表已經妥協了，因此很有可能協助殺人和埋葬。不論他是害怕柯爾還是只是收了更多獎勵（但我們不知道），但有件事清清楚楚：柯爾不怕布魯克斯知道他在做些什麼。他們發展出某種共謀同夥關係，布魯克斯不只是幫助犯那麼簡單。

艾弗雷特・沃德羅普（Everett Waldrop）向警方通報兒子失蹤，一名員警告訴他不會展開調查，因為他的兒子很有可能是自行離家的。這讓艾弗雷特錯愕不已，他的孩子才不會離家出走，直到後來才明白，那天他在工作的時候，在隔壁房子裡的兩位兒子很可能還活著。

五週後，十五歲的蘭德爾・李・哈維（Randell Lee Harvey）慘遭殺害。一九七一年三月十七日（有些報導說三月九日），哈維騎著腳踏車從休士頓高地的家出發，要前往三哩外的加油站去工作，但他並未抵達目的地，而且再也沒有回到家。他的腳踏車也跟著不見蹤影。

謠言四起，大衛・布魯克斯為了一臺腳踏車（Stolen Stereo）威脅要殺了哈維。有人向警方告密，但警方從來沒質問布魯克斯腳踏車的事。哈維眼睛中槍（一把.22口徑的手槍），再被尼龍繩勒死。

布魯克斯說自己目睹了這場凶殺。儘管後來否認自己有殺過任何人，他卻向亨利承認自已殺過人一次，或許就是這一次——如果真的只有一次（哈維的遺骸一直要等到二〇〇八年才確認身分）。當時要確認受害者身分，布魯克斯假裝不知道男孩的名字——表情看起來很吃力——就是認不出來。

大衛．海勒吉斯特那時才十三歲，住在休士頓高地。一頭金髮，纖瘦又嬌小，十三歲了身高才一百六十五公分。一九七一年五月二十九日，大衛說要和十六歲的朋友格雷戈里．馬利．溫克爾一起去社區游泳池。溫克爾也是一樣滿頭金髮，體型纖瘦。大衛的媽媽知道溫克爾有在混幫派，勸兒子不要和溫克爾出去玩，但大衛充耳不聞。

那天，他們沒有抵達游泳池，也沒有回家。警方說他們很可能逃家了，也說現在好多孩子都在前往加州的路上。那年休士頓區域有五千八百多位孩子失蹤，他們也不過就是其中的兩位，光是休士頓高地就占了一百八十名。但穿著泳衣的大衛只是想要在家族旅行前練習游泳，逃家這說法一點都不合理。

溫克爾又是另一段故事了。照犯罪作家傑克．奧爾森所言，溫克爾和一群大男孩廝混，也曾因單車偷竊被逮，還吃藥、呼麻、吸食強力膠，甚至有一位觀護人。溫克爾那晚打給媽媽，說他人在離家六十哩的弗里波特（Freeport）和「幾位孩子」一起游泳。直到他沒有回家，媽媽才發現有人看到兩位男孩和坐在白色廂型車的男人講話，然後他們上了廂型車。

尋人傳單製作好了，鄰居小孩幫忙張貼。小埃爾莫・韋恩・亨利住在同一條街上，一個街區外，也幫忙張貼傳單。小時候和大衛一起玩，兩人的媽媽還是朋友。海勒吉斯特全家動員，花了好幾個小時追緝線索，卻毫無結果。

弗雷德・海勒吉斯特借錢，提供一千美元的獎金；他們聘請了私家偵探沃恩・瓦茲（Vaughn Watts），瓦茲找到證據證明當地同性戀集團會綁架年輕男孩。擔心大衛真的被綁架，海勒吉斯特一家在地下報紙刊登廣告，還去紐奧良（New Orleans）等城市的髒亂區域尋人。桃樂絲・海勒吉斯特（Dorothy Hilligiest）有一次看到一臺普利茅斯肌肉車（Plymouth GTX）在社區遊蕩，記下了車牌號碼 TMF 724 交給警方。如果警方有去查車牌，那或許會查出狄恩・柯爾——柯爾開的就是這款車。

布魯克斯和柯爾邀請男孩參加「派對」。溫克爾認識柯爾，曾在糖果公司做過一陣子清潔工，也曾在柯爾的公寓打過撞球，海勒吉斯特也是如此。他們總是在柯爾家玩得很開心，但這次不一樣。這次柯爾先上手銬再強暴他們。柯爾設計了六呎長的合板，上面鑽有洞，可以固定繩子或手銬，方便拘束受害者，想要多玩一會兒的時候特別方便。有了合板，他可以睡覺，不用擔心受害者會掙脫逃跑。在柯爾殺了他們之前，布魯克斯負責看照受害者的生理需求。在船隻倉庫，柯爾（或布魯克斯也一起）把兩位男孩埋進同一個洞。

此時，布魯克斯身為學徒，羽翼已成，負責特定的工作。在柯爾的指揮下，布魯克斯觀察可能想要找樂子的男孩，或他認為「失蹤了也不會有人在意」對象。布魯克斯就像發糖果一樣發興奮劑、鎮靜劑，有時孩子會把這些藥帶回家給爸媽看，說是布魯克斯給的。這次也一樣，執法單位再度不當一回事。

十七歲的魯本・華生・海尼也認識布魯克斯，和相關當局有過幾次衝突，而這在布魯克斯眼中就符合「壞孩子」資格了。海尼同樣身型嬌小，身高一百六十八公分，體重五十五公斤。八月十七日，海尼去一家新的購物商場看電影。看完電影，海尼打給媽媽說下午會和布魯克斯在一起（另一段陳述指出，海尼跟祖母說，他要和其他幾個男孩一起練團）。但等他到了柯爾在聖非利佩的公寓時，就被強暴、虐待並勒斃。令人震驚的是，這是過去六個月來，休士頓高地區域第二個認識大衛・布魯克斯的男孩失蹤了，但警方訪談布魯克斯的紀錄中完全沒有提到這回事。其實那時候，布魯克斯已經協助或知道至少六次的凶殺。

柯爾又搬家了，據說布魯克斯有從旁協助另一起凶殺。「我記得在哥倫比亞（Columbia）狄恩家有位男孩被殺害，當時韋恩・亨利還沒加入。狄恩把男孩留在身邊大概四天才殺了他。必須痛下殺手，狄恩相當不開心，因為狄恩真的很喜歡那個男孩。」布魯克斯不記得名字，也不記得埋葬地點。他說格拉斯也有去過哥倫比亞的房子，但是格拉斯被殺害的時候，柯爾沒有住在那裡。

磨練技巧

柯爾的行為模式符合我們對性獵食者的認識。性獵食者都會事先規劃，思考被抓的所有可能，思考要如何自圓其說，因此要當場抓到現行犯非常困難。柯爾學會利用孩子引誘其他孩子，可能是要防止被他人看到自己正在接近獵物——這是他不擅長的事。

如果目擊者描述可信的話，他的手法顯得很業餘。數名年輕男子在網站上張貼他們在一九七〇年代初於休士頓高地與某人的相遇，他們的描述與柯爾很相似。柯爾當然不是休士頓唯一的獵食者。事實上，從休士頓到達拉斯，遍布一個戀童癖的網絡，男孩們被迫收錢或被迫拍攝色情照片。有些男孩被登記成「伴遊」，會被送到其他城市。

不過，有人描述的某一次相遇聽起來就像柯爾。那是一九七〇或七一年，「約翰」大概十四歲，在牙醫診所等爸媽來載。有個男人開車經過，朝他微笑、揮手，似乎認識約翰，調頭迴轉，靠近路邊停下。約翰不認識那名男人。

男人滑到副駕駛座，稱讚約翰是個「漂亮男孩」，讓約翰嚇得一動不動。陌生男人繼續閒聊，同時搓揉著胯下，問約翰是否喜歡其他男孩，提到有派對可以一起去，在那裡約翰可以喝酒、呼大麻。男人敦促約翰上車就對了，他們肯定會玩得很開心。這時，一輛警車出現，男人滑回駕駛座，開車離去。直到一九七三年八月，約翰看到新聞播放的柯爾照片，才意識到當初是多麼千鈞一髮。

現在布魯克斯被收買了，柯爾從孤獨獵食者畢業，變成有助手的殺人犯——成為組隊殺人的凶手。他因而自信滿滿。每次布魯克斯帶回男孩，布魯克斯就是涉入凶殺，和柯爾的羈絆就越加緊密。此外，柯爾還付錢給他。布魯克斯總是有錢幫自己的克爾維特跑車加油，有錢買大麻、硬性毒品、香菸，還和柯爾一起住，連房租都不用付。對高中輟學、毫無前途可言的年輕人而言，布魯克斯過得挺好的。

柯爾有個目標，知道自己想要什麼，也知道要付出什麼才能達成目標。柯爾對於傷害他人一點心理障礙都沒有。讓他興奮的是支配和控制，不是死亡，喜歡的是實驗，還愛好嚐鮮。

像柯爾一樣的主人會試探禁區在哪，找出最容易改變的限制，也就是最「軟」的限制，即那些奴隸雖然抗拒，但誘惑一下就願意去做的事。主人也會學習「硬」限制，也就是那些奴隸**不**願意做的事，或是**只在**特定條件下才肯做的事。

一旦突破了軟限制，逐步突破硬限制就比較容易了，通常都是透過利誘，或許提供啤酒，看看他們是否接受，接著可能會提供比較輕度的興奮劑。許多青少年會想要體驗看看那是什麼樣子，尤其是這麼做會看起來很酷。如果他們接受，就代表他們願意違反家規甚至不遵守法律。這也不是太嚴格的法規，也沒人會因此受傷，所以他們會去做。挑戰更大的是，說服孩子偷東西。

如果他們已經像布魯克斯一樣犯了一些輕微的罪行，就比較容易用金錢激勵他們行動，或讓他們覺得自己即將參與大膽的犯罪冒險進而行動。布魯克斯似乎一起偷竊過；他曾經幫柯爾搬好幾次家，儘管公寓租金還積欠未繳；他也幫柯爾保密；他還做過大麻藥頭。

布魯克斯不願透露太多細節，但亨利提供第一手陳述，說明柯爾如何與他合作。雖然其他關於本案的陳述否認地下文化的影響，否認這股地下文化會保護且支持剝削男孩的男人，但該文化在德州確實存在且蓬勃發展。這成了柯爾工具箱中的一個工具，可以用來威脅，也可以當成獎勵。

第三章　亨利加入

傳說中的組織

隨著狄恩・柯爾骯髒下流的行為逐日揭露，整個休士頓都陷入狂亂憤怒，一九七三年八月十日，達拉斯警方接獲報案，通報人是二十一歲的查爾斯・布里森但（Charles B-risendine）。他說，他是奧德賽基金會（Odyssey Foundation）組織的成員，還說他很害怕，因為他相信自己差點被派去休士頓見某個男人。

根據《倡導》（*Advocate*）雜誌一名記者報導，布里森但對組織感到幻滅，並且認為「這可能和休士頓凶殺有關連」。布里森但前陣子才到達拉斯擔任正式職員，後來認為自己被派到那裡是為了做應召男孩，又稱「伴遊」（fellow）。他看到檔案上面蓋了不同章，有的蓋「處決」，有的蓋「已死」，懷疑其他好幾位伴遊都下落不明。他還說營運奧德賽基金會的男人，人稱「希區考克」（Hitchcock）的男人，曾經「一整週都在跟休士頓通電話，看起來似乎對休士頓大謀殺『煩躁憤怒』」。

布里森但也打電話給ＦＢＩ，探員說，如果要說情只能用《曼恩法》（Mann Act）了，但這項聯邦法禁止跨州界販運人口從事性交易，且僅適用女性。探員還推測資料夾上的「處決」字眼，很可能只是出版用詞，代表要從手稿中刪除的內容。但是沒有任何調查，根本無從得知真相。

儘管ＦＢＩ興趣缺缺，達拉斯警方倒是跟進查證布里森但的通報。

奧德賽基金會被警方查出其成立目的是販運男孩、拍攝販售男孩色情照，位於到柯爾大道（Cole Avenue）三七一六之一八號公寓的二樓。營運基金會的約翰．大衛．諾曼（也就是希區考克），四十五歲男性，之前早已因兒童性犯罪被起訴超過二十四次，ＦＢＩ手上還有他的犯罪檔案，內容之多，簡直罄竹難書。一九五〇年代中期，他在休士頓被逮，在加州因性侵害被定罪。達拉斯警察局開始監視那棟公寓的二〇八號室。八月十四日，警方拿到搜索令，展開突襲。

亨利提過某個販運組織，柯爾還暗示自己參與其中。如同前文所述，亨利說：「狄恩告訴我他隸屬達拉斯的某組織，那個組織專門買賣男孩、拉皮條、販售大麻等等。」

布魯克斯也說過類似的話：「有一次聊天，狄恩提到達拉斯有一群人和他做著類似的活動……狄恩最初殺的幾位男孩，本來應該要送到加州不知道哪裡去。」布魯克斯也知道柯爾有一個祕密郵政信箱，那信箱收到的每封信柯爾都會銷毀，布魯克斯也在柯爾家裡看到紙上寫著一組電話號碼，區碼是達拉斯的。

柯爾利用這個邪惡組織的存在來威脅亨利聽話合作：「狄恩告訴我，如果我敢對他怎麼樣，他的組織絕對會抓到我。」亨利相信這個威脅的範圍擴及他的家人。柯爾最終放軟姿態，不再那麼強硬，好讓亨利覺得可以加入這個賺錢的行列。

一九七三年夏天，柯爾跟亨利說，他們應該要去達拉斯，這樣亨利才會有「工作經驗」，還說很可能有機會賺進好幾千美元。

一九七三年八月，達拉斯奧德賽基金會突襲行動，警方報告寫到諾曼「在公寓有大量檔案，列著外地人的名字，這些人都和約翰．諾曼的朋友發生肛交行為。」該份警方報告說他們沒收了「一卡車的色情文學、色情照片，還有許多張索引卡」。

沒收物品中，有一份通訊報，一九七三年五月號，刊登的照片和文字敘述——包括性服務——都是年輕男性。年輕男孩以「伴遊」身分供「贊助人」使用，贊助人每年付十五美元會費，以及伴遊搭機前往全世界目的地的所有相關開銷。

使用的暗語顯示，這些年輕男孩會和贊助人碰面，接受「個人成長和教育」訓練。雖然每位伴遊名字旁標示的年紀都已達法定年齡，但似乎只是要向贊助人確認他們都不是未成年，有些照片看起來比標示的年齡小很多。基金會通訊報的收件人遍布全國三十五州，贊助人只要付二十五至四十美元，加上機票費，就可以「加速」伴遊的計畫，一起「共享冒險」。

諾曼公寓是臨時住處和派發站。招募來的年輕男孩要經過三週的「訓練」，來讓他們變得「合宜」。諾曼和其他五位男人遭到逮捕，被控持有非法物質（十磅的大麻）且共謀雞姦，這表示職法單位沒有人被他的委婉用語糊弄過去，「一卡車的色情文學」並不是健康教育的追求。

達拉斯警察局調查期間，警方發現過去二十多年來，諾曼在加州的洛杉磯、沙加緬度（Sacramento）、聖地牙哥（San Diego）、聖塔莫尼卡（Santa Monica）和德州的休士頓都有經營兒童色情組織。達拉斯的員警揭發一整個商業網絡，連起了奧德賽基金會和休士頓、紐約、佛羅里達州、加州的關係。

新聞報導提及「索引卡」有將近五萬到十萬位「贊助者」姓名。FBI接獲通知，但從未收到這些索引卡，不知為何，達拉斯警察局反而把這些索引卡送到美國國務院。記者肯・伍登（Ken Wooden）在《六十分鐘》（*60 Minutes*）節目有機會可以查看那些索引卡。

一九七六年的《六十分鐘》「兒童色情」那集，伍登說，他看到兩名國務院官員的名字、一名紐約芭蕾舞團總監，還有幾名法官和商業精英。國務院聘的律師提出反駁，認為這些索引卡與「任何護照詐欺都無關」，甚至對奧德賽基金會客戶名單上出現兩名國務院官員的驚人事實未作回應。

整批索引卡都被銷毀，達拉斯警察也沒留存副件。至於為什麼這些索引卡沒委託給FBI、美國郵政、國稅局（各自對利潤豐厚的奧德賽基金會展開調查），卻沒有任何解釋。那些看過索引卡的人相信，有人掩蓋了事實。

根據某些報導指出，諾曼以七千美元交保釋放，無法展開進一步調查。隨後，諾曼逃離達拉斯，開車到芝加哥，並使用不同假名過日子，還和一名贊助者在郊區找到了躲避的地方。在躲避之處，諾曼重啟事業。後來才發現諾曼和柯爾一樣，都有年輕的雜工幫手。

以芝加哥為據點的律師史蒂芬·W·貝克（Steven W. Becker），深入調查創辦人約翰·大衛·諾曼，並以此為基礎，詳盡介紹這個達拉斯組織。貝克質疑，為何在辦凶殺案的時候，人口販運問題常常被忽視，他發現檢察官通常喜歡讓案子盡量單純，尤其是連環凶殺案本身就已經相當複雜。檢察官想要陪審團的情緒焦點持續放在被告身上，這代表要盡可能減少不大相關的因素。因此，本案的重要面向反而會被擱置、丟棄，甚至銷毀。

亨利和布魯克斯對該組織的說法，讓休士頓警察局員警不大確定該不該相信。他們簡短調查了一下，留下幾筆柯爾已知住址的檢查紀錄。他們認為，亨利提到的「聯盟」

不過只是虛假的計謀，就是為了讓學徒乖乖聽話。警方覺得沒道理，柯爾怎麼會是販運男孩獲利集團網絡的一份子，因為他殺光所有男孩。到目前為止，這仍是官方說法。

不過，柯爾還有其他方法可以參與、獲利，依然可以把男孩留在身邊。布魯克斯說柯爾和很多男孩有性接觸——「他喜歡口交，會付錢讓男孩來家裡，好讓他可以為他們口交」——只會殺了那些被他強迫硬上的男孩。布魯克斯說：「一旦他們到了合板上，就和死了沒兩樣。」有幾位收錢願意性交的男孩，和他相處了「很長一段時間」。

一九七三年八月三十一日的警方報告寫到，二十七歲的戴爾・艾亨（Dale Ahern）一週前（郵戳顯示）寄信揭露，在休士頓的男童色情產業究竟有多麼龐大。艾亨說他可以給警方看幾位柯爾的受害者，因為他們出現在《大於七》（*More Than 7*）第一號、《高速改裝車》（*Hot Rod*）第三號等不同雜誌上，還說柯爾和休士頓最大的色情作品發行人羅伊・阿姆斯（Roy Ames）有關係，後者還是一位音樂製作人。

艾亨主張阿姆斯「認識狄恩・柯爾，而且利用他來剝削年輕男孩」。艾亨說他應阿姆斯和柯爾之邀到柯爾家參加性虐派對，這表明柯爾真的和該休士頓組織有某種聯繫。事實上，作家芭芭拉・吉勃遜（Barbara Gibson）指出，警探討論過沃德羅普兄弟父親的一段陳述，爸爸說兒子曾經和「同性戀」廝混，其中有一位是羅伊・阿姆斯。極有可能是阿姆斯拍攝他們的照片給雜誌用。艾亨估計，地方流通的兒童色情照，九成都是由阿姆斯拍攝。

不過，那篇艾亨報告的最後，有人補充道：「這階段的調查沒能將柯爾和該群人連在一起。」警方查找過柯爾可能和該位色情作品發行人有共通點的住宅區，但什麼都沒找到。警方也沒找到多少阿姆斯的資訊。顯然，警方認定他們找到的就是故事的全貌，從沒想過他們有限的努力，根本無法達到目標。因此，就在休士頓大謀殺登上國際頭條短短三週後，「聯盟」組織的調查就宣告結束。

之後會有更多的線索提示，也有更多令人不安的發現。

在亨利等待著自己命運的時候，開始相信沒有犯罪組織會傷害他和他的家人。他覺得自己被耍了。亨利其實沒有錯，真的沒人會相信他說的狄恩・柯爾荒誕故事。隨著理智逐漸回歸，柯爾的威脅聽起來只覺得空洞。亨利知道自己這下完蛋了。

埋下殺意

韋恩・亨利涉與臭名昭彰休士頓大謀殺的說法有很多種。有些說得好像所有凶殺都使用同一種犯案手法，但實際上每個犯案手法都各有差異。也有些說法好像亨利參與所有凶殺，還說他帶朋友來給柯爾強暴和殺害，有些更說亨利「特別嗜虐」。

由於他的律師在審判時沒有辯護，聽證會時他的證詞也有限，幾乎無法從法律紀錄認識亨利這個人。亨利確實有參與折磨和凶殺，也參與了一九七二到七三年間大部分的掩埋行動，但對於柯爾之前的凶殺，又或者最喜愛的萬人塚（那間船隻倉庫），亨利知道的少之又少。

亨利一九五六年五月九日在德州休士頓出生，底下有三個弟弟，爸爸是老埃爾莫・亨利，媽媽是瑪麗・亨利。當時他們才十幾歲，一個十六、一個十七，沒有什麼維生的方法，只好搬回休士頓高地與瑪麗的父母同住，直到兩人可以負擔起隔壁比較大間的房子為止。

男孩時期的小韋恩就是做一些普通男孩都會做的事，打少棒聯盟、參加幼童軍和童子軍、釣魚，和鄰居小孩一起玩。他記得：「鄰里都是開放的，街道車流不多。到處都有樹木，還有許多樹蔭，很多開放的庭院。」韋恩性格活潑主動，極賦社交能力。

隨著家中人口增加，韋恩很多時間都和外祖父母蘭斯（Lance）・韋德和克莉絲汀（Christeen）・韋德一起度過。然而，看似如同其他美國大家庭一樣的家，卻出現麻煩的徵兆。瑪麗立刻發現他先生利用懷孕為藉口，追求其他女性。

瑪麗說：「他想要的只是有夠多的小孩可以把我綁住，好讓他去做他想做的事。」於是，瑪麗一個人擔起照顧小孩的責任。

韋恩偶爾會出現嚴重的氣喘發作，媽媽總是很小心翼翼看照他。韋恩漸漸懼怕自己會在睡夢中死去，或許是小時候每晚的睡前祈禱總會提到——「如果我長眠不醒」——或者恐懼源自一位最要好的朋友不幸命喪火災。韋恩害怕窒息而死。

後來，他們家庭環境終於好轉了。蘭斯．韋德十分照顧女婿，鼓勵他去讀夜校。儘管埃爾莫在阿肯色州（Arkansas）偏遠地區的家人幾乎沒受過正式教育，但埃爾莫加入工程學學程，表現優異，沒多久就找到一份好工作，擔任電力工程師，在岳父韋德工作（烘焙師一職）的那家餐廳負責維護器械。

韋恩很享受小時候最初那幾年與爸爸一起度過的時光。「我記得爸爸和我一起走路上學，也陪我一起去幼童軍和童子軍活動。我會和他一起去上班，他會告訴我鍋爐和冷氣怎麼運作。我爸爸是個聰明人。」

瑪麗特別重視扎實的屬靈教養，說道：「孩子們每個禮拜天都會上教堂。韋恩五歲的時候，走在教堂的走道上說：『我要當牧師。』他們說他還太小了，他卻說不，沒有太小。不管走到哪，他的襯衫口袋都放著一本聖經。」

韋恩七歲時，他的世界徹底改變了——祖父罹患嚴重的肺氣腫。祖父抽菸，但每天吸入一堆麵粉粉塵也使他的肺被粉末包覆。祖父住院治療，孫子從醫院窗戶朝他揮手，希望他趕快出院回家，一家團圓，但是祖父卻再也沒有回來了。

岳父去世，對老埃爾莫造成不良影響。岳父一直是他的榜樣。老埃爾莫的家族充斥著酗酒和暴力，沒了岳父相伴，那些不良影響再次悄悄滲入他的生活。老埃爾莫喝得越來越多，在家裡和學校活動都讓小孩羞愧到無地自容，也越加粗暴，謾罵不休。

瑪麗說：「他會用拳頭打人，而且你永遠猜不到他什麼時候會出手。他會把我打倒在地。我總是滿身瘀青。至於瘀青怎麼來的，我總是說謊帶過。」但有時候情況太糟，瑪麗必須報警，埃爾莫就多了警方紀錄。

韋恩是四個男孩的老大，試著保護媽媽。瑪麗回想道：「有一次，埃爾莫把我逼到角落，舉起拳頭，我們聽到小小的聲音說：『放下，爸爸。』我們兩人看到韋恩站在那兒，手裡有一把散彈槍。」

克莉絲汀和瑪麗灌輸韋恩對閱讀的愛。韋恩沉浸於所有能找到的書，有時候程度遠遠超過他的年齡。四年級的時候，他迅速讀完彩色分類的SRA閱讀實驗室（SRA Readi-ng Laboratory）計畫書籍，學生可以按照自己的步調，一路讀到最高級別的書。每前進到下個顏色，就像是一場自我挑戰。

韋恩很享受與自己競爭的感覺，證明自己是最厲害的讀者。從小說到電影，韋恩開始編織英雄幻想，支撐了照顧他人的本能。他當上導護生，保護學童過馬路，免受交通危害；也是旗手，在學校負責升降旗。有一次，韋恩在教室，看到外面快要下雨，立刻跳出窗外，搶救國旗，就是怕它淋濕。

韋恩就是這樣的孩子，很享受大家稱讚他的成就。但不管韋恩在學校表現多好，始終無法達到父親的期望。「我把成績單帶回家，上面幾乎都是A，只有兩個B，他會對我大吼說我應該要表現得更好。我想要他以我為榮。當你最在乎的人覺得你不夠好，那種感覺真的很糟。看來我永遠無法讓他滿意。」

弗萊迪．梅傑斯（Freddie Majors）和亨利相遇的時候，兩人差不多十二歲，很快便了好朋友。他回想兩人的「永恆探索」——他們只是要找一個可以一起玩、爸媽管不到的地方，而且他喜歡亨利的幽默感。兩人在休士頓高地一起長大，開始對嬉皮有興趣；一九六〇年代晚期，嬉皮在青少年文化間風靡一時。兩人留長頭髮，無法抵擋酒精和大麻的誘惑，尤其是韋恩，覺得學校越來越無聊了。

五、六年級時，學校行政人員敦促瑪麗要讓兒子跳級，才能學習更進階的課程。韋恩比其他同齡孩子都還要快寫完作業，有些老師甚至讓他幫忙改其他學生的作文。不過瑪麗拒絕跳級，想要孩子和朋友待在一起。

亨利家裡的壓力越來越大。有天老埃爾莫出手毆打瑪麗，克莉絲汀插手制止，結果換他被打。亨利回憶道：「他在打媽媽，外婆想要制止他。他把外婆打倒在地。我拿起吸塵器朝他頭上砸下去，換他倒在地上。那時我們才有機會逃跑。」

瑪麗想要離婚，但要等到最小的孩子上學後才能找到全職工作，只能先忍受家暴。時機到了，他和男孩一起搬到瑪麗母親家，找了一份收銀員的工作，但薪水不足以支付瓦斯、水電費。從十歲開始，韋恩就靠著送報等打零工幫忙家裡，最後，韋恩總算可以幫客戶加油（他工作的加油站有十臺加油機），薪水私下以現金支付，沒人去查韋恩的年齡。韋恩十四歲的時候，爸媽離婚了，他感受到家裡越來越大的財務重擔。老埃爾莫警告瑪麗，他絕對不會支付扶養費，還立刻娶了另一個女人（之前外遇的對象）。

最後，老埃爾莫賣掉房子搬走，但依然會醉醺醺地回來繼續處罰前妻。老埃爾莫因酒醉和虐待入獄多次，有幾次情況嚴重，兒子都被捲入其中。

亨利承認道：「我很害怕爸爸，但我又想要他喜歡我。爸媽離婚之後，我有時會和爸爸碰面。他住在休士頓，我會去他家。我和他還有他認識的一、兩位鄰居會在車道上的車子裡喝酒。那時我十六歲。我告訴他，現在每個禮拜我賺的錢，比我出生時他賺得還要多。他覺得我在嘲笑他，但我只是想說：『你看，我現在做得多好。』結果我們開始吵架，他把我趕走。他還拿散彈槍朝我開槍，然後追上來，抓到我；我們開始打架，他在水溝裡把我打倒，在我的腿上狂跳。從那次之後，我就一跛一跛的了。我拿著折疊刀想要刺他，反而割傷自己。有人報警。我打給媽媽，他來某家商店接我，我們一起去找爸爸，希望能搶在警察前找到他。」

後來，韋恩又差點喪命。「我們在媽媽二次結婚（很快就宣告無效）的婚禮上，雖然有叫我爸不要來，但他還是出現了。我試著要他離開，他又打倒我，朝車子跑去。我爬起來，他轉過身，拿出一把槍。有個朋友推倒我，反而腿部中槍。他們起訴我爸殺人未遂。我們為此上法庭，但我不願意作證。我還是名青少年，他們不能強迫我。」但他不會忘記他爸爸試圖抹除他，最大的兒子——繼承他姓名的人。

那時的韋恩還只是個男孩，就覺得有責任要幫媽媽和外婆。韋恩被養育成要保護女人的男孩子。「你要說『是的，女士』和『不是，女士』，你要尊重女性。你要照顧家庭。做一位南方紳士，不只是你的用字遣詞，還有你在與他人交往時如何自處。」

這壓力讓韋恩焦慮、被動反應、無法入睡。九年級的時候，他的成績一落千丈。瑪麗帶他去看醫生，醫生開了五毫克的煩寧[6]，一天服用三次，讓他的自制力變得薄弱。老師責罵他的時候，他會回嘴，有時候還爆粗口。一位關心他的老師帶他到校長室，他們打電話給他媽媽。瑪麗承認，離婚對兒子有嚴重的影響。

亨利回憶道：「我很焦慮、害怕、不開心。我只是狀況不太好。煩寧就像吐真劑，你講出來的話都會不經思考，完全沒有任何過濾。他們決定要我退學，所以我必須重讀

6 譯註：一種抗焦慮症藥物。

九年級，這可能是他們能對我做最糟糕的事情了。如果我第一次就讀完九年級，那麼我就不會遇到大衛・布魯克斯了。」

敲打

柯爾指示布魯克斯帶那些不會有人關心、想念的男孩子來給他——輟學、吸毒、違法的少年，那些人生的輸家。布魯克斯被逮捕之後，他告訴警探說：「大多數男孩都不是好孩子，他們不會是多大的損失。他們老是身陷麻煩，不然就是吸毒，壞事一件接著一件。」他認為自己的工作是幫休士頓高地剔除壞東西。在那個破碎家庭和酗酒比例很高的區域，其實不難找到這種男孩。蹺課或逃家的孩子都是好下手的目標；大家都知道孩子失蹤只是又離家出走了而已。

開學了，布魯克斯回去讀九年級，但沒持續多久。一九七一年秋天某日，布魯克斯正要走進校園時，看到一位孩子走出來。他是逃學生，捲頭髮，瘦瘦小小——約一百六十五公分。布魯克斯不擅社交，但這孩子看起來很容易下手。布魯克斯接近那男孩，得知他的名字叫小埃爾莫・韋恩・亨利。

亨利回想道：「第一次遇到他那天，我是走路去漢密爾頓中學。一走出校園，就走在加油站旁的人行道上。我都和朋友在那裡碰面。他們去上學，我則是離開。如果你有一直觀察我，會知道那就是我常出現的地方。大衛出現了，從校園走出來。我懷疑他是有意要來見我。」

布魯克斯問道：「你也要蹺課？」

亨利看向那位纖細孱弱、一百八十三公分、金色頭髮、戴金框眼鏡的男孩，說道：「我要去撞球廳打撞球。」

布魯克斯立刻跟上，說他也正好要去撞球廳。亨利從沒在撞球廳看過這男孩，也沒有在學校課堂上見過他，但也沒有多想什麼。轉換一下想法，有同伴相陪也是很好的。他們聊家庭，也聊學校有多麼無聊。亨利看了看布魯克斯，判斷他只是想要找同伴的無聊孩子。他們有共同點，除了都有愛批評的父親，還有青少年文化流行的慵懶叛逆。

雖然都是九年級，但布魯克斯比他大一歲。他承認自己被留級，模糊帶過自己住在哪裡，表明有一位交往穩定的女友布莉琪・克拉克（Bridget Clark）。亨利兼兩份差，幾乎沒有時間玩，但布魯克斯很堅持要一起玩。

亨利回想說：「他和狄恩到我工作的加油站。」這是他第一次知道狄恩・柯爾這號人物，年紀比較大的男性，看起來似乎是布魯克斯的朋友。他還沒有意識到，柯爾正在打量他是否是受害者候選人。

兩位男孩在一起繼續蹺課、抽大麻、打撞球。亨利好奇，布魯克斯哪來的錢可以買那臺克爾維特。他知道布魯克斯沒有工作，雖然他爸爸經營一家鋪路公司，但他家並不富有。事實上，布魯克斯似乎總有錢或有毒品。亨利認為，或許布魯克斯是那老男人的「同志男妓」。

有天布魯克斯和柯爾開車到亨利家，在前門按喇叭，叫亨利一起出來兜風。瑪麗・亨利並不喜歡。「我叫韋恩：『坐在這，不要動。』我出去問：『這樣按喇叭有什麼目的嗎？』他（柯爾）說：『有呀，我要找韋恩。』」瑪麗才不甩這套。「韋恩不會來搭這種按喇叭的車，再說我們可不是得來速。如果你想要見我家人，你可以敲門詢問。如果我無法知道你是誰、住哪裡、電話號碼是幾號，你別想再來。等你把一切都弄清楚，可以再回來，但別只是坐在外面按喇叭。」

瑪麗很訝異看到柯爾這麼大年紀的男人和男孩一起玩，但他似乎挺親切友善。瑪麗只是讓他知道媽媽有在看著兒子。柯爾道了歉，給瑪麗・亨利他的電話號碼，並且讓瑪麗覺得他只是個大哥哥。

亨利坐上車，柯爾開車離去。亨利回想柯爾的手法道：「狄恩對我說的第一句話，不是你好，而是『要不要聽笑話？』那是個黃色笑話。我才十四歲，然後這位成年男子跟我講一個口交的笑話。我那時覺得好酷，覺得自己像大人，覺得自己很特別。」

亨利笑出聲時，柯爾露出微笑。笑話是個測試，而亨利通過了，讓柯爾知道可以展開下一步。要是亨利覺得被冒犯，柯爾會察覺到一道防線。誘拐總是透過小測試逐步增加，下手目標每接受一次，軟限制就一步步被突破。柯爾不太確定自己要拿這位瘦巴巴又多話的男孩做什麼，但很喜歡亨利的從容自在。

柯爾已經從布魯克斯那得知，亨利喝酒、抽大麻；這孩子很自大，但也相當平易近人；他打棒球，但沒有熱衷運動；儘管他不是特別有抱負，但也不是好逸惡勞。就是有個缺點：他的媽媽保護欲旺盛。如果他消失，肯定有人會想念他。

柯爾把亨利安安全全載回家，注意到亨利還有弟弟。休士頓高地到處都是孩子，還是柯爾喜歡的那種，但柯爾小心謹慎，避免讓人覺得他是同性戀或獵食者。

一邊上課一邊工作讓亨利蠟燭兩頭燒，沒時間和布魯克斯、柯爾出去玩。他還要照顧三位弟弟。亨利需要排更多班才足以支付家庭開銷，最後退學了。布魯克斯不用工作卻有錢，讓亨利開始感到厭煩。「我注意到大衛有的錢，比起和我們同齡又有相同社經地位的人來說，多上許多。我問過他錢都是哪來的，每次他都只透露一點，讓我漸漸相信他和他介紹給我的那個狄恩在從事一些違法活動。他們都參與了犯罪組織。」

這也不是那麼難以置信，一九六九年的賣座電影是《教父》（*The Godfather*），祕密犯罪活動看起來簡直帥爆了，不僅強大，甚至迷人。亨利有讀過原著小說，但他從來沒做過任何太過違法亂紀的事。他和其他孩子闖了幾次空門，也偷竊過幾次，有一次被警察拘留，但只是個誤會：亨利帶了一把槍，因為晚上要守衛加油站，隨後會把現金帶回家保管。

有天晚上回家前，他陪一位朋友去某個女生家偷偷接他，女生媽媽報警，警方逮捕亨利，看到那把槍，拘留了一個晚上，直到媽媽前來確認他確實是在加油站工作，警方總算放人。亨利很猶豫，不想再被抓，但布魯克斯的克爾維特跑車、源源不絕的大麻、整捆整捆的鈔票，樣樣都很誘人。布魯克斯以此為餌。

「一九七二年冬天某日，大衛跟我說，如果我可以成功離家，不向任何人透露目的地，他和狄恩會來接我，跟我說明清楚。晚上五點，我被要求要去家門前路上那間傅爾布萊特衛理公會（Fulbright Methodist）教堂後面和他們碰面。」

亨利忽視了布魯克斯不要告訴任何人的警告，還是讓媽媽知道自己的行蹤。「每次出門，我都會和媽媽說，還會說有誰和我一起。我告訴媽媽，但跟他們說我沒講。」

晚上五點，柯爾和布魯克斯出現了。「我相信狄恩那時開了一臺美國汽車捷豹。」他們開車在鎮上繞了一陣子，只是聊天。柯爾可能刻意不想讓亨利發現他的公寓地點，以免事情變糟。那次兜風，狄恩完全沒提及犯罪組織。

黃昏將近，他們抵達一棟多層房屋。到了屋內，他們聚在廚房的吧檯，柯爾在亨利對面。柯爾幫大家倒飲料。布魯克斯點了大麻菸，大家傳著抽。柯爾默默看著孩子從事非法活動，一語不發。布魯克斯走到了另一個房間，讓柯爾和亨利獨處。亨利預期柯爾現在會告訴他生意的事。

他回想起那一刻，「狄恩開始跟我說，他曾經隸屬某個集團，該集團四處竊盜，除了營業地點，還有富裕人家。所有贓物會轉售給負責的集團，這集團決定贓物該去哪，又要偷什麼，可以大賺一筆。他強調祕密行動的重要，講得好像《不可能的任務》，好像他招募我是因為我的聰明才智和能力。」

亨利是被選中的人，但不是因為他的聰明才智。想法是先放出餌——金錢——讓他覺得自己很特別。亨利並不想過犯罪生活，他是負責任的小孩，關心家庭，照顧朋友。但是艱困的童年情況，例如虐待、離婚，有些小孩後來會因此而行為不當。亨利還在可塑期，想要理解自己是誰。他有份兼差，薪資極低，沒有方法改善現況。那晚柯爾勸誘了好一陣子，似乎要測試他的忠誠感和服從度。然後柯爾打開抽屜，拿出一把大刀，插在刀鞘裡。

亨利提高了警覺。「狄恩開始說，如果有人抓到我們在行竊，那需要有人讓那人閉上嘴。我可以做嗎？我**願意**做嗎？我知道要怎麼做嗎？」

亨利向柯爾保證沒問題，只要需要，他什麼都願意做。「狄恩的偷竊情境，我的回應再理所當然不過。我只是想要看起來很酷，所以就回了類似：『噢，當然。我很清楚也可以做。我可是閱歷豐富。』我設想自己全身黑，瀟灑帥氣，暗中行動，就像頑皮豹一樣。如果我被發現怎麼辦？不會發生那種事。我可是來無影、去無蹤。」

這聽起來不像什麼大挑戰，又或者不像柯爾說得那樣危險。如他一般天真的孩子，無法看透柯爾和他玩的遊戲，但也確實感受到事有蹊蹺。他心想布魯克斯跑去哪裡了。

柯爾一邊繞著吧檯緩緩移動，一邊說話，一隻手放在那把刀上，冰冷漆黑的雙眼盯著亨利。柯爾說：「我可以示範如何下手。」

亨利覺得身陷困境，不大確定該怎麼辦，不能流露恐懼，但也不想要柯爾靠太近，更別說柯爾手上還有那把刀。柯爾瞇著眼，似乎變成另一個人。亨利微微側身，保護自己後面。他力圖鎮靜，但實在不喜歡被碰觸。

「我覺得我知道要怎麼做。」

就在那時，好似看到信號，布魯克斯回來了。他看著亨利，問道：「你沒有跟別人說你在哪裡吧？」

亨利看到一條活路。「我告訴了我媽。」他本來沒有打算說，他原本打算假裝自己有乖乖遵守指示。但說不上來，就是有種感覺告訴他，必須讓媽媽知道他在哪裡。

布魯克斯看起來有點惱怒，「我叫你別跟任何人說。」

「我都會跟我媽說我會去哪裡。」

氣氛為之一變。柯爾看向布魯克斯，然後走開。他似乎頓失興趣，不想告訴亨利他們的任務。

「大衛似乎很失望。狄恩只是不再關注我。大衛立刻推著我出公寓，帶我回家。狄恩並沒有一起來。」

亨利很困惑。他只是想要賺點錢，但看起來柯爾似乎不再認為他能成功。他不太確定自己做錯了什麼。

柯爾現在必須做出決定。亨利已經看到他住的地方，聽過他們的非法竊盜，或許可以好好利用。比起布魯克斯，亨利更加平易近人，也更有社交能力，似乎認識更多青少年。柯爾心想，多一名同伴，或許能讓布魯克斯能力更好。他還可以讓他們互相競爭。柯爾想出另一個計畫。

如同他對布魯克斯所做的一樣，柯爾試圖改從性這方面下手：拿錢買快樂。亨利拒絕了，最初沒意識到柯爾是同性戀，後來意識到了，也沒有想太多。一九七〇年代早期是接納程度測試期。男同性戀挺身而出，為自己的權利而戰，包括公開談論自己性傾向的權利。但亨利沒準備好迎擊柯爾的進攻。柯爾會一步步勸誘，直到亨利無法拒絕。

亨利說：「我唯一一次和狄恩有性接觸是因為大衛。他設了圈套。我講得很明白，這不是我會開心或舒服的事。我根本不想做，所以就沒再發生過了。那是糟糕的體驗。不像跟女生性交，我自己和女生也沒那麼常做。這身形龐大的男人壓上來，我覺得被困住了。我試圖放鬆，想讓事情趕快結束，但一點歡愉感都沒有。」

亨利那時十五歲。他才剛被性侵。他覺得沒辦法告訴何人，因為他**讓**事情發生了。他成了同謀。但他也清楚明白告訴柯爾，他不會再做一次。

對這失敗感到失望，柯爾想出更狡猾的計畫。這需要耐心，但他相信亨利會回應。他從不重要的事情開始，付錢給亨利去偷小東西轉賣。這正是亨利等待已久的差事，但他不是自己想象中技巧嫻熟的神偷，沒多久就被抓了。

「我喝醉了，情緒高昂，就連怎麼發生的都不知道，但我開始效法狄恩，闖空門搶劫，拿走所有大麻和其他東西。我搭計程車回家。等到隔天酒醒了，我把東西還回去，認錯並道歉。他們叫我清掃公寓，然後報警。我被判為少年犯，宣告緩刑。」

亨利開始到柯爾家玩，因為這位成人有工作，不喝酒，與大家和睦共處。儘管柯爾安安靜靜，卻很擅長讓人覺得舒服自在。他看起來很穩定、很好聊。

亨利說：「就是這樣開始的。」他想念爸爸，偶爾會感受到家庭責任的重擔。和柯爾在一起，他覺得自己更像個孩子，因為柯爾是那位大人。不像亨利的爸爸，柯爾似乎好好掌控著自己的人生。後來，柯爾還讓沒有駕照的亨利開車，為亨利開啟精彩刺激的世界。短短幾個月，變形策略開始奏效。柯爾可以一邊傷害亨利，一邊讓自己變成亨利最想在一起的大人。這是用盡心機的長時間遊戲。到那時，亨利已經輟學了，這讓他多了很多自由時間。

柯爾趁機來拉攏，希望能招募成功。他們辯論宗教議題，亨利承認自己曾經渴望當牧師。他讀完整本聖經，以此為道德依歸。柯爾知道，如果想要利用亨利，自己必須徹底撼動他的心。他和亨利辯論基督教信仰體系的好處，以及公正、有愛的上帝（神不只全知，還會報復那些偏離神律法的人）。或許其實沒那麼簡單。或許神沒那麼關心。或許神根本不存在。

亨利說：「我記得第一次對話的時候，他在質疑我對神的信仰。一開始問的是『什麼樣子的神會允許越戰？』『什麼樣子的神會允許我媽和我家庭發生這種事？』他開始批評我爸『為什麼神會允許你爸爸打你？神不可能有任何力量。如果神有力量，為什麼會允許壞事發生？』」

亨利試圖反駁。他堅守自己的信仰。他的外婆和媽媽都是堅定的信徒。他們從未強迫他去教會，但很顯然，他們想要他走基督徒的路，尤其是要培養對他人的同情。他的外婆會幫助任何人，不論自己會冒多少風險，因為他很肯定神會保護他。亨利非常敬佩外婆的態度。

招架了好一陣子，他緊緊抓住這個基石，但當柯爾開始針對個人辯論的時候，他毫無準備。「他會問：『難道你不想要變得能夠抵抗你爸嗎？你爸爸把你當成弱雞對待。他還虐待你。』」柯爾激亨利證明自己有力量，還應該要學會使用。「他會說：『如果你可以展示你有力量控制他人，你就可以控制你爸爸。』他不只說了一次。他一直對我說這些。」

柯爾在一步步摧毀亨利信仰的同時，也建議亨利應該要從竊盜畢業，犯下更嚴重的罪行。他可以用更大膽的事蹟向聯盟證明自己值得。那代表了賺大錢。**眞的**是大錢。

人口市場

柯爾下一個步驟是植入暗示。

亨利說：「一切都是循序漸進。他不會突然就說：『來做這個吧。』他會在對話中講得很正常一樣。原本我們要去竊盜，但他說找不到理想的地點。我們就在第十一大道（Eleventh Boulevard）和海次大道（Heights Boulevard）路口轉角，然後他說：『真可惜沒有人口市場。明明滿街都是人。』我笑出聲，同意他的說法，但心想他只是在開玩笑而已。後來又聊了好多次，狄恩都會在這話題上講很多，最後告訴我真的**有**這種市場。

他說他知道達拉斯有一群人會買年輕人。接著他開始說，加州有錢人把買來的人當男僕，就像養寵物，日子過得很好。」

亨利默默聽著，柯爾顯然知道的比他還要多。柯爾似乎已經透過這個過程參與男孩販運了。柯爾親口證實自己有相關聯繫，然後滿嘴甜言蜜語，把陷阱講得很美好：只要亨利帶男孩來給他，就會付亨利兩百美元——如果男孩特別有魅力，還會付更多。用現在的金額來說，會超過一千四百美元，對收入微薄的孩子而言是很強的經濟誘因。柯爾說應該要找那種沒有人會認真思念的男孩，要找專門帶來麻煩、家裡人都想要擺脫的那種男孩。如此一來，大家都是贏家。

亨利不喜歡這個主意，而且也不怎麼認識那種男孩。又過了幾個月，但柯爾很有耐心。他埋下了種子，相信會發芽。金錢對亨利而言很重要，柯爾的認可也同樣重要。

達拉斯確實有這麼一個組織，也就是奧德賽基金會，柯爾可能從休士頓的同志圈學到了如何運作，因為創辦人會花時間待在休士頓。奧德賽基金會的文獻顯示，男孩們不管是否出於自願，都會被誘騙成為幫手。

同樣的，柯爾想要順從聽話的男孩。他已經有幾位乖孩子了，就算「消失」也不會有人花太多心力去找。布魯克斯充其量就是心不甘情不願的幫手，但柯爾覺得可以好好訓練亨利，這孩子太渴望討好別人了。

亨利說：「我不記得何時開始，出去時都變成我和狄恩兩人一組的狀態。我一直都是和大衛一起出去，不知道什麼時候變，也不知道怎麼變的。這肯定是慢慢發生的。」

柯爾繼續施壓，挑戰亨利，要亨利準備好聯盟想要的東西。柯爾也讓亨利用他的.22手槍，催促亨利學會用手槍展示「我是來真的」。柯爾告訴他，如果真的需要開槍，亨利就要一直開槍，直到對方倒地，絕對不要鬆懈。他必須瞭解他們從事的這門生意就是需要致人於死：不能讓任何人占上風。最後柯爾透露聯盟選中了大衛．海勒吉斯特，亨利那位失聯的朋友，把他賣到加州有錢人家。聽到這名字，亨利抖了一下，他想要找到海勒吉斯特。他向海勒吉斯特的媽媽承諾過，但柯爾說不要插手；那孩子現在過得比以前更好。

亨利並未被勸阻，他認為，說不定可以帶海勒吉斯特回家。亨利說：「都是我的英雄情結。」亨利閱讀科幻小說，漸漸喜歡那些負起責任處理事務的英雄。他也很敬佩約翰．韋恩，覺得自己也可以成為英雄。他必須先配合，或許還得送一個男孩過去，向這個什麼聯盟的組織證明自己。他可以說服組織相信他，這樣他需要的情報就可以到手。

在亨利那不成熟又缺乏經驗的心裡，人口販運似乎有點危險，但如果男孩最後到了好地方，好像也沒有那麼糟。他可以挑一位對他而言一點都不重要的陌生人交差了事，更高的目標是帶海勒吉斯特回家。從更實際的層面來考量，他需要錢，因此不管他有沒有英雄情結，所有跡象都指向默默閉嘴同意（順從）。一九七二年初，亨利同意和柯爾一起去找適合的男孩，屏除媽媽不認可的神情，專心致志執行任務。

首先，柯爾開始訓練他，教導亨利如何假裝掙脫一副手銬，走一個逃脫大師哈利．胡迪尼（Harry Houdini）的風格，這樣就能引誘其他孩子上鉤，想要試試看掙脫手銬。這把戲其實就是，亨利口袋會放一把鑰匙，而其他男孩不會有。一旦上了手銬，他們就無法反抗，只能被綁住。柯爾會把手銬放在桌上，誘惑那些好奇的孩子。亨利喜歡這個主意，這是個挑戰。亨利開始練習。柯爾一稱讚，亨利就覺得開心。挑戰變得好玩了。

二月九日，他們開著柯爾的白色福特 Econoline 廂型車出門。在第十一大道和史塔德伍德街（Studewood）路口，他們看到頭髮深色的青少年要搭便車。亨利突然覺得有點反胃。他們靠邊停車，亨利說服那男孩到柯爾家抽一下大麻（有些資料來源指出，這位十七歲的威拉德．「拉斯第」．布蘭奇（Willard "Rusty" Branch）是一名休士頓警官的兒子，不過一九七二年十一月布蘭奇離家的時候人還活著。布蘭奇也認識柯爾，所以柯爾可以直接打招呼，但亨利說他們選中的那男孩，兩個人都不認識）。

自白書中，亨利說：「是我和他攀談的，因為我也留長髮，比較容易和他搭話。」這樣一來，那名搭便車的人至今依然身分不明。布蘭奇最後還是被柯爾殺死，只是這要晚一點才會發生。

大家都到了柯爾公寓之後，亨利露了一手柯爾教他的手銬戲法。他們的「客人」試圖重現戲法，卻發現自己困住了，此時亨利後退一步，換柯爾對付那名年輕男子，用降落傘繩綁住男子的手腳。目睹這一切的亨利忐忑不安，提醒自己加州有一座豪宅等著他們的俘虜。布魯克斯帶亨利回家，告訴亨利，聯盟還不知道亨利有參與，所以聯盟的人來接俘虜時，亨利不能在場。

亨利不是很開心。他想要人口販子看到他的付出。在天真的想法中，他認為「還有什麼方式可以證明自己，才能找到大衛．海勒吉斯特？」

畫面回到公寓，柯爾塞了一團毛巾布在男孩嘴裡，用膠帶封上，再強暴他。本書寫作的時候，男孩的身分還是不明，死因也依然成謎，埋葬地點至今仍無人知曉。

柯爾跟當初答應的一樣，付給亨利兩百美元。亨利說：「我收下錢，這樣媽媽才能買藥，我們才不用繼續分期付款。因為我可以幫忙分攤，媽媽不會多問（錢的來源）。我還賣過大麻。當你幾乎一無所有，多一點點就差很多。我也買了一把雪曼氣槍。」

但亨利不願涉入更深了，「我不想再幫他捕獲其他男孩了，因為這讓我良心不安。我會想，如果我和家人分開，我會有什麼感受？大衛（海勒吉斯特）的家人又是什麼感受？如果我不會和聯盟的人碰面，那我也不想做這些事。」

他還沒有意識到已經不能回頭了。

第二次的警方陳述書中，亨利說：「我覺得狄恩打算把那男孩賣到那個他隸屬的組織。隔天，狄恩給我兩百美元，然後又過了一天左右，我發現狄恩殺了那個男孩。」

多年之後，亨利重讀這段陳述，說他先後順序講錯了。他不知道後來柯爾立刻強暴並殺害了該名男孩。「這段陳述有地方和事實不符，時間軸出錯了。因為（那時）我腦袋一團亂。」

柯爾等待了一個多月，才觸發設下的陷阱。

柯爾沒有再帶亨利出門一起找更多搭便車的人。柯爾似乎穩定下來了，好像他測試了亨利，現在事情又恢復常軌。柯爾繼續供應啤酒、大麻、開趴的地方，布魯克斯也對那起事件隻字不提，讓亨利鬆了一口氣。事情開始變得正常，孩子來來去去，直到三月底某一天。

亨利邀請朋友法蘭克·艾吉雷（Frank Aguirre）來狄恩家玩，一起抽大麻。十八歲的艾吉雷在速食餐廳海滋客（Long John Silver's）工作，剛剛下班，計畫要去看未婚妻（十五歲的朗達·威廉斯（Rhonda Williams）。亨利開著那臺大福特去找艾吉雷，說服他先到柯爾家玩一下。他們喝著啤酒，情緒高昂。一旁的桌上放著手銬。艾吉雷很好奇，自己銬上那副手銬，說時遲，那時快，柯爾用力氣制伏他，再把他綁著。

亨利說：「狄恩突襲他，我不知道該怎麼辦。」

亨利抗議，柯爾叫他退開。他承認強暴並殺害了那名搭便車的孩子，但因為亨利引誘了那男孩，亨利也和柯爾一樣都涉及男孩的死。這是一個同歸於盡的計畫：如果我墮落，你也會沉淪。

柯爾說，如果有人發現，警方會逮捕亨利，定罪，處決。就算亨利說自己不知道，也沒有人會相信。從法律的觀點來看，無知不算藉口。除此之外，聯盟知道他這個人的存在。如果亨利不合作，他們會殺了他和他的家人。

亨利不知道該怎麼辦。「我才十五歲。誰會相信我？我沒有證據。我不知道屍體在哪。但如果那時我有去警察局，我絕對全身而退，沒有犯任何凶殺罪。但只有狄恩說他做了那些事的說法，而我也有涉入。我無法證明，我又是個小孩，說到底就是小孩的話對上這名大人的話。而且（我覺得）聯盟會站在狄恩那一邊。所以即使他們（警方）逮捕他，他也很可能會被放出來。但如果他沒有辦法出獄，那我就害聯盟的一名成員被關。那他們會對我很生氣，來找我算帳。這是我當初相信的。如果我不是個軟弱的人，我會做更有建設性的事情。我一個人做晚班管理加油站。我被教導做人要有道德。我知道是非對錯。我知道要承擔責任。就因為我害怕報警，所以有人死去。」

但對十五歲的青少年而言，通常都只會想到最直接、最立即的後果。亨利擔心自身命運。但他一保持沉默，就完全成了的共犯，沒有回頭路可走。

在自白書裡，亨利說「我們掐死了」法蘭克．艾吉雷。但在後來的陳述中，亨利主張他把朋友留在柯爾家，但又為自己的無能為力苦惱，結果回去的時候發現朋友死了。柯爾堵住了朋友的嘴，還用膠布遮住了臉。亨利嚇壞了。「我沒有意識到自己需要迅速決定。隔天早上，法蘭克就死了。我被告知到底發生了什麼事，但我沒能下決定。」

關於他八月九日向警方認罪，亨利說：「如果有讀那份陳述書，就會知道內容聽起來像在法蘭克．艾吉雷的遭遇之前，我就知道狄恩會強暴殺人。我並不知道。人生中有些事無可磨滅，我不會懷疑我對那件事的記憶，因為那是一切轉變的始點。當他突襲法蘭克．艾吉雷——我也不知道他打算突襲——然後告訴我他都做了些什麼、我被什麼牽連了，那一刻就是轉變的瞬間。我記得相當清楚。我知道我人站在哪裡。陳述書中沒有提到這點。」

八月二十三日，帕沙第納和休士頓三名警官做的紀錄似乎可以確認這件事。他們根據筆記建立起亨利與他自稱殺害的那些男孩之間的連結，艾吉雷不在那份名單上。

柯爾現在握有籌碼，亨利只得聽命行事。錯愕又鬱悶，亨利幫忙在休士頓南方高島的沙灘上埋葬朋友的屍體。他還幫忙把艾吉雷的一九六七年車款藍白漫步者開到柯爾的船隻倉庫，好讓柯爾拆解販賣。

那時他不知道走在船隻倉庫的地面，其實就是踏在其他慘遭殺害的男孩墳墓上，但那時柯爾告訴他自己殺了亨利的朋友大衛．海勒吉斯特，因此尋人也只是白忙一場。

柯爾拿了艾吉雷車子的某個物件當作紀念品保留。

亨利心神不寧地扮演著新角色，帶著恐懼擔心接下來會發生什麼事。他知道自己的人生已經發生巨變。

亨利說：「錢很快就沒了。因為狄恩的下一波攻勢是『我有你的朋友。我強暴殺害了你第一次幫我帶來的人，所以你已經涉入凶殺了。』面對這番話，我什麼都沒做，所以本質上我對他的話深信不疑。柯爾就是掛羊頭賣狗肉（bait-and-switch）。『現在我不需要再給你錢了，因為你已經是共犯。這是我和你一起的事。』原本只是恐懼。現在還多了威逼……脅迫。『這件事上，你沒有任何選擇。』」

柯爾立刻換地方住，搬到舒勒街（Schuler Street）上的公寓。他已經可以看到之後要怎麼利用亨利了，但是他不像為布魯克斯準備的那樣，並沒有在家裡為亨利備床，也沒有給錢買汽油或香菸。亨利還是必須在加油站工作，才能支付這些費用。「基於種種原因，我讓自己被人當成次等的存在。我被當作狗那般對待。我覺得自己很低下。」

他和柯爾的關係並未讓他的生活有太大改善——或許只有拿到幾百美元和一些派對用品。柯爾利用隱隱的威脅，適時鼓勵，讓亨利乖乖遵守。這是基本的主／奴策略，利用殘酷和親切、威脅與安全的交替循環來制約。無論如何，亨利還是想要討好柯爾。他打破了自己的護欄——他的硬限制——走偏了路。他沒能成為自己期盼的英雄。他站到了壞人那一邊。

臨界點

到柯爾家玩的青少年中，有馬克．史考特和比利．李丁格。亨利認識他們，但覺得他們比起自己更接近柯爾的核心成員。他們年紀比較大，也認識柯爾好多年。他們和柯爾一起做「生意」。但是柯爾似乎厭倦馬克．史考特了，提到這位十七歲男孩帶來多少麻煩，似乎那男孩握有狄恩想要銷毀的籌碼。必須要處理掉他。

亨利說：「狄恩的說法是，他（馬克．史考特）有次交易欺騙了狄恩，他們很常談論這件事。馬克負責偷竊，狄恩購入那些贓物。狄恩覺得馬克好像要害他和警察發生衝突。狄恩堅持一定要除掉馬克。」

柯爾想要亨利幫忙。到目前為止，他都確保那位十五歲少年守口如瓶。但柯爾想要的不只如此，他想要亨利證明自己。殺人可能曾經是亨利的硬限制，但柯爾突破了。

亨利回憶道：「他堅持我要殺人。我必須殺人。我必須證明我可以殺人。我必須變得更厲害，更強大。他一直不放過我。這讓我很害怕。」

這會是截至目前為止最重要的考驗：柯爾不僅可以擺脫鬧事的人，還可以獲得新幫手。布魯克斯說得很清楚，他不想要殺害任何人事物。馬克．史考特，十七歲，常常來柯爾家，沒有派人引誘他的必要。柯爾一邊等待時機來臨，一邊拉攏亨利。

他想要替亨利做好心理準備。「狄恩鼓勵我學習做這些事，可以讓我有能力應付我爸爸，還可以對付霸凌。我不知為何在學校被男同學霸凌，有些從五年級的時候開始。那造成了我的創傷。」亨利想要能夠起身反抗那些可能會傷害他的人。他爸爸朝他開過槍，差點殺了他，至今他都對此憤恨不平。即使他們早已離婚，他知道老埃爾莫．韋恩還是會對媽媽糾纏不清。如果爸爸越來越暴力，韋恩想要做好準備。

最後，他屈服了。如果他想要取得柯爾能提供的所有東西，就必須證明自己。亨利認為或許柯爾是對的，或許這對他有益，會讓他更強大，或許能成為柯爾認為他能成為的壞人，也或許馬克．史考特確實罪有應得。

那年四月，柯爾行動了。史考特來訪了（或許像布魯克斯說的，亨利和他一起來，但又或許獨自前來），柯爾展開攻擊。史考特猛烈抵抗，彷彿他知道葫蘆裡賣什麼藥，但柯爾還是成功綁住他，拘束他的行動。史考特一直試圖求柯爾放他走，但柯爾把人帶進臥房強暴。顯然，柯爾也說服了史考特寫明信片給父母，說他要去旅行。時至今日，柯爾已經發展出虐待人的嗜好，想要亨利在一旁吸收學習。布魯克斯說過，亨利在這個舒勒街地址「特別嗜虐」。

亨利承認道：「開車兜風的時候，狄恩都會有一些好點子。舉例來說，我喜歡香。我有那種可以點燃的香椎，而且點燃會很燙。狄恩或我曾經拿起來被燙傷，所以狄恩決定要在人身上放點燃的香椎。他放在馬克．史考特身上了。狄恩對馬克充滿了敵意。」

經歷數小時折磨後，史考特倒在那裡痛苦呻吟，哀求柯爾放了他，但柯爾去睡了。亨利被指控負責看管俘虜。史考特試著和亨利、布魯克斯攀談，但亨利不理不睬。

「大衛說我冷血無情，但我只是不想聽見他的聲音。」這是真相大白的殘酷時刻。亨利早就知道柯爾打算殺了史考特，而且很可能需要他幫忙。他現在將目睹一個年輕男孩被謀殺。他只希望自己負責的部分越小越好。布魯克斯只是聳聳肩。

亨利說：「那晚，狄恩睡在床上，馬克在地板上。我也在靠近馬克腿邊的地板上睡著了。狄恩起床的時候，我還在睡。不知怎的，馬克拿到一把刀。」

柯爾走向史考特，彎腰查看人是否還活著。史考特突然持刀砍向柯爾，劃破了他的肌膚，撕裂他的襯衫。柯爾憤怒又驚訝地大喊出聲，亨利醒來看到他們扭打成一團。史考特一手還是綁著，但另一隻手沒有，可以自由活動。

亨利打了史考特幾下，想要擊退他，然後跑去拿柯爾的.22手槍。布魯克斯進來幫忙壓制史考特。亨利回來後，槍指著史考特命令他停手。史考特看著手槍，放棄抵抗，似乎知道一切都結束了。他們不會放他走，他也沒有其他方法抵禦。史考特用手指比了槍的手勢，指著自己的頭，似乎催促著亨利快點結束這一切。柯爾命令亨利勒死他。

就是這樣。柯爾沒有打算要殺馬克．史考特，亨利才是要動手的那人。柯爾必須當白臉黑幫老大，就像《教父》演的一樣。如果亨利不聽話，沒有人知道柯爾會對他做出什麼。

猶疑不決，亨利把降落傘繩套上史考特的脖子，用力拉緊，他童年時對窒息的恐懼讓他手上的力道又加重了。他並不想要勒死人。史考特苦苦掙扎，雙眼大睜盡是恐懼。亨利轉頭，移開目光，手上又更用力了。他無法相信會這麼難。

終於，史考特失去意識，不過身體還在反抗，臉色轉變，雙唇發青。但是亨利雙手開始發痛，他做不到。柯爾說過這和電視上看到的不一樣，電視上大家很快就斷氣了。亨利筋疲力盡，必須讓柯爾接手完成。

然後就結束了。馬克．史考特躺在塑膠布上，一動不動。亨利盯著他。

他下手了。他幫忙殺了人。他幾乎無法相信。

他走進柯爾家客廳，坐在沙發上，直愣愣盯著前方。

他覺得自己好墮落。他才十五歲，就已經涉入三起凶殺。他知道他肯定要為此付出代價，用自己的生命。那會是神的命令，那也是他一直以來的認知——一命抵一命。

他靜靜等著，畏縮在沙發上，但什麼都沒有發生。沒有天打雷劈要置他於死。他依然活著，這毫無道理可言。不能有人就那樣死掉。他信仰的基礎開始崩壞。

「當我知道自己涉入凶殺，失去了信仰最大一部分。我記得坐在狄恩的客廳，等待神的懲罰，降雷劈死我。我知道懲罰來了。我知道懲罰一定會來。結果卻沒有發生。那時我想，這一刻我徹底輸了。我失去主動反抗狄恩的能力。我只覺得或許這個男的知道所有答案，你知道的，因為我肯定沒有答案。我想我就是軟弱，我就是邪惡。」

亨利幫忙埋了馬克．史考特的屍體，就在高島的一小片沙灘上，之前埋葬法蘭克．艾吉雷的附近。又一次，亨利不會收到錢，而且現在他知道柯爾握有的籌碼，比之前都還多，多非常非常多。

馬克．史考特的家人向警方通報失蹤。他們最後一次見到他的時候，馬克說他要和朋友去旅行，但就再也沒有回來了。幾天過後，他們聯繫了警方，因為他們收到一張奇怪的明信片。明信片上，馬克寫道：「你們好嗎？我要在奧斯汀待幾天。我找到了一份好工作，時薪三美元。」史考特一家覺得這明信片令人難以置信，但馬克沒有留任何聯繫方式，他們也無從證實起。那是最後一次得知他的消息。

柯爾肯定亨利的表現，說他做得很好——這是亨利最想聽到的話語。儘管還處在震驚中，但這些肯定令亨利覺得心滿意足。事後回想，亨利思考自己怎麼會因那樣的行動獲得讚美，而自己還接受了。「狄恩成了我的權威人物，我認可的強大。我就是在做一些會取悅他的事。做這些事也沒關係，因為狄恩做了也沒關係。」

經歷誘拐的過程，亨利從一名熱心助人的孩子，變成一名想取悅性虐殺手的男孩。將近一年，柯爾很有耐心地訓練出了一名可塑性高的學徒，他已經看出亨利是那種孤注一擲、不肯妥協的孩子。只要耐心等待，再測試幾次，亨利就會被塑造成好夥伴。

後來亨利想想，他會這麼順從聽話，部分原因是擁有保守祕密的特權。「如果人群中唯一知道祕密的人只有你，就像大衛、狄恩和我，在那個世界裡只有我們三人。我們是唯一理解彼此且溝通的人。這裡就成了一個小世界。」

這也關乎社會認同，對多數人而言是非常重要的事，但比起任何年齡層的人而言，社會認同對青少年而言最重要。

亨利涉入了組織犯罪。他擁有狐群狗黨。

只要下過一次手

亨利五月九日就滿十六歲了。不到兩週後，五月二十一日當天，他被叫到柯爾家。在柯爾家，他看到十六歲的強尼．德洛梅（有時會把 Delome 錯拼成 Delone）和德洛梅的朋友（十七歲的比利・鮑爾奇（Billy Baulch）雙雙被綁住。

亨利說道：「那（事件）可不在我，我不小心走進那個局面。事態如此，和我半點關係都沒有。他們把我拉進去說：『這就是即將要發生的事。』我必須獨自結束這兩名男孩。」換句話說，亨利還有一個測試要通過，一個更具挑戰的測試。

德洛梅高中輟學，惹了幾次麻煩。鮑爾奇認識柯爾，曾在柯爾糖果公司工作，以前還會到柯爾的公寓玩。柯爾似乎對鮑爾奇有著對馬克・史考特一樣的問題。柯爾要布魯克斯和亨利也參與凶殺。布魯克斯說過，柯爾的規則是下手的一方人數永遠要比受害者多一名。要綁縛和折磨的男孩有兩位，柯爾需要兩位共犯一起協助。一掌控了德洛梅和鮑爾奇，柯爾便強迫他們寫明信片給家人。

兩張明信片措辭幾乎一模一樣，比利的從德州麥迪遜維爾寄出，內容寫道：「親愛的媽媽、爸爸。我很抱歉，但強尼和我找到一份更好的工作，幫忙卡車司機裝卸貨，我們要從休士頓去華盛頓，三、四週之後就會回來了。一週後，我會寄錢回家，幫忙你和媽媽。愛你們，比利。」

柯爾又多加一項任務。他想要在自己性侵一位男孩的時候，亨利去性侵另一位被綁住的男孩。亨利不願意。他才不想看著柯爾那麼做，更不用說還要同時一起做。此外，他可沒興趣和男的做愛。亨利拒絕了，柯爾沒有堅持——這次沒有。不過柯爾倒是期待一件事：亨利必須獨自殺人。他必須完成一次殺人任務。聽柯爾的命令，亨利先用繩索勒死鮑爾奇，不可置信地看著已經無意識的身體繼續抵抗半小時。

布魯克斯向警探描述那天他看到了什麼。鮑爾奇死在床上，布魯克斯跟強尼講話，要強尼「保持冷靜」。強尼「看到朋友被勒死，人就抓狂了。他知道他打算逃走……亨利勒死鮑爾奇，然後開口道：『嘿，強尼。』強尼抬起頭向上望的時候，亨利拿一把口徑.22半自動（口徑其實是.25），朝強尼額頭開了一槍。」

子彈從耳朵飛出來。強尼還沒死，「站起身」哀求亨利別殺他，接著亨利勒死他，這次「狄恩出手幫忙」。亨利說他只是聽命行事。後來他還告訴警方柯爾的各種折磨手法，電擊生殖器、把玻璃棒插入陰莖、拔陰毛等等。「我會做這些事，是因為狄恩想要我對他們做這些事。他會命令我『試試看這個』、『試試看那個』。我通常都會做（那些事，但）只會做一次。」

兩具屍體一起被埋在高島。

失蹤男孩的家人收到了明信片，比利．鮑爾奇雙親認出那是兒子的字跡，但用字遣詞聽起來不像他；強尼．德洛梅的父母疑惑兩個男孩怎麼會寫下像複製一般的內容。他們知道強尼不會拼寫，所以相信一定有人代筆，但現在也只能等看看男孩是否會回家。

因為明信片，休士頓警方把兩位男孩從失蹤人口名單上移除。比利媽媽告訴警方，比利會和狄恩．柯爾廝混，狄恩還曾經替比利上手銬，還說柯爾有個同伴叫大衛．布魯克斯，給過比利毒品。這些通報都沒有激起警方採取任何行動。鮑爾奇一家則是直接找上門，當面對質柯爾，但柯爾說自己不知道那兩個男孩跑哪裡去了。

為了避免發生類似馬克．史考特的事件，柯爾製作了一個束縛板，在一片長八呎、寬二點五呎的合板上鑽孔，這些孔可以固定手銬或繩子，確保俘虜無處可逃。合板兩側也有鑽孔，可以強制受害者四肢大張，或一次綁兩名男孩。柯爾想要一名受害者看著他對另一名受害者幹的好事，心理折磨可會進一步影響受害者。

亨利說：「狄恩說過他會想到合板這個主意，是要確保受害者不會在他睡覺的時候亂動。光是手銬和綁住雙腳腳踝，就足以讓人變得順從。就是因為懷著可能會被放走的希望，人才會乖乖聽話受控制。」

布魯克斯之前看過那個合板，知道合板的用途。他們之前還留了一片合板在某間公寓沒帶走。柯爾有天在合板上綁住十九歲的比利．李丁格，反覆性侵李丁格，布魯克斯在柯爾要殺了李丁格前插手阻止，堅持柯爾放走李丁格。

李丁格某些特質讓布魯克斯想要保護他，雖然柯爾才是最終能決定該怎麼做的人。亨利認為李丁格可能之前幫柯爾拉過皮條，帶小男孩來，因為李丁格似乎知道綁在合板上意味著什麼。柯爾警告他乖乖閉上嘴，就放他走。李丁格離開了。

布魯克斯又是另一回事了。柯爾認為布魯克斯這金髮男孩，必須要學會遵守規則。凡是抵抗他的孩子，都是會在不該說話的時候說話的人。有一天，柯爾叫亨利去打布魯克斯，要打到失去意識。柯爾把布魯克斯綁到合板上，強暴了一次又一次。布魯克斯受到虐待，害怕這次他會被殺死。柯爾開始勒他脖子，但聽了布魯克斯哀求，柯爾心軟，放了他一馬。布魯克斯還是夥伴，但擔心柯爾可能會再次下手，因此而離開了，最終卻又回來了。

奇怪的是，亨利和布魯克斯很少討論柯爾在做什麼。亨利發現，布魯克斯知道的柯爾比他說出口的還多，布魯克斯不會聊他們的過去，也不會談論金錢的安排。布魯克斯肯定有持續不斷的金援，也有一個自己的房間。

布魯克斯聲稱亨利和柯爾在這個地址殺了不只一名男孩，但亨利不記得還有殺了別人，不過紀錄無法證實亨利的說法。事實上，亨利希望他的「測試」結束了。他已經獨自殺了一個人，已經證明自己可以做到，柯爾還有什麼期望？

六月二十六日，柯爾搬出這間公寓，換到威斯克特大廈（Westcott Towers）租房。鄰居回想，柯爾總是在陽臺用雙筒望遠鏡掃視街道。他們沒發現柯爾很可能在找騎單車的男孩。

七月十九日即將午夜時，十七歲的史蒂芬．席克曼（Steven Sickman）離家，前往休士頓高地參加派對；這是他姊姊的說法。

史蒂芬究竟是自己想要去柯爾家，還是被強迫，目前依舊無人能知，但結局是胸腔先遭到狠狠重擊，肋骨碎裂了好幾根，才被尼龍繩勒死。他的屍體進了那間船隻倉庫。他的家人隔天就通報失蹤，警方回應不冷不熱。那孩子差一個月就要滿十八歲了，警方認為他只是決定要離開家鄉，不過他的家人一直沒放棄，不停尋找。

同一個夏天，羅伊・尤金・邦頓（Roy Eugene Bunton）失蹤了，十九歲的高個子金髮男孩，很可能是搭便車到當地商場鞋店上班時出的事。柯爾用毛巾堵住嘴，再用膠帶封住。完事之後，柯爾朝邦頓的頭開了兩槍。柯爾可能自行引誘席克曼和邦頓，雖然布魯克斯想起來有個高高瘦瘦的男孩（邦頓很符合這個形容），但是布魯克斯說他是在舒勒街看到那男孩，邦頓似乎在柯爾搬離舒勒街公寓之後才失蹤。

亨利禁止自己的兄弟參加柯爾家的派對，也讓自己最要好的朋友遠離柯爾，他們認為亨利吝嗇，只想獨占柯爾和柯爾的資源。柯爾早已指出休士頓高地哪幾位孩子深深吸引他，大衛・海勒吉斯特的弟弟格雷戈里・海勒吉斯特（Gregory Hilligiest）就吸引了他的目光。這讓亨利驚慌不已，如果柯爾有喜歡的類型，那亨利的弟弟維農（Vernon）也屬於那一類。只在事發以後，他們才明白亨利當初只是要保護他們。

那個夏天，瑪麗・亨利察覺到兒子令人不安的改變。兒子有時候消失在房內，瑪麗可以在外面聽到哭聲。兒子不太管外表，和之前認真打扮的狀態完全不同，而且似乎對宗教感到不耐煩。兒子也喝酒……**喝很多**。瑪麗越來越擔心，看著兒子幾乎變成不認得的樣子。鄰居會跟他說，他們在不同時間看到亨利走路搖搖晃晃。兒子正在變成爸爸，還是變成爸爸最糟糕的樣子。曾經充滿動力的高材生，現在什麼優勢都沒了。

亨利有時候向朋友承認自己喝太多，儘管如此，酒精麻痺了他心中或許能意識到自己迷失的某個角落。

亨利回想道：「我的生活像是患了點思覺失調症。我大可以逃離狄恩，正正常常地生活。我大可以和朋友出去玩，我大可以見女朋友，我大可以和家人一起烤肉，但總是有一股恐懼的暗流，害怕狄恩等一下就會現身。與此同時，我又害怕被排除在外。我不再感到安定，因為我的依靠是狄恩。和狄恩在一起，每件事似乎都以他為主。因此，只要狄恩沒關係，什麼事都沒關係。不在狄恩身邊，我就會產生疑慮，覺得該負責任又有罪惡感。他沒辦法讓我沒有罪惡感。這就像是，一方面我被養育成的樣子會開始主張自己，但只要和狄恩在一起，除了狄恩，其他事情都不重要了。因此有很長一段時間，我在想難道我瘋了嗎。」

亨利的兒時玩伴弗萊迪．梅傑斯記得自己第一次遇見柯爾的時候。梅傑斯不喜歡這男的，不太明白為何亨利喜歡柯爾。有次亨利告訴梅傑斯，他捲入了組織犯罪，該組織經營賭博、賣淫、販毒。梅傑斯不知道亨利是否只是在裝腔作勢，也沒有當真。

十月初，兩名當地青年失蹤。十三歲的理查・亨布里（Richard Hembree）和十四歲的沃力・傑伊・西蒙諾（Wally Jay Simoneaux）。沃力的母親詢問漢密爾頓中學，校方告知名男孩當天有到校。後來，有目擊者指出看到兩名男孩坐在雜貨店附近的一輛白色廂型車上，一名年輕男子下車趕走這位目擊者。

布魯克斯和亨利都沒有在警方陳述書中說這兩名男孩是受害者，但其中一份陳述說到他們在布魯克斯第一次接近亨利的漢密爾頓中學附近接走這兩名男孩。此外，布魯克斯描述某個事件，說亨利不小心射傷一位孩子的下顎，亨布里就是這樣受傷的。

布魯克斯說：「都是從休士頓高地來的男孩，但我不知道他們的名字……他們當下沒有立刻殺了那男孩。那天稍晚，他們才殺了那兩名男孩。」

不知怎的，西蒙諾成功打給母親，朝話筒急忙喊道：「媽媽！」電話就被人掛斷。他和亨布里都被束縛在合板上，供柯爾展開殘暴的娛樂。柯爾綁了他們整晚，然後兩名男孩都被勒死，埋到船隻倉庫。柯爾似乎自己一人埋了男孩，直接把他們放在吉米・格拉斯和丹尼・葉慈分解的屍體上，這四人長眠的地方後來被警方標示為四號洞。

隨著萬聖節將近，亨利和布魯克斯討論要阻止柯爾「做他的事」。兩人認為柯爾情況越來越糟。柯爾因個人恩怨而殺害「壞男孩」，似乎勉強可以接受；但隨機挑選男孩餵食那頭怪獸，又是另一回事了。

亨利說：「我們倆都知道總有一天狄恩會殺了我們。我們都知道必須守護彼此。大衛和我都試圖阻止他。我們假裝樂意參與，但總是拖拖拉拉不阻止。」

亨利有個女朋友叫莉莎（Lisa），有時候他們兩人會和大衛、布莉琪一起出去玩。一九七二年萬聖節，亨利和布魯克斯在狄恩家準備出門玩。「我們必須等狄恩回來，因為要用他的車。他回來的時候，拿了兩袋滿滿的糖果，樂呵呵道他簡直不敢相信孩子會來他家門口敲門。我們就像『噢、不！』不能留他一人在家。我們沒有和女友出門玩，倒是把女友帶回狄恩家。他可能只是鬧著我們玩，但也可能就是誘餌。要是我們約會回來，發現他拐了滿屋子的小孩怎麼辦？我們不能冒這個險。」

但他們沒能牽制柯爾太久。

十一月十一日（或十二日），十九歲的理查．艾倫．凱普納（Richard Alan Kepner）要去公共電話打給未婚妻的路上失蹤了。凱普納在當木匠學徒，學習木匠生意，和好幾位室友一起住在休士頓高地某間屋子。凱普納前一天晚上和母親吃了晚餐，打算兩天後要參加一場搖滾演唱會。最後，凱普納被勒死，埋在高島沙灘。

同年十一月，小威拉德．卡蒙．布蘭奇失蹤了。據妹妹蘇珊（Susan）的說法（那時蘇珊才十三歲），拉斯第為了要去柯爾家的派對和父親吵了一架。拉斯第承認是柯爾提出邀約，這讓警察爸爸勃然大怒。拉斯第已經十八歲了，決定離家出走。

住在芒特普林森（Mount Pleasant）的姑姑是最後一個在那個月見到他的人，姑姑載著拉斯第和他的朋友，把兩人放在某個可以搭便車回休士頓的地方。拉斯第最終被殺害，埋在柯爾的船隻倉庫。他是唯一一位慘遭閹割的受害者，或許是他拒絕了性交，柯爾採取了報復手段。

亨利不知道柯爾獨自行動，還相信他們成功阻擋了柯爾的暴行。有時候，亨利試著和柯爾說不要再殺人了，但「這種對話註定失敗。狄恩談論自己對那些男孩做了什麼，都只用一些委婉說詞帶過，他會說他只是『要去做我的事』，有一次是說『我的個人時光』。無法與狄恩聊性這個話題。」

一九七三年一月，柯爾搬到沃特路（Wirt Road），只住了兩個月，但這段期間殺了十七歲的藝術家喬瑟夫．艾倫．萊爾斯（Joseph Allen Lyles）。柯爾挑了休士頓南部傑佛遜郡的一片沙灘作為埋葬地點。兩位共犯都沒有幫忙。萊爾斯的家人發現他沒有帶任何個人物品卻離家，立刻通報失蹤，家人知道萊爾斯不會就這樣離開，但請求執法單位協助，卻踢到堅硬的鐵板。

布魯克斯認識萊爾斯，但亨利毫不知情。亨利希望可以悄悄擺脫柯爾的影響。後來亨利告訴一名記者：「我討厭我的手。我以前總是對自己的手感到自豪。我的指甲總是乾乾淨淨，修剪整齊。我討厭我用這雙手做的那些事。我討厭我一直相信的神，因為祂根本沒有留心。我討厭生與死永遠都是這樣子的概念。我討厭自己一直軟弱又害怕。我討厭自己這麼冷酷無情。我不知道要怎樣才能離開狄恩。我不確定我是否可以逃離，也不確定我這種人是否值得逃離。但我不想要一直做這種事。」

在這三人之間可能發生的是，某種形式的「同步[7]」，在同步狀態下，具備影響力且指導他人的人，試圖透過「心靈融合[8]」來取代另外兩位的價值觀。七〇年代，大家普遍相信一個人可以透過個人的精神力來控制其他人。柯爾有好幾本催眠書籍。亨利若有所思道：「狄恩打算製造方便好用的分身。」這名心理病態想要和他一樣墮落冷漠的手下，他成功把布魯克斯變成分身，很可能還有其他人。柯爾可能也認為亨利具備剛剛好的易感性和個人氣質，相互平衡。只要好好練習，亨利會更適合執行這些任務。

但亨利正在想辦法離開休士頓。

---

7 synchrony，心理學名詞，指兩個或多個人同時發生動作一致的狀態，例如同步的動作、情緒。

8 譯註：mind-meld，《星際爭霸戰》瓦肯人的能力。

第四章　辦法不容易

如何離開惡魔

一九七三年一月，亨利決定要跟人說自己的狀況。他不能告訴警方，但覺得較年長的男性親戚可能可以給點建議。他的叔叔強尼（Johnny）是大卡車司機，會橫越整個國土一路開到佛羅里達州。亨利搭了便車。

「我坐在強尼叔叔的大卡車上，一路到佛羅里達州，沿途告訴他我的困境。我想他是相信我的，但當我們到了佛羅里達，他就把我丟在那裡。他說他不能帶著我到他要去的地方。有個嬉皮載我去搭巴士，我到了鮑比（Bobby）叔叔在亞特蘭大（Atlanta）的房子。我也試著要跟他講狄恩的事，但他直接把我送回家。他覺得我要麼是醉了，不然就是瘋了。」

亨利還在前往休士頓的路上，鮑比先通知了瑪麗，說他兒子的問題嚴重。

瑪麗說：「鮑比打給我說，我的兒子嗑藥嗑昏了頭，他把亨利送上巴士，正在回家的路上。」瑪麗不敢相信會有親戚這樣對待他兒子，尤其是亨利如果不大對勁的話。「我跟鮑比說，我家一點都不歡迎他。」

找自己信得過的長輩主動出擊，結果被拒絕，亨利覺得自己大可逃離休士頓。有個親戚住在東德州芒特普林森，可以讓亨利離柯爾至少四個半小時的車程遠。他可以在那裡找份工作。芒特普林森其實離達拉斯和聯盟又更近了，但他沒有想到柯爾或柯爾的同夥會來找他。到現在，亨利不是那麼肯定自己相信這個組織真的存在，他都沒看到柯爾參與的跡象。

亨利在三月的時候離開。柯爾有注意到。亨利回想道：「狄恩很不開心。他要大衛打給我，要我回去。大衛說他不知道格雷戈里．海勒吉斯特和我的小弟會發生什麼事。這就是威脅。兩週後，我回到休士頓，因為這是我必須做的事（保護弟弟）。」

亨利不在的時候，有次柯爾邀請了亨利的弟弟保羅（Paul）來家裡作客。亨利一得知這件事，大發雷霆。「我千辛萬苦讓狄恩遠離我的朋友，讓我的弟弟遠離狄恩。他們認為我在狄恩家總是在玩樂，他們也想要一起來玩。我告訴他們，聽好，永遠不要趁我不在的時候去狄恩家，也不要沒先跟我說就去狄恩家。我盡全力阻止。」

同一個月，柯爾跟爸爸租了一間房子，地址在帕沙第納的拉瑪爾街二〇二〇號，距休士頓高地只要一個半小時車程。亨利在布魯克斯爸爸的鋪路公司找到一份工作，負責鋪設瀝青。有幾個月，日子看似很平靜，可能是因為柯爾有難受的病痛，睪丸有水囊腫（組織液聚積），需要動手術。亨利繼續看守弟弟，毫不鬆懈。至少帕沙第納比柯爾之前住過的地方都來得更遠，光是走路或騎腳踏車，其實沒辦法抵達。

亨利和布魯克斯對柯爾下的某些指令還是相當警惕，甚至討論如果有必要，會殺了柯爾來阻止他。亨利知道這樣的對話，風險很大。布魯克斯比他更接近柯爾，布魯克斯嫉妒柯爾對亨利的信賴。布魯克斯很可能會警告柯爾，小心第二位共犯。

柯爾有次對亨利上手銬，拿香菸燙他，要亨利知道不能擅自行動，不能未經許可擅自離開，也不能獨自思考。亨利記得有次柯爾說服他攻擊布魯克斯，說要給布魯克斯一點教訓。

亨利說：「我們都很害怕狄恩。老實說，我們也害怕彼此。畢竟狄恩曾經綁過一次大衛。狄恩也綁過我一次。所以，我們兩人都被綁過，都知道他有什麼傾向……威脅一直都在。問題是，如果只綁其中一個人，另一個人就會陷入矛盾衝突。一方面是，你把我朋友綁起來了，另一方面是，綁的人是你，我不知道該怎麼拒絕你。我要和大衛一起嗎？我打算拯救自己的命嗎？到底該怎麼辦？所以，我們被刻意維持成不平衡的狀態。沒人知道狄恩是否對某某青睞有佳。狄恩會從我們之中，拉一人到一旁，花些時間和剩下的人相處，暗示他人要嫉妒或反對和他在一起的人。大家充斥著奇怪的信賴關係，每個信賴都大不相同，但沒有任何一個是全然的信賴。」

「我想最後大衛和我終於明白，我們都被操控，要和彼此作對。我們唯一的希望是不要讓狄恩離間我們，也不要讓狄恩挑撥我們。狄恩越來越常跟我們說另一人的壞話。我們都很怕睡在狄恩身旁，如果我們在那裡過夜，我們都會睡在同一張床上。」

亨利還是會和少數幾位朋友出去玩，但他又開始那些不健康的惡習。朋友布魯斯・皮特曼（Bruce Pittman）很是擔心。亨利似乎喝得太多了，有時候甚至覺得亨利應該要去看醫生或尋求諮商。

有次，亨利問皮特曼是否想過要當職業殺手。這問題很奇怪，幾乎就跟亨利與柯爾的友誼一樣怪異十足。皮特曼注意到，柯爾彷彿就是盯著男孩看，令人相當不安。亨利和這個年長的男同志到底能做些什麼？皮特曼懷疑事情已經鑄成大錯了。

回到休士頓，亨利想起了自己在凶殺中擔任的角色。他想要忘卻一切。

五月，亨利滿十七歲，想到另一個選項，只要做了就可以去到遙遠的地方，柯爾不管做什麼都沒有辦法強迫他回來。他自願加入海軍，希望能受訓成為帆纜士官，負責監督艦上維護整補等任務。

「我和媽媽道別，直接去應徵入伍。參加了一場考試。想必我表現得很好，因為他們帶我去休士頓大學（University of Houston）領一張高中同等文憑證書（GED）。一名連絡官帶我走過所有部門，但接著我要做色覺辨別檢查，十四題只對了四題。我是色盲，沒資格擔任海軍任何職位。」

海軍也認定亨利為了證明自己沒吸毒，在某張表單上假造簽名。「我說我從來沒吸過毒，但後來我又承認其實有吸過。我在表單上撒謊，才會不合格。」他撤回了申請。

無可奈何，亨利回到休士頓，繼續過著毫無未來的生活，也重新和柯爾一起廝混。在亨利不知情的狀況下，柯爾和一名十九歲男孩展開一段認真的關係，犯罪作家傑克・奧爾森在書中叫他「蓋伊（Guy）」。

這段關係持續了三個月，直到七月某天為止。柯爾邀請蓋伊到帕沙第納的家，帶他看一間上鎖的房間，告訴他絕對不會帶他進去。照蓋伊所言，有時候柯爾會聊到自己被迫去做不想做的事，但都沒有講得太仔細。蓋伊說，柯爾一直都神神祕祕。

顯然談戀愛絲毫不會減緩柯爾的暗黑衝動。六月上旬，柯爾堅持亨利「要帶一名男孩給他」。亨利無法躲避這項任務，布魯克斯人不在，亨利只能靠自己了。

血染夏天

亨利看中女友的一位朋友，十五歲的比利・勞倫斯。勞倫斯和爸爸一起住，常常抱怨生活。種族融合期間，他被送到另一間學校，但他很討厭離開朋友。他爸爸厭惡他偷溜去喝酒或抽大麻。犯罪作家傑克．奧爾森形容這對父子的關係是充滿愛但緊繃的。亨利保證會到柯爾家族的水庫區別墅辦派對還是度假，引誘了勞倫斯到柯爾家。

勞倫斯被虐待的時候，布魯克斯（錯把事發時間記成七月）打電話到柯爾家，沒人接他就一直打，直到亨利終於接起來。布魯克斯的第三次陳述書，向警方透露了細節。

「你那裡有沒有人？」布魯克斯問。

「有。」亨利回答。

「不是朋友吧？」

「算是。」

布魯克斯想要知道名字，但他聲稱亨利不告訴他。

「所以我直接過去瞧瞧到底是誰。」

布魯克斯會這麼做，似乎很奇怪。如果柯爾沒有叫他，他就不用負責平常開車挖土的工作，但他還是決定要過去（他在那裡有自己的房間，但那時他和未婚妻布莉琪．克拉克一起住）。這意味著布魯克斯認為亨利可能從中得到些什麼——金錢或認可——他可不想要錯失良機。他自白時，沒有為自己的行為說明理由，但多講了其他細節。

布魯克斯抵達水庫區別墅，看到勞倫斯全身赤裸，綁在床上。那時，勞倫斯已經打電話給爸爸，問爸爸他能否「和幾位朋友一起」去薩姆雷本水庫釣魚。他答應爸爸，三天後就回去。沒有人知道勞倫斯是否被強迫打這通電話。

據勞倫斯爸爸向警方的陳述，那天他們還彼此互訴情感。五天後，另一種形式的聯繫來了：勞倫斯寫了張明信片，說在奧斯汀找到工作，八月下旬才會回家。這張明信片可以肯定是被迫書寫或他人假造，就像其他受害者之前寫給家人的明信片一樣。這位命運已定的男孩簽了名，寫道「我希望你們知道我愛你們」。

勞倫斯根本不會回家，柯爾對他另有打算。照布魯克斯所言，柯爾「真的很喜歡」那個男孩，柯爾把他銬在合板上至少三天。

布魯克斯說那天結束的時候，他載亨利回家，再回到柯爾的住處。「我太累了，在對面房間睡覺。」又來了，奇怪的舉動。他去睡覺了，對那位男孩的苦痛漠不關心。隔天早上，布魯克斯接亨利回來，生氣柯爾沒有付他接送費。他對日常瑣事的關心和眼前令人震驚的情況，形成極大對比。

那天亨利和布魯克斯顯然在柯爾家待了很久，因為瑪麗當天晚上打了電話。亨利告訴媽媽他要去水庫那邊幾天。儘管布魯克斯說他認為勞倫斯這個時候還活著，但他也說他們晚上六點離開時，勞倫斯已經死了，被柯爾用繩子勒死。「他被殺的時候，我肯定也在……我不記得他是怎麼死的。我不知道自己是不是有目睹。」

布魯克斯說差不多晚上十點，他們把木箱（裡面擺了塑膠布裹著的屍體）搬運到薩姆雷本水庫區，然後就去睡了，隔天早上他和亨利去釣魚，柯爾在旁邊挑選埋葬地點，這是他們第一次在這區埋屍體。

下午五點左右，布魯克斯和柯爾挖墳，亨利在旁把風。布魯克斯和柯爾從箱子裡抬出屍體埋葬。布魯克斯把多餘的土刮到毯子上，之後用推車載走，以免有明顯的土堆。柯爾因他拿走太多土而大吼。警探給布魯克斯看柯爾家搜來的比利·勞倫斯照片，布魯克斯認出照片上的人就是他說的那位男孩。

亨利也回想起這位男孩遭受的殘暴虐待，說這過程對他自己而言也很困難，很可能因為他和勞倫斯不只是偶遇的陌生人，而且他還自己把勞倫斯帶來柯爾家。

「那次真的很難受。狄恩把勞倫斯綁起來時，我正在注射滿滿的毒品。我記得我坐在那，想要吞下一大把藥丸放倒自己。我不知道自己在做什麼，可能想要自殺，也可能只想要忘記一切。我記得自己想著『你根本不知道這（毒品）會有什麼影響』，答案是『我才不在意』。我在毒品文化中成長，有人教我怎麼吸食毒品。如果我不知道毒品種類或效果，我不會使用，但和狄恩在一起，我就沒辦法掌控任何事。」

亨利沒有死，只是回家睡了一覺，等藥效退去。隔天他又回去了。勞倫斯還活著。狄恩又有更多點子。

「大家說的（在這案子中）那些折磨，全都是狄恩的命令。『試試看這個、試試看那個。』那根玻璃棒也是，但結果和狄恩想像的不一樣。會拔陰毛，其實是為了脅迫，比較像是『如果你不理我，下場就是這樣。』他成功讓我做了一樣，就會繼續要求，但我沒有每次都做。有一次他想要我用一把劍殺人，我抗議，沒有照做。這時候狄恩就會變得沉默，不願講話，不想要和我一起。」

六月十五日，雷蒙德・史坦利・布萊克本（Raymond Stanley Blackburn）從在休士頓高地的臨時住處搭便車時消失了。布萊克本二十一歲，已婚，來自路易斯安納州巴頓魯治（Baton Rouge），他到休士頓出差，想要搭便車回家看剛出生的寶寶。布萊克本太太梅特爾（Myrtle）通報失蹤。

幾天後，六月二十一日，梅特爾收到布萊克本的信，說他需要處理一些事，再一、兩個禮拜就會回家。布萊克本很可能又是另一位受害者，被柯爾強迫寫下假訊息。亨利只記得布萊克本來自哪裡，布萊克本是第二位埋在薩姆雷本水庫區樹林間的受害者，一樣是勒死，就埋在勞倫斯墳墓附近。柯爾留著布萊克本的駕照，收在工具箱裡，像到手的獎盃（戰利品）。

現在，柯爾越來越常出現準備好大開殺戒的徵兆。亨利說：「他會買一包萬寶路，夾在駕駛座的遮陽板上。」柯爾不會大口深吸，都是小小口吞吐，或叼著點燃的香菸。

他會堅持布魯克斯和亨利要一起兜風。

「我們會被告誡不能帶任何人來，或來之前要先打電話。」

七月初，徵兆又出現了。亨利報名了駕訓班，認識十五歲的霍莫．賈西亞。亨利邀請他到柯爾家玩。賈西亞打電話回家，告訴媽媽會在朋友家住一晚，沒說朋友是誰。最後，賈西亞頭部和胸腔遭到槍擊。亨利把他放在柯爾家的浴缸，任憑他失血過多而亡。他們把屍體搬到薩姆雷本水庫區。

七月十二日，警方接獲失蹤人口通報，失蹤的是海軍陸戰隊隊員約翰．曼寧．賽勒斯。儘管大多數狄恩．柯爾的受害者清單都有列出賽勒斯，究竟是不是狄恩的受害者，至今依然無法確定。

布魯克斯和亨利都不記得賽勒斯，也不記得那些據稱的事發經過，法醫喬瑟夫．亞希姆齊克（Joseph Jachimczyk）也基於多處不同，將他從狄恩的受害者名單中排除。賽勒斯胸部中了四槍，凶器是一把軍規步槍。

儘管賽勒斯也被繩子綁縛，綁的方式與柯爾受害者非常類似，但屍體全身衣著完好且沒有用塑膠布裹起來。此外，在路易斯安納州找到賽勒斯的車，整輛車都燒毀了。作家芭芭拉．吉勃遜寫道，就在消失前，賽勒斯告訴弟弟有人想殺他，還威脅要把他埋在海灘。認識賽勒斯的人，沒一個提到狄恩．柯爾。

儘管如此，他被埋的沙灘距高島墳墓群僅三哩遠（比布魯克斯說的那些受害者埋葬地點都還要遠）。犯罪作家傑克．奧爾森寫道：「警探推論這名受害者只是在打獵，不小心目睹埋葬的瞬間，結果對方用受害者的槍處決目擊者。」這無法解釋為什麼他的車會在另一州，還被燒成廢鐵。

有些報告聲稱，亨利和布魯克斯帶警方到賽勒斯的墓。事實是，一名卡車司機帶警方到現場，說自己八個月前在這裡看到可疑活動，一直很好奇這座土堆。「八個月前」遠遠早於賽勒斯失蹤的時間，而且柯爾總是訓練兩位學徒把墳墓弄平，他們不可能留下一座土堆。此外，賽勒斯的口袋有彈藥，但是他並沒有步槍（雖然之前有一把）。如果亨利還是布魯克斯拿走了步槍，很可能也會一併拿走彈藥。亨利也說了，他們只在晚上去海灘埋屍體。亞希姆齊克認定，發現賽勒斯屍體，純屬巧合。

七月十三日，布魯克斯結婚了，搬去和布莉琪一起住，不再回柯爾家。布莉琪懷有身孕。布魯克斯繼續和柯爾斯混，但權力平衡改變了，現在亨利是頭號學徒（共犯）。不過，柯爾還是會獨自行動。

還在傷痛中的鮑爾奇一家人，在七月十九日最後一次看到人稱「東尼」的麥可．鮑爾奇（Michael “Tony” Baulch），他是失蹤的比利的弟弟。麥可才十五歲，常常逃家，但最近好像漸漸穩定下來了，媽媽建議他去剪頭髮，麥可伸手跟媽媽拿錢去剪髮，還要買一包菸，但他沒有回家。

雙親檢查他的房間，害怕麥可又再次逃家，但之前他會帶走的東西都還在。向警方通報又得到預期中的答覆：「他只是離家出走」……又離家出走。鮑爾奇一家查遍了每個能想到的地方，但連個影子都沒看到。現在家裡有兩個男孩失蹤，全家受到的打擊遠遠超出他們所能承受的範圍。

克莉絲汀・韋德得知了他們的苦境，想起東尼不久前有來他家。東尼來打聽哥哥的消息，相信或許還能知道哥哥去了哪裡。

兩位鮑爾奇兄弟都遇到柯爾了。究竟東尼是怎麼到了柯爾家，沒人知道，但他們之前見過一次面。就像一年前的哥哥，東尼被強暴、勒死、埋葬。布魯克斯和亨利都沒說到自己有參與這起凶殺，雖然亨利確實知情，還指出薩姆雷本水庫區麥可墳墓最有可能的地點。幾年後再次檢視身分，結果法醫判定東尼・鮑爾奇被埋在那間船隻倉庫，這讓全家人都很困惑，他的屍體確實是埋在水庫區。

亨利注意到柯爾刻意讓他和布魯克斯保持距離，好像柯爾懷疑他們倆計劃要聯手幹掉他。後來的警方報告指出，柯爾告訴一位朋友他很害怕他們倆，尤其是布魯克斯，柯爾怕到想要離開休士頓。布魯克斯現在十八歲，亨利十七歲。他們越來越難控制了。

亨利回想道：「他刻意拆散大衛和我，利用我來對付大衛，利用大衛來對付我。」

柯爾的第六感正確無誤。「大衛和我一直在計劃要怎麼處理狄恩。我們不知道要拿聯盟怎麼辦，但我們知道該如何處理狄恩。」

一場對峙正在醞釀。

亨利說：「他越來越激烈。我想他知道我快受不了了。我的酒越喝越多，我會做些事來激怒他。他也知道我打算逃跑。」柯爾會指定想要的男孩，亨利會顧左右而言他，轉移注意力。「那段日子，我多數時間都在害怕狄恩會抓狂，殺光我的朋友和家人。已經沒有人能阻止他了，他都獨自行動。他下手越來越惡毒，也越來越倉促……我的感受是狄恩很快就會殺了我，不然就是殺了我們倆。我相信狄恩不止失去自我控制，也知道自己失去對我的掌控。我開始和一群狄恩不認識的人相處。我幾乎一直都醉醺醺的。」

亨利可能是對的。七月下旬，柯爾告訴瑪麗某件事，為此瑪麗很焦慮。

「狄恩站在我家前院，說要帶韋恩去旅行，因為韋恩沒機會見世面，也沒機會出遠門。他要帶韋恩環遊美國。他說：『你沒辦法打電話或寫信，因為你不會知道我們在哪裡。而且回來的路上，我會先請我的朋友艾力克斯（Alex）照顧他，幫他找份工作。』我看著他說：『韋恩是我兒子。我懷胎十月生下了他，在這個世界養育他。如果你開著那臺車載我兒子去任何地方，我會立刻打電話報警。』」

柯爾的「旅遊計畫」和他強迫受害者寫給父母的明信片十分類似，向父母保證他們在另一個城鎮找到了工作。亨利或許感受到柯爾希望他消失。一部分的他想要相信，柯爾依然可以帶來更好的生活機會，但另一部分的他懷疑，與柯爾一起離開休士頓就等於被判了死刑。與此同時，柯爾還是很想要「做他的事」。

七月二十五日，有人看到馬蒂．雷．瓊斯和他的朋友查爾斯．考伯在一起，考伯高中輟學，患有嚴重的焦慮症。考伯的叔叔後來說考伯幾乎害怕所有事，和家人關係不佳也沒有多少朋友，常常想要自殺。考伯的藍色眼睛、細軟金髮，長得很像瓊斯，除了考伯身高一百六十五公分，整整比瓊斯高了十五公分。

瓊斯的家充滿暴力，有很多名繼父。六歲的時候，他報警說自己被強暴。十幾歲的時候，他不請自來搬到考伯家住。考伯的母親這麼形容他，「有極度情感障礙」。考伯一家不停踢他出去，瓊斯一直回來。瓊斯和警方有過幾次衝突，特別是因為毒品。考伯和瓊斯一起建立了霸凌的臭名。瓊斯還販毒，用劣質次等貨欺騙買家。

一九七三年三月，考伯帶一名女生回家，女生懷孕了，考伯父母迅速安排婚禮，在亨利家對面安排了一間公寓給這對新人。七月四日，這對夫妻分開，換瓊斯搬進去住。考伯和瓊斯快要消失之前，瓊斯差點在餐廳和亨利吵起來。

作家約翰．葛威爾寫到，七月二十五日晚上，目擊者看到考伯、瓊斯、亨利，三名年輕人排成一列走，彷彿亨利在護送他們，考伯看起來很害怕。三人最後來到柯爾家。

將近晚上十點，考伯爸爸弗恩（Vern）接起電話，兒子查爾斯說自己和「一些人」有麻煩，他們認為查爾斯「對他們做了些什麼」。查爾斯無法透露到底是什麼事，但他需要一千美元，現在立刻就要。但時間這麼短，考伯一家根本籌不出錢。查爾斯結結巴巴說瓊斯也在旁邊，之後會再給予指示，就掛上電話了。

弗恩打電話報警，警方卻說他們束手無策，打給FBI也得到類似回答。弗恩打給瓊斯的爸爸，得知瓊斯也提出一樣的要求。等到這兩名年輕人還是沒有回家，考伯家向一名前CIA特工的親戚求救。該親戚向休士頓高地的數十名孩子問話，亨利也被問了，但只得知瓊斯是「騙子」和「虐待狂」，他說亨利很配合，也很富同情心。考伯一家提供了豐厚的獎勵來尋求線索，卻沒有收到任何回應。

柯爾把考伯和瓊斯綁在合板上，強暴、折磨再施虐。柯爾催促著他們互相毆打，騙他們贏的人就會可以回家。他們兩個極有可能一點也不相信柯爾，但無論有沒有互毆，解剖報告都看不出來。

瓊斯先斷氣，被三環繩圈勒死。考伯本來就過度緊張，目睹最好的朋友被殺害，難過又生氣，心跳突然停止。亨利衝過去做心肺復甦，「我想帶他去看醫生」，柯爾命令他停手。考伯確實再次恢復呼吸了，但在柯爾的命令下，亨利朝考伯的頭部射了兩槍。

亨利說：「我剛剛才救了他，簡直毫無意義，但這是我的本能反應。」

這兩具屍體的目的地是船隻倉庫。柯爾帶亨利到倉庫，把他反鎖在裡面，去拿好幾袋生石灰。亨利回想到：「我被鎖在倉庫好一陣子，嚇壞了。」亨利想起朋友大衛．海勒吉斯特就被埋在倉庫裡。事實上，他那時站在倉庫中間挖一個大洞，很可能就踏在海勒吉斯特的墓上。

亨利寫信給媽媽，告訴媽媽那年一月他試著要跟叔叔說的事。他相信柯爾可能會殺了自己，他想要媽媽知道柯爾做了什麼。一部分是自白，一部分是記錄，萬一將來他消失了，至少警方還有跡可循。亨利把信給媽媽。警方的陳述書記錄到：「我試著告訴媽媽這件事，兩、三次了，但他就是不相信我。我甚至有次寫了自白書，偷偷藏起來，暗自希望狄恩殺了我，因為這件事實在讓我太煩了。我把自白書給了媽媽，告訴他如果我消失了好一陣子，就把這交出去。」

瑪麗回想：「我拿到自白書，看到上面寫著他殺了大衛．海勒吉斯特，但我知道他沒有。他那時候還不認識狄恩．柯爾。自白書還寫著，亨利談到和大衛．海勒吉斯特在一起的男孩馬利．溫克爾，他說：『我們殺光了他們。』我知道，韋恩並沒有殺那兩個男孩。所以我丟掉那封自白書，害怕會落入壞人手中。我總是會做我認為對男孩最好的事，我應該留著那封信，因為他試圖求救。我知道他需要看精神科醫生，非常需要。我不明白他怎麼了。我有問他，但他不願意告訴我。」

瑪麗幫兒子預約了精神科醫生，那位醫生在瑪麗工作的大樓裡職業。雖然預約在幾週後，但他知道有專業的會接手，感覺就好多了。過去一年來，兒子改變了好多，瑪麗知道事情已經錯得離譜。

犯罪作家傑克・奧爾森寫道，殺了考伯和瓊斯後一週，亨利告訴布魯斯・皮特曼他想要去澳洲。亨利催促著皮特曼一起去澳洲，甚至會幫他付旅費，之後再還就好。亨利已經計算過費用了——每人一千七百美元。皮特曼疑惑亨利到底哪裡來這一筆錢，他家人沒錢，他的工作也是低薪。他回想起，亨利問過他要不要應徵當職業殺手，難道他朋友真的加入組織犯罪了嗎？

柯爾開始感到驚慌。他企圖說服蓋伊和他一起離開休士頓，去墨西哥或中美洲，因為他想要在沒有人認識的地方重新開啟新人生。蓋伊說他不想去，這話傷到了柯爾，還為此流淚。蓋伊覺得柯爾看起來急欲離開，但柯爾沒辦法說明為什麼必須離開。

最後幾天

八月三日，十三歲的詹姆士・史坦頓・德雷馬拉，在休士頓南方踩著腳踏車出發，當天稍晚德雷馬拉打給父母，說在城鎮的另一頭有個派對，他想要在那裡過夜。他爸爸叫他快回家。

布魯克斯在警方的陳述書中，形容德雷馬拉是「嬌小的金髮男孩」。布魯克斯沒有幫忙拉攏德雷馬拉，只是在柯爾家裡發現他，亨利不在（亨利和一群女生參加三天吸毒派對）。布魯克斯說他幫那男孩帶了披薩，在那裡陪了男孩四十五分鐘，才放他獨自面對悲慘的命運。柯爾用繩子勒死了男孩，用塑膠布包住屍體，埋在船隻倉庫的東牆下。他把德雷馬拉的紅色腳踏車放在那裡，就停在偷來的卡瑪洛旁邊。

柯爾快要沒地方埋了。兩側牆邊、前方、快接近中間的地方都埋滿了屍體，或許還可以再埋兩、三具。他問過還要再租另一間倉庫。與此同時，他的情緒正在逐漸失控。

那年夏天，一名相識已久的女性友人貝蒂．霍金斯（Betty Hawkins）注意到他的性格轉變。柯爾有時候會用霍金斯當煙霧彈，說霍金斯是他的未婚妻。柯爾死後，霍金斯向警方陳述他和柯爾十五年來的瓜葛。

霍金斯在糖果公司工作時認識柯爾，那時他快三十了，已婚，後來離了婚，一九六八年左右柯爾開始對他有好感，他有兩個兒子，柯爾很愛和他們一起玩。他們倆沒有任何性關係。柯爾是名「紳士」。

霍金斯知道大衛．布魯克斯和柯爾住在一起，覺得柯爾只是對那個男孩很好。霍金斯也知道另外三名常常在柯爾身邊出沒的男孩：比利．鮑爾奇、另一位比利（很可能是李丁格），還有一位叫雷羅伊（Leroy）。最近，柯爾說想要逃離布魯克斯和亨利。他沒有跟霍金斯說理由，然後他突然問霍金斯要不要嫁給他，一起搬到他媽媽現在住的地方科羅拉多州（Colorado）。他看起來很心煩意亂，喝很多酒（這一點都不像他），還承認吸食了一點毒品。似乎失去了對生活控制。

七月二十九日，霍金斯有看到柯爾，他們一起去柯爾爸爸在薩姆雷本水庫區的度假小屋，爸爸和繼母也在。

霍金斯說：「他的行為舉止完全不像平常，靜不下來，坐也坐不住。」柯爾通常都會和霍金斯的孩子一起玩，但這次卻對他們視若無睹。「他好像有什麼事在心上……看他臉上的表情，我知道他很苦惱。」

載霍金斯回家的路上，柯爾不願意停車讓霍金斯買香菸，霍金斯確認事情肯定糟糕到了極點。柯爾通常都很體貼（這些行為信號代表他準備好要尋找下一位受害者了）。

八月五日星期天，柯爾殺了德雷馬拉後，打電話告訴霍金斯他很「寂寞」，但又說他還是不打算帶霍金斯去科羅拉多州了。他要先找到工作。他答應八月九日會幫霍金斯搬家，他也說會向公司要到支票，然後就要一聲不響走人。他知道這樣做不對，但說他其實也沒有選擇。柯爾還說：「我離開時，千萬不要告訴大衛．布魯克斯我去哪了。」

媽媽瑪麗．魏斯特也想起柯爾的焦慮不安。七月二十九日，柯爾打電話給媽媽，說他身陷麻煩。根據媽媽的陳述，柯爾說：「我要離開了。我只是想要退出。我可能會用藥過量。」他似乎想要解決某些事。瑪麗告訴柯爾他必須想想活下去的方法，不論是此生還是來生。

柯爾回道：「媽媽，或許來世再活下去會輕鬆一些。」他不願意告訴媽媽這代表什麼意思，只說：「我不能聊這個。」隔一會兒，媽媽罵他浪費電話費，他說：「我也不打算付。」

八月五日星期天，媽媽打了一整天電話找他——也就是他告訴霍金斯不會帶霍金斯去科羅拉多州的那天——柯爾終於接了電話，告訴媽媽他沒有接電話是因為在躲避某個人，讓媽媽以為他欠錢不還。

可能柯爾聽到聖奧古斯丁郡的警察，在七月二十九日星期天，在薩姆雷本水庫區附近搜捕，將近兩百名員警在樹林裡搜查。同一天，柯爾和貝蒂．霍金斯待在水庫區的房子，或許柯爾聽到了搜捕的消息，認為有人發現了其中一位男孩的墳墓。

八月一日星期三，繼母瑪麗．柯爾接到柯爾來電。柯爾問他女兒會不會想要接收拉瑪爾街二〇二〇號租屋處。繼母問他是不是有計劃要離開。他回答：「我必須離開。」繼母知道今年稍早柯爾健康出了些問題，堅持再多問幾句到底是什麼在困擾著他，柯爾回答：「我不能說！我會處理好的。」

八月三日，繼母再次打電話到他工作地點，告訴柯爾他非常擔心。柯爾似乎比較冷靜了（他才剛殺了詹姆士．德雷馬拉）。柯爾告訴繼母：「一切都在掌控中。」

八月六日，柯爾去爸爸和繼母家洗衣服，看起來很安心自在。

對那些最瞭解柯爾的人而言，一九七三年八月的第一週，柯爾看起來情緒相當不穩定，甚至有自殺傾向，但突然之間又鎮定了下來。有同樣心態的人，大多數都會在決定自我了結之後，鬆了一口氣，平靜下來。所以，要麼柯爾處理好令人痛苦的情況，要麼柯爾有了破釜沉舟的計畫，而且著手要執行了。

劫難之晨

拉瑪爾街二〇二〇附近的街道，蜿蜿蜒蜒、綠樹成蔭，通常都是安靜無聲。有些居民注意到，狄恩．柯爾向爸爸租下那幢白色與橄欖綠相間的單層木造房。柯爾把白色廂型車停在屋前的街上，房子車道上停著那臺普利茅斯肌肉車。十幾歲的男孩經常來來去去參加派對，但吵鬧的聲響大多都還可接受。柯爾一頭黑髮，身高約一百八十公分，看起來是個好人，不僅笑口常開，還穿著昂貴的衣飾。雖然柯爾從未和鄰居閒話家常，但很平易近人，甚至樂於助人。

八月八日星期三，鄰居對他的印象大大地改觀了。

J．B．賈米森（J. B. Jamison）巡警聽到警用無線電傳來「槍擊—殺人」，拿到地址，驅車前往，早上八點二十六分抵達該處。賈米森知道救護車在來的路上。

他看到兩名十幾歲男孩和一名女生坐在路邊。個子比較高的男孩眼神空洞，直直瞪著街道對面，旁邊的男孩、女生在哭泣。個子比較矮的男孩，只穿著一條牛仔褲，看起來吸大麻吸到恍神，大大的眼睛黯淡無光，看著賈米森說：「我在屋裡殺了人。」離他們不遠處，人行道上有一把.22口徑七發藍色鋼製美國武器公司牌左輪手槍。

賈米森認出了這位男孩，十七歲的小埃爾莫．韋恩．亨利，來自休士頓西二十七街（West Twenty-Seventh Street）三二二五號。打電話報警的就是亨利。賈米森開巡邏車載走這三位孩子，視三人為凶殺案的嫌疑犯。黑髮女生朗達．威廉斯，十五歲；高個子男孩提姆．克利（Tim Kerley），二十歲。

賈米森用一支鉛筆挑起那把手槍，放到後車廂，然後走進屋內查看受害者。

走廊地板上，一名身材壯碩的成年男性趴在地上，四肢大張，身上蓋著睡袋。賈米森掀起睡袋，男子一絲不掛，背上和左肩彈孔周圍的血液漸漸凝固，一臺公主型號紅色電話（Princess Phone）長長捲捲的電話線捲在其中一隻腳上，好像這男人絆到了電話線跌倒。男人動也不動。他死了。賈米森離開屋子，走到巡邏車，告知三名孩子他們的權利。他有記下時間，早上八點三十七分，才打給偵查組請求支援。

亨利說了自己的名字，也說他認識柯爾三年了，透過某個朋友認識的。亨利形容事發經過，賈米森邊聽邊做筆記。亨利帶另外兩名孩子到這裡，大概是凌晨兩、三點，大家都嗑藥嗑得太興奮，又燒壓克力顏料來吸，吸了好一陣子才暈過去，一醒來，就發現嘴巴被堵住，還被上了手銬。柯爾（賈米森的報告裡面稱為受害者）強迫「嫌疑犯」脫掉衣服，威脅要性猥褻（「要吃掉他們」）再射殺他們。

亨利（唯一沒有被堵上嘴的）說服柯爾鬆綁他，保證一定會幫忙。柯爾真的鬆綁了他。亨利看了看房間四周，看到五斗櫃上柯爾的槍，便拿了起來，朝柯爾開槍，然後鬆綁他們兩人。他們打電話報警。這是他們的說法，但這和完整的真相差得有點遠。

早上八點四十五分左右，帕沙第納警察局的警探來了。賈米森把手槍交給另外一名警官，和主任警探大衛．馬里肯討論，把三名年輕人移送到警察局，開立正式的治安警告書。一路上，賈米森做筆記，亨利提到「那名受害者整個早上都在講倉庫還是小儲藏室，受害者埋屍體的地方」。這似乎只是隨口說說，但賈米森知道警探還可以繼續問。當務之急是處理好房子，並確保能繼續問孩子更多問題。

員警拍攝現場、屍體、各個證據照，馬里肯指揮現場其他活動支援調查。一走進大門就會看到客廳，長條吧檯隔開了客廳和廚房，屍體橫躺在走廊上。哈里斯郡法醫辦公室（Medical Examiner's Office）調查員艾迪・諾爾斯（Eddie Knowles）幫屍體拍照，註記受害者看起來身高約一百八十公分，身材結實，大概九十公斤。諾爾斯把屍體運到停屍間。

馬里肯進到東南方的臥室，注意到一塊狹長的合板底下鋪了一大張塑膠布，合板中央和四角開了洞，顯然用來固定繩子、手銬。這場景看起來相當不妙。馬里肯繪製了該房屋的平面圖，標上證據所在位置，註記了成堆的衣服、揉成一團一團的牛皮紙袋、噴漆一罐、防毒面具一副、大獵刀一把、手銬八副、看起來像刺刀的十八吋刀刃。

在另一間臥室，馬里肯看到灰色工具箱一個、大麻菸兩捲、八吋玻璃棒兩根、一吋長的栓劑一個、電線鬆散的電動馬達一臺，以及長十七吋、直徑兩吋的雙頭陽具一副。在其他區域，散落著煙斗，一看就知道用來吸大麻。在小棚屋，馬里肯還發現一個大箱子，上面看起來鑽了通氣孔。柯爾的錢包有他的證件、兩張百元美鈔、五張一元美鈔。外面的白色廂型車，除了窗戶遮陽罩、厚實的地毯、鑽了氣孔的木箱、兩側固定了成排的鉤子，沒找到什麼值得記下的東西。

屋內，馬里肯撿起一張小男孩的拍立得，放到證物袋。一旁的車庫有粉末的痕跡，看起來像石灰，還需再送檢驗。

馬里肯沒有拿走後來列在清單上、裝滿鑰匙的雪茄盒（還裝了七十五把鑰匙），後來發現，有些鑰匙非常關鍵。除此之外，留在現場的還有亡者衣櫃裡一整疊的催眠書、近四十張小男孩的照片。阿諾德．柯爾打掃房屋時清出了這些物件；阿諾德把物件交給警方，警方循此線索才找到目擊者提供證詞。

馬里肯回到帕沙第納警察局問話，亨利和兩位朋友被關在相連的三間房內。馬里肯注意到，早上十點五十五分，地方法官羅素．德瑞克（Russell Drake）已經照規定告知他們相關權利，三人都沒有要求律師陪同，也沒有要求通知父母他們的行蹤。已經安排好了，那名未成年女生朗達．威廉斯要轉至哈里斯郡少年法庭。

他們每個人描述的八月八日事件都記錄在宣誓陳述書上，比起那天早上亨利草草交代的說法還要詳細許多。他們還因為凌晨的派對而情緒高昂，但故事大致上是提姆．克利和韋恩．亨利先去了柯爾家。亨利說柯爾想要上克利，一直要他帶克利來家裡；亨利和克利順便接了威廉斯（因為威廉斯想逃家）帶他一起到柯爾家，然後情況急轉直下。

亨利的宣誓陳述書記載，他說他十七歲，完成八年級的學業，目前沒有工作，和媽媽、外婆一起住。「我已經認識狄恩．柯爾兩年，很可能三年了。我開始真正瞭解他，可能是這兩年的事。」

亨利開始解釋，有位學校友人叫大衛．布魯克斯（比他大一歲），介紹他們認識。他和大衛會坐柯爾的車兜風、喝啤酒。「認識一段時間後，我開始覺得他是同志，同性戀。」他問柯爾是不是他想的那樣，柯爾不只肯定他的猜測，還問他是否「能和我做，還給了我十美元讓他做」。亨利是說自己拒絕了，柯爾還是繼續問，「但我絕對不會讓他做」。

亨利說了柯爾住過的好幾個地址，最近一次住的地方在拉瑪爾街，大概就是住這裡的時候，亨利把柯爾介紹給克利。「他開始說有多想要上提姆，還要我帶提姆去他家，他才可以和提姆做不正常的性行為。還有，這時候狄恩告訴我他在海蘭姆克拉克路上有間倉庫，他之前和幾名男孩性交後就殺了他們埋在那裡。他殺人的理由是不能讓別人知道他是同志，或他對男孩做了什麼，因為他承擔不起後果。我以為他只是開玩笑，至少不全都是真的，但他帶我到那間倉庫好幾次，裡面我只看到一輛他說是偷來的車。」

亨利說，他們繼續像朋友一樣出去玩。大約在六月，柯爾說要辭職，這樣他們就可以去旅遊。「我們決定要在九月一日左右出去玩。」他知道朗達．威廉斯想要逃離自己的虐待家庭，於是他覺得也可以帶著朗達一起出遊。

亨利說，八月七日柯爾下班，「他在第十五街和薛帕德路（Shepherd Drive）的轉角接我，我們兜了一會兒風，喝了幾罐啤酒，然後他想要讓我帶提姆到他家，好讓他上提姆。我告訴他我不想，但我們還是開到了提姆家。狄恩說他要去加油，我就待在提姆家。我猜我待到半夜，接著提姆開車，我們前往狄恩家。我們在那裡待了大概一小時，吸食（壓克力顏料），然後我和提姆到朗達家附近的自助洗衣店和朗達碰面。」

朗達準備了一個過夜包，但他人不在自助洗衣店。亨利去他家，爬到二樓，敲他的窗戶。三個孩子一起回到狄恩家。

亨利說：「我不記得是他起床幫我們開門，還是我用自己的鑰匙。」他們在屋內繼續吸食，直到三個人都暈過去。「我很肯定，天快要亮的時候我醒了，狄恩正在替我上手銬，我的手被抓到背後，然後我說：『嘿，你在做什麼？』狄恩說：『你這麼早帶朗達來，我非常不爽。』……然後我注意到提姆和朗達兩人都趴在地上，雙手上了手銬，雙腳被綁住，而且他們嘴上都貼著膠帶。」

柯爾打開收音機，聲音開得特別大，放在克利和威廉斯中間。他把亨利拖進廚房，「又跟我說一次，他很不高興我帶朗達來，這打亂了他的計畫」。亨利被搞糊塗了。他以為帶女生來可以防止柯爾對克利下手，但他低估了柯爾的執著。

亨利一邊喝下更烈的酒，一邊和柯爾爭執，只是當亨利瞭解到柯爾打算殺了他時，「我告訴他如果解開手銬，他要我做什麼事我都願意」。

柯爾考慮了一下，證詞是說，他說：「我會鬆綁，但我要拿著槍跟刀。」

柯爾放了亨利，然後一次一個，帶著克利和威廉斯到東南方的臥房，固定在自製的束縛板上。他撕下他們嘴上的膠帶，把克利固定在一側，強迫他趴下，在板子上綁住他的一隻手和一隻腳。克利嗚嗚咽咽，求柯爾放他走。接著，柯爾叫威廉斯仰躺，綁在板子上。一張厚厚的塑膠布已經鋪在地上，為折磨做好準備。

柯爾給了亨利一把刀，叫他脫掉威廉斯的衣服，柯爾會脫下克利的衣服，想要他們一起強暴受害者。柯爾脫掉自己的衣服，做好了準備。

在陳述書中，亨利描述柯爾的下一個舉動：「一開始，他想要提姆和朗達做愛，提姆不願意，然後他叫我和朗達做愛，他會和提姆做。我起身到浴室，再走回來，就在那裡走來走去。」

亨利最後跪在威廉斯附近，威廉斯看著他，滿眼恐懼。

威廉斯問：「真的嗎？」

亨利告訴威廉斯沒錯，然後他跟狄恩說：「我想要把他移到另一個房間。」

柯爾充耳不聞。

亨利堅持道：「他不需要看到這些。」

克利大喊，他也不想要看。

亨利感到焦慮，站起身走來走去，一邊從袋子裡吸壓克力顏料。他知道自己必須行動了。他覺得要是再嗨一點，事情就比較容易辦。

他被教育要保護女性，他帶威廉斯來這裡，他就像大哥哥一樣對威廉斯有責任。

他看到柯爾的.22口徑手槍在櫃子上，無人看管。

柯爾正在忙；亨利一把抓住槍。

陡然間，形勢生變。

亨利槍口對準柯爾大喊：「你太超過了，狄恩！」他希望柯爾就這麼讓步，放他們走。他們會忘記這一切，就當沒發生過。

柯爾抬頭，一臉疑惑。

亨利依然堅定地將手指扣在板機上。柯爾曾經說過，不要把槍指著人，除非真的要開槍。現在已經無處可躲了。「我不能讓你殺光我的朋友！」

但是柯爾才不會讓一名孩子——這名孩子——威脅他。他太瞭解亨利了。這孩子通常都聽命行事。柯爾曾經灼傷過亨利，教導過亨利不服從得付出什麼代價。

「來啊，韋恩！殺我！你才下不了手。射我啊！」柯爾起身，走向亨利。

亨利嚥下口水。如果柯爾繼續講，就會跟以前一樣占上風。

下一秒，柯爾衝向亨利。亨利扣下板機，射中柯爾的額頭。柯爾退縮了一下，但繼續前進。亨利嚇壞了，接著想起柯爾訓練過他，不停告訴他如果要開槍殺人，應該連續開槍，直到那個人倒地為止。因此，亨利一次又一次地扣下板機。

他朝柯爾的左肩射了兩發子彈。柯爾踉蹌著後退，轉身，朝門口前進，經過亨利旁邊踏進走廊，卻被長長的電話線纏住，絆倒坐在地上。亨利轉身，再開了三次槍，打中柯爾的背。柯爾發出奇怪的聲音，撞到牆壁，滑到地板，血汩汩地流出來，然後一動也不動。

亨利第一個念頭是，柯爾看到亨利聽從指令不停開槍會有多麼自豪，但接著發現自己闖了大禍。他幾乎不敢相信自己剛剛做了什麼。

他殺了人。他殺了他的**朋友**。他開始顫抖。

威廉斯大叫，催促著亨利來救他們。亨利鬆綁了他們，安慰克利。克利又哭又謝，謝謝亨利救了他一命。他們立刻從破破爛爛的衣服中挑出還能穿的換上，一邊還是注意著柯爾沒有鬆懈，就怕他像恐怖片裡還沒死透的怪獸一樣跳起來。

不過，柯爾倒在那裡，動也不動。血像小溪一樣從他的背流淌而下，無生命跡象。

威廉斯無法直視屍體。

亨利催促道：「你們兩個應該要離開了！」

他不知道下一步該怎麼辦。這些事情，沒有一件該發生。

威廉斯拒絕離開，認為亨利應該逃跑。但不管最後決定是什麼，他都不會跨過屍體走出去。亨利走過去，用睡袋蓋住柯爾。

克利堅持要報警。亨利考慮離開這座城市，但知道自己什麼資源都沒有。他沒辦法就這樣跑走，他必須自首。他射殺柯爾是出於自衛，一切都會沒事。

亨利說：「我想，我朝狄恩開完槍會崩潰大哭，是因為我的人生玩完了。我終於接受比起繼續和狄恩混在一起，其他任何事都更好。我已經到了臨界點，我可以像大人一樣行動，承擔後果。我也結束了一段不顧後果、緊抓不放的關係。我哭是因為我失去了狄恩，失去了我的生活，失去了我的童年，接受死亡，也純粹因為鬆了一口氣……那天早上狄恩綁住我們的那一刻起，結局就是狄恩或朗達或提姆有一個人要死。狄恩如果讓我們離開的話，我會接受。但現在我也很清楚，只有狄恩死了，我才能解脫。」

「這和其他人的死亡不同，我從沒感到罪惡。面對狄恩的死，我感到後悔、懊惱，希望他可以繼續活下去，消耗他自己的熱情，但我沒有罪惡感。面對其他人的死亡，我的生活感到空虛，彷彿我心中有些事情出了錯。我也有想過，現在神會不會懲罰我。我總是害怕一個人孤獨死去，害怕離心愛的人很遙遠。」

「在我真的動手之前，我早該殺了狄恩．柯爾。但在心裡，我成功的可能性不大。狄恩打算要殺我，這是真的最可能發生的事。或許我可以逃走，只是從來都沒有用。或許我本來就會殺了狄恩．柯爾……最後我的養育、我的良心、我的罪惡感——壓過了所有情況。情況就是發展到我再也無法接受或容忍的勢態了。我猜你會說我終於長大了。我踏出了那一步，願意也有能力負起責任。」

那個炎熱的八月早晨，八點二十四分，亨利告訴警方調度員他射殺了一個人。「你們要來抓我。」他說了地址，然後走到外面，把手槍放在車道上，坐在路邊，威廉斯和克利坐在他身邊。

亨利整個人都很不舒服。他的人生玩完了。他計劃要和柯爾去旅行，要和柯爾說的那個組織一起賺很多很多錢，都不會發生了。但是他知道他沒有選擇，是柯爾逼他的。

但是，為什麼柯爾會這麼粗心？他教過亨利怎麼恐嚇人，他知道亨利嗑藥亢奮，衝向亨利是很危險的舉動。

柯爾很可能已經有了自我了結的計畫。他一直施壓，要亨利帶提姆．克利來他家，他才能「做他的事」。他沒料到亨利也帶了朗達．威廉斯，但朗達一出現，即便柯爾還想自殺，或只是情緒很矛盾，他也可能發現還是有機會挑起亨利拿槍射他。

柯爾等到亨利暈過去，才把亨利綁起來，讓亨利相信自己會被強暴，接著被殺死。柯爾說：「我要殺光你們，但首先，我要好好享受。」

儘管如此，柯爾不像封了其他人的嘴那樣，也封住亨利的嘴，彷彿他想要亨利說服他不要做這些事。此外沒多少拉扯，他就放了亨利。柯爾說過他會保管好刀和槍，但還是在亨利可以輕取得的地方留了一把沒人看管的槍。也很可能，柯爾設好了一個情境，刺激亨利出手。

亨利說，那天的柯爾有很多地方都怪怪的。

「他很躁動不安。我從來沒看過狄恩全身光溜溜。我從來沒看過他和其他人做愛。但他脫光光，還想要在我面前和提姆做愛。」

即便亨利把槍口指著柯爾要他停手的當下，這位糖果人卻直直衝向亨利，大喊大叫「殺我啊，韋恩。殺了我。你才下不了手。」

就算被射中了，柯爾大也可以衝向亨利，發動攻擊，但他反而從亨利身邊經過——靠很近！——直接到了走廊上。不論在八月八日死掉前那幾週他究竟不安什麼，現在都結束了。或許只是個圈套，也或許不是，但他們一直朝著衝突邁進。

如果柯爾想要殺死亨利，他早有絕佳的機會：不要鬆綁，直接射殺，再和其他人一起埋了。如果他想要活著，大可以和亨利聯手，直到他面對這緊張、嗑藥過嗨又拿著槍的孩子可以占上風為止。比起亨利，他身材高大、強壯許多。他總是支配著亨利，但柯爾反而挑釁亨利，衝向亨利，心知肚明亨利會扣下板機。

克利在宣誓陳述書中，為亨利的說法加了一些細節。他說那天晚上，他和亨利在前往柯爾家的路上，去看了另一位朋友。一到了拉瑪爾街二〇二〇號，亨利笨手笨腳地用鑰匙開門，吵醒了柯爾。柯爾開窗問是誰，下樓開門讓他們進來，又回頭去睡了。克利之前有來過一次。

克利說，然後威廉斯打電話來，他們就去接他（這說法和亨利的相互矛盾，亨利說他帶威廉斯到柯爾家是為了保護克利，但警方報告卻指出是亨利打電話給威廉斯，不是威廉斯打來）。

克利講到，醒來發現自己被上了手銬，還被柯爾帶到某個房間。柯爾命令他去強暴威廉斯，他下不了手，就換柯爾猥褻他，還打算強暴他。中間一度，柯爾握緊拳頭狠狠揍他。

「我全身緊繃，開始求他不要這麼做。」他聽到亨利要求帶威廉斯離開房間。然後亨利拿起槍，站在門口。柯爾衝向亨利，但亨利開槍側了個身，柯爾轉向朝走廊前進。數十年後，克利告訴記者：「狄恩站起來，我看到他變了一個人。他體內有另一個人，不是他自己。是來自地獄的靈魂。」

克利到了帕沙第納警察局，沒多久就想起亨利說了一些奇怪的事情。那天早上在去接威廉斯的路上，亨利模模糊糊地提到要去抓不會有人想念的男孩，「但他從來沒說清楚是什麼意思」。亨利問我「有沒有認識白人男孩，長得好看，消失了也不會引起太多騷動。還有，他說要不是我是他朋友，他可以因為我拿到一千五百美元……後來又有一次，他說可以利用我賺到三千美元。那時後，我有點混亂，真的沒仔細聽他在說什麼，但他說我是唯一知道這件事的人，最好永遠不要讓他聽到我對別人多嘴。」

朗達．威廉斯也做了陳述。他在哈里斯郡因持有大麻被判緩刑，那時是緩刑期間。他說，柯爾有個未婚妻，說亨利、柯爾、克利三個人計劃一起旅遊。那晚，他們敲了他房間的窗戶，幫他逃跑。他說到，他們所有人凌晨四點左右都暈過去了。他在早上七點的時候醒來，因為柯爾踢了他的肋骨。

威廉斯說，柯爾跟亨利說要好好教訓他，因為亨利帶了威廉斯過來。柯爾帶威廉斯到臥室，說有人會強暴他，威廉斯回想起亨利只是坐在那裡，吸著袋子裡的壓克力，然後亨利剪破、脫掉他的衣服。

威廉斯描述柯爾試圖強暴提姆．克利，克利瘋狂反抗。途中柯爾離開房間又回來，那時亨利抓了那把槍，叫柯爾收手，別再做了。事情結束後，亨利和克利都哭了，然後亨利打給警方。後來威廉斯才知道，被殺害的男孩也包括他那失蹤的未婚夫法蘭克．艾吉雷。

亨利在警局受訊期間，又再次說到柯爾在休士頓有個船隻倉庫。據警方報告記載，柯爾「向亨利炫耀過，他殺害並埋葬許多位小男孩。亨利自稱完全不知情，只是柯爾這麼跟他說，但也不知道能不能信」。他說，他會告訴他們倉庫的位置。

警探希德尼．史密斯認為這故事太離奇了，不可能是真的。儘管如此，他知道還是必須查證。那天傍晚，他和馬里肯帶亨利到休士頓警察局，和另外三名警探討論，得知亨利說過的那幾位男孩都有失蹤通報，接著他們全都去了希爾維貝爾街的船隻倉庫，發現第一批屍體。

臨時型心理病態

事後，亨利出庭受審，不懂為何自己會跟著狄恩惡意的主導。許多人可能會說亨利就是個壞孩子，天生就壞，柯爾只不過是放手讓他恣意妄為。亨利自己也這麼想過。但亨利的經驗和其他青年共犯的諸多相似之處，都值得好好思考，那些青年共犯看起來初露精神病態的傾向。

心理病態這種狀況的發展，是很複雜的生物學、文化、環境交互作用。海爾精神病態人格檢核表修正版（Hare Psychopathy Checklist-Revised，PCL-R）是評估心理病態最有效的診斷工具。

其評分依據兩組十個特質、行為展現出來的程度，得分加總就是最後分數。這二十個特質、行為被分成兩類，第一類是人際、情感特徵（例如過度膨脹、冷酷無情、從不自責、操縱）；第二類是生活方式、反社會行為（攻擊、衝動、不負責任、寄生、追求刺激）。

心理病態還分成兩種類型，「天生」心理病態是初級類型，外顯的是神經缺失、情緒遲鈍，但同時也有能力隱藏自己的冷漠，假裝有魅力又能合作。他們不會感到恐懼、罪惡、焦慮，看起來能力極強。

次級類型則是環境影響，例如童年剝奪和虐待（有些專業人員稱為反社會人格、社會病態）。次級類型的外顯是早期出現的反社會不良行為，有嚴重的物質濫用傾向，罹患更多心理健康問題。他們既衝動又被動回應，兩種類型都不願意接受治療。

一九七三年還沒有PCL-R，無法用來診斷糖果人或他的幫手。此外，成人版本也不適用韋恩．亨利，那時他還未滿十八歲。最糟糕的情況是，他可能被視為危險青年，長大後會成為心理病態。還有另一個概念針對只在特定情況、有限時間內參與殘酷暴力的共犯：臨時型或情境型心理病態，這是次級心理病態的亞型。正如亨利，也有些被招募進犯罪世界的年輕人，後來也曾疑惑他們怎麼可能做出那些事。

他們口口聲聲說，幾乎不認得從前的自己。後來，他們會說自己感到羞愧或自我懷疑，這都是心理病態不會有的特徵。**沒有悔恨**是心理病態的「正字標記」，但那不是這些孩子的感受。

因此，這些孩子都不是天生的心理病態。他們展現出心理病態的殘酷、攻擊，都只在有限範圍內發生，最常見的就是受到他人影響。柯爾死後兩天，從他的共犯向警方陳述的內容，要檢視他對幫手的影響有多大，絕對行得通。也就是說，柯爾死後，幫手是對自己的舉動感到震驚、羞愧，還是噁心？他們有試圖改正這些舉動嗎？接下來的生活他們又是如何過的呢？又有哪些言行舉止？

大衛・布魯克斯一開始打算否認。他說，自己在場的時候都沒發生過任何犯罪，然後他改變立場，似乎認為引誘這些「本來就不是什麼好孩子」的孩子也不是什麼壞事，不會有人懷念他們。那是柯爾的形容方式，他也接受了這個說法。

他沒有展現出震驚或悔恨，只有一句勉為其難的道歉，還有對他的共犯同袍數不清的責備。事實上，他說因為經常看，所以就算看著小男孩被殺，「一點都沒差」。阻止柯爾一事，他半點忙都沒幫上，八月九日那天還為亨利打亂了他的生活而一臉不快。

他說亨利是主要共同殺手，但他自己幫忙柯爾殺了更多人，掩飾了更多殺人事件。布魯克斯的父親驚呆了，沒想到兒子似乎不明白自己的所作所為有多嚴重。不管怎樣，布魯克斯新婚燕爾，可能希望輕輕帶過自己的角色，保護太太和肚中的孩子。

按照亨利的自白書，布魯克斯也同意應該做些什麼防止柯爾繼續殺人。「我和大衛聊過很多次要殺了狄恩，這樣我們才能逃離這一切。」這意味著比起天生的心理病態，或許布魯克斯懷有更多人性。不過，如果亨利沒有被拉進這個團隊，也沒有證據顯示布魯克斯會改變行為，做出任何不同於前一年的事。

八月九日，他看到亨利並沒有鬆了一口氣，也沒有說「你做到了！」即使結了婚，分開住，布魯克斯還是繼續參與柯爾的活動。他放任一名十三歲的小男孩被虐待，他在吃了披薩之後殺人。儘管布魯克斯幫忙找到海灘上的幾個墓，但在第一次陳述之後，除了警方少數幾次偵訊，就不再發言了。有一次，警探說他幫忙澄清了某些事件。

相較之下，亨利試圖逃跑好多次。他考慮過要去找警察；他試著和叔叔說；他寫自白信給母親；他試著加入海軍。八月八日被逮捕，亨利立刻告訴警方那間船隻倉庫埋了很多屍體。最初，他不打算承認自己參與的程度多寡，但不到一天，就決定受害者家屬應該知道他們的孩子在哪裡。

很有可能，他認為這會為他獲得一些人的關心同情，但他其實可以讓自己徹底逃過一劫。他可以殺了柯爾，拯救朋友，然後什麼都不說，不說船隻倉庫也不說其他墳墓。他可以成為英雄，克利和威廉斯不會知道事情還有另一面；他大可以一走了之，不會有人把他牽扯上那些休士頓高地的失蹤孩子。但他沒有那麼做，他反而想要放下重擔，提供任何他能給予的協助，而他也敦促布魯克斯這麼做。警方還沒找到高島上所有屍體便停止搜索時，亨利還懇求他們繼續找。

逮捕後一年被定罪，亨利受訪都表現得毫無悔意，甚至有點炫耀，但後來他一直都在懺悔。對於最初自己的回應態度，他簡單說明：「狄恩才剛死，還在受他的影響。」

頭幾次訪問之後，他只在律師督促下才開始炫耀自己的罪。他其實一直不想說這些事，甚至不同意那些支持要給青年罪犯更多關心的科學說法，「我一直很害怕，如果我放過自己，那些孩子的生命就失去得毫無價值。」

當然，到現在還是有人因他的行為而受傷痛苦，這些人會駁斥任何想要輕輕帶過那些行為的言論，但如果我們願意聽信亨利描述的柯爾採取的誘拐手法、亨利對柯爾所謂的聯盟的恐懼，比起布魯克斯，亨利更符合臨時型心理病態的資格。

亨利說：「威脅就已經足夠了。狄恩總是講話不給結論、危言聳聽、胡言亂語不祥的事。」亨利知道在柯爾的影響下，自己會重複著冷酷無情的行為，有時候甚至覺得有趣好玩。「他還會把一切變得像是遊戲。狄恩很刺激，讓一切都變得興奮有趣，就像一場冒險。我有點像那種『如果要去做，我就做到底』的人。」但在遇到柯爾之前，亨利做的任何事，都沒有預警顯示亨利會成為冷血殺手。

亨利對自己的角色也深感懊悔，也明白道歉並不足以平復傷害。他就像其他犯了重罪的共犯，跟著主犯的指示走，但事後都困惑、迷茫。

亨利說：「這不是說他是我的榜樣，也不是說他為我做了任何事。」他的確明白自己看起來過著兩種完全不同的生活。有個概念可以很好地說明這種臨時型心理病態。

精神科醫生羅伯特．傑伊．立富頓（Robert Jay Lifton）曾經研究過納粹，好奇他們怎麼能對人做出恐怖實驗，卻依然下班回家，和家人過著正常的生活。立富頓推論，在特定情況下，易變的性格允許人類轉換成不同狀態。

他提出「雙重角色」的概念，解釋依照不同需求，部分自我在特定情況下可以像完整的自我一樣行動。在每個情境下，自我有些部分可以暫時隱藏。立富頓說：「雙重角色是心理手段，透過這個手段可以喚醒自我的潛在邪惡。那份邪惡既不是自我固有的，也不是外來的。不論自我意識程度有多少，要活出雙重角色、呼喚出邪惡，就是個人要負責的道德選擇。」

同樣，亨利形容自己的雙重生活：和親朋好友的生活，與柯爾一起的生活相比，簡直是天差地別。「和狄恩一起，我變得孤僻寡言，愛喝酒。我、狄恩、大衛三個人，對抗其他所有人。當我看到自己陷入狄恩的事，就舉手投降，直接屈服。『與狄恩同在』這件事不是那麼美好；他也不受控。我整個人都屬於狄恩，狄恩操控了全部的我。我試著變得冷酷，我試著不把孩子當成人來對待，但沒辦法一直下去。如果發生了意外打破常規，那我的回應反而會比較正常。就像（考伯）心臟病發，我想要幫他，試著做心肺復甦，那時遇到狄恩之前的韋恩就出現了。」

在心理學中，這種雙重角色的過程，更常被稱為區隔化。可以適用在不同環境，也有不同的使用方式。立富頓說，「自我限制的」雙重角色扮演者，只會在特定允許的情形下殺人，例如用經濟需求或個人需求當作理由；「自我衝突的」雙重角色扮演者雖然會有罪惡感，但仍然可以下手殺人；「熱情滿滿的」雙重角色扮演者對自己的變色龍技巧非常自滿。

亨利曾經形容柯爾扮演著雙重角色，或許屬於第三種類別：「他內斂、安靜、自得其樂。犯下這些殺人罪行的是另一個人。」亨利多數時候是自我衝突雙重角色扮演者，少數時候會展示一些熱情來討好柯爾。

臨時型心理病態的概念，可以讓我們探索共犯的雙重角色扮演過程。幾乎沒有研究人員專門研究，從一般人變成殺人共犯的服從夥伴，交出自己權力過程的細微差別。我們知道脆弱的人是什麼類型，也知道他們的特徵，但我們還沒辨識出這樣的道德崩壞究竟如何發生。認知神經科學提供了一些方向，有些研究提及「共同心態」概念，有些研究則指出在脅迫、壓力下，如何抑制同理心。總的來說，這些看法提供了框架，透過這個框架，我們可以理解支配者如何制約相對弱者。未曾起心動念害人的人，也可能因為受人影響而去殺人。

前ＦＢＩ罪犯剖繪專家羅伯特．哈茲伍德與臨床精神醫學教授珍妮特．瓦倫（Janet Warren）訪問了二十名女性，這幾位女性都和性虐待狂獵食者有往來。其中四名參與了凶殺，生活都不大順遂，例如遭受身體暴力或性虐待。只要有人承諾給予關注、禮物或再三強調他們是特別的，他們就會有所回應。

研究人員發現，獵食者都會先測試新人，看看自己的影響力。起初，獵食者會讓關係看似一切正常，最後，他們會提出輕微犯罪或性行為的要求，讓下手目標稍稍走出舒適圈。漸漸地，他們孤立未來的夥伴，切斷與親朋好友的聯繫。最後是威脅、懲罰、削弱自尊三管齊下，這些女性會變得全然依賴獵食者。現在共犯變得太害怕失去獵食者的愛或認可，總是想方設法適應獵食者的偏差行為。為了壓下道德感，有些人利用疏遠策略（雙重角色扮演），或相信自己不會永遠在做壞事。

這些從犯變得依賴獵食者來獲得自我價值、友情、生活方向。哈茲伍德說：「多數從犯擁有依賴型人格障礙、低自尊。我訪問的都說他們厭惡男性，但也徹底恐懼、服從男性。」為了得其所需，即便是厭惡的事，從犯都必須答應去做。

實際上，獵食者創造了認知同步（也就是心靈融合／心電感應）的條件。認知科學教授麥可．斯派維（Michael Spivey）描述這種連結的本質：「認知科學研究逐漸發展的領域，顯示兩人合作處理共同任務時，他們各自的行動會開始協調，兩人合作的方式與一個人單獨執行任務時四肢協調的狀態，極其相似。」

換句話說，如果兩人以上同時認知到某體驗，他們的思維模式會開始融合，產生某種流暢狀態，參與的人因此同步，知道該預期什麼，並且依照預期來行動。

亨利接受量身打造的訓練，就是為了扮演他的角色，練習了一次又一次，知道何時該如何表演。亨利自我改進，避免柯爾瞧不起他，還能獲得更多柯爾的認可。「狄恩開心，我就開心。」

前監獄心理學家阿爾．卡利斯勒，如此形容該過程：「殺手與服從殺手的追隨者，這段關係的特色是高度相互依賴。支配者需要追隨者絕對的忠誠，才能證明自己。服從的追隨者需要支配者的權力和權威，因此追隨者試圖成為支配者的影子，反映其信念和準則。」

獵食者可以改變控制方法，和心不甘情不願的共犯達成融合——第二章描述的主／奴互動：你軟弱又可悲／你做得很好。

亨利說：「我可以告訴你，狄恩刺激我，硬逼我。我需要去做那些事，證明自己是個大人；我需要去做那些事，才能加入他的團體。他會一直逼、逼、逼，你要做這個，你要證明自己。我不知道他是怎麼做到的。我既沒拿錢，也沒獎勵，沒受到特別對待，甚至沒有獲得更多權力……那些你認為做好工作能獲得的補償，一個都沒有。他待我就像個下屬或共犯，總是讓我覺得他認為我很軟弱。」

即便有同步羈絆，共犯會因為行為和自我認知矛盾，變得越來越焦躁。事後回想，他們都不明白為何目睹他人痛苦，或造成他人痛苦，反應都是如此冷漠。在犯罪之前的生活，他們都很厭惡這種行為。

亨利回憶道：「狄恩想要我拿劍把人大卸八塊，但我不願那麼做。折磨人——我無法忍受。大衛想要女生；我也沒辦法做到。我不是一個多好的人，也不是我希望成為的人。我只是小嘍囉。我是這麼想自己的，我做那些事，我都不知道我怎麼下得了手。我一點都沒有想要傷人。」為了削弱自己的意識，亨利一直狂喝酒。「我不記得最後一個月的空檔到底在做什麼。那時我幾乎都在喝酒。我喝到昏過去。十六歲的我，總是喝到斷片。我會一直都醉醺醺的，酒醉就沒有任何事能影響我。事情拖得越久，我就喝得越醉。沒有人明白一名青少年這麼常酒醉，其實就是內心更深處出了問題的徵兆。」

專門研究心理病態的人發現，雙親衝突、虐待等悲慘的童年經驗，會引起冷漠無情的反應，和次級心理病態十分相似。這不是「天生」或初級心理病態的情緒遲鈍，這是對充滿敵意的環境做出的適應，且是**後天**習得的。表現為草率、衝動、反社會行為，同時也缺乏同理心。

如果犯罪夥伴關係走到了後期，製造出同樣的情緒壓力，共犯可能會恢復童年採取過的防禦策略，即冷漠無情讓他們得以生存下來。獵食者**獎勵**這些行為時，共犯可能變得更加麻木。布魯克斯或亨利只要服從柯爾，就會獲得獎勵；要是不服從，就會被柯爾挑釁、斥責或剝奪認可——柯爾制約了他們，他們因制約變得冷漠。

家人待布魯克斯就像丟棄了也不可惜；對布魯克斯而言，要認出和他一樣的孩子帶回去給柯爾並不難。他覺得低人一等，所以靠貶低他人來增強自尊。亨利也一樣，他的父親不止傷害他，甚至朝他開槍（後來還打算殺其他人）。他不得不掙扎苦惱，不知道面對承襲了姓名的男人該有什麼感覺。對他人施暴似乎觸及了這未解的衝突，像是為起身反抗父親做準備。如同稍早所說，他甚至告訴一名問案的警察：「嗯，如果你爸爸會拿槍射你，那麼你很可能也會做出同樣的事。」

這種冷漠逐漸發展成在特定情境下的操控方法——甚至是生存方法。透過一連串小小的心理投降，脆弱的個人可以保有原先的身分認同，足以把轉變降到最低。就像在一葉輕舟上，慢慢漂離岸邊；他們以為總是可以回去岸上……直到他們再也無法回去。即便他們承認自己妥協了，也會扭曲或合理化自己的妥協。「我加入狄恩．柯爾，就像愛麗絲的鏡中奇遇。」

亨利回應訪談，繼續道：「沒有事情是真的，沒有事情是對的……像是一張情緒衝突的奇怪大網。我很怕柯爾。我覺得他病了，但同時我不想讓他不開心。我想要他以我為豪。」

一從情境壓力中解放，順從共犯就會再次感到與外界的連結，也會恢復道德行為。類似初級心理病態的冷漠，只為了特殊目的而存在，一旦重拾原本的道德準則，所有反社會行為都會停止。那些都是臨時的行為舉止，並沒有界定他們是誰；從旁刺激的影響一消失，順從共犯不會繼續那些行為。

有一段時間，也是為了加入柯爾，亨利變得跟爸爸一樣——酗酒又動粗。亨利越來越不像他自己，逃避推託相當不友善。到了一九七三年夏天，亨利變得鬱鬱寡歡，冷淡疏遠，原本乾淨整潔的外表越來越亂七八糟，但無法切斷這些羈絆。

「遠離狄恩的時候，我會有疑慮，覺得要負責，也會感到罪惡。一方面就像，我被養育要成為的人格會開始發聲，但另一方面，只要和狄恩在一起，除了狄恩，其他都不重要了。」

直到亨利殺了狄恩那天為止。

儘管如此，單單消除一名性獵食者，幾乎不痛不癢。柯爾為了控制亨利和布魯克斯提及的性販運組織，依然生意興隆。雖然幾位關鍵參與者被逮捕了，但當地警方管不到的組織網絡還是運作良好。約翰．大衛．諾曼一案示範了，精明狡猾、有籌碼、有關係的人，可以騙倒執法單位，甚至逍遙法外。許多孩子依然身處險境。

第五章　糖果人

網絡

如前所記，亨利殺了柯爾，媒體轟動了兩天後，查爾斯．布里森但聯絡相關當局，告知奧德賽基金會一事。布里森但一直很擔心潛在的性販運受害者，也擔心奧德賽基金會創辦人約翰．大衛．諾曼和休士頓大謀殺可能有關聯。

警方搜查發現索引卡，列了上萬個客戶的名字，還有公司通訊報刊登誘拐來的受害者照片。諾曼被警方逮住，交保後就逃跑了。沒有任何執法單位繼續追查。達拉斯警方把索引卡交給美國國務院，一份副本都沒留。

隨後，這些索引卡就被銷毀了。

一九七三年十二月，一份警方報告寫到，美國緩刑部門（Probation Department）謝克爾先生（Mr. Schakel）打來回報理查．馮．裴恩（Richard van Payne）遭到拘留。裴恩說自己曾去過休士頓「那間倉庫」，也看過「大謀殺死亡男孩的照片」。這資訊交到助理地方檢察官唐．蘭布萊特手上，蘭布萊特正在準備起訴布魯克斯和亨利，派了一名調查員去和裴恩聊聊。

該調查員認為裴恩的資訊不夠有用，儘管裴恩確實提到了約翰．大衛．諾曼是洛杉磯和聖地牙哥等地集團的中心人物。但要到後來才明白，諾曼在一九七三年時的關鍵性遠遠超過當時的認知。

一九八六年出刊的第三十九集《伊利諾伊州警方情報公報》（*Illinois State Police Intelligence Bulletin*），刊登了諾曼的「個案研究」。不只在達拉斯發現的那些索引卡（後來被國務院銷毀），諾曼似乎在其他地點也搜集不同的索引卡。

檢察官史蒂芬．貝克（Steven Becker）搜查時，打算找出索引卡，覺得日後可以派上用場，但什麼都沒找到。索引卡雖然下落不明，但那些卡片確實存在，這一點毫無爭議，因為許多份警方報告都提及索引卡。《伊利諾伊州警方情報公報》還揭露諾曼及其同夥的驚人事蹟。

一九七三年八月，諾曼飛離達拉斯之後，到芝加哥另起爐灶，重組販運活動。諾曼常常出入逃家男孩聚集的地方，那年十月——才隔了兩個月——他又被逮捕，被控分別犯下五起「與未成年人發生違異性行為」。

諾曼保釋出獄，離開芝加哥，開車回到達拉斯。芝加哥警方找到諾曼，再帶回芝加哥。十二月，諾曼終於在庫克郡（Cook County）入獄，在獄中的檔案辦公室獲得一份文書工作。他遇到變裝愛好者菲利浦・帕斯克（Phillip Paske），帕斯克參與一場搶劫但失手，結果造成受害者死亡。那時帕斯克才二十歲，只是在一旁把風。

諾曼發現兩人臭味相投，開始請帕斯克幫忙（按照第二章的共犯分類，帕斯克可以視為熱情的平等夥伴）。兩人在獄中建立起販運事業，能建立起來，都是得益於守衛睜一隻眼，閉一隻眼。

諾曼寫信給朋友：「我做的很多事，守衛不但都知情還放行！他們都會在樓梯間討論事情……我在檔案辦公室一進門的地方工作……檔案辦公室隔壁就是檢察官辦公室。囚犯被叫去律見時……必須按鈴，請檔案辦公室的員警帶他去檢察官辦公室。每週五、六晚上，都只有我和一名員警在檔案辦公室，那名黑人員警叫克雷格（Craig），他人很好，但不是聰明人。我曾經冒險阻止克雷格犯下會丟飯碗的大錯，所以對他而言，我愛怎麼做就怎麼做。有了克雷格幫忙，事情不太忙的時候——週末晚上其實也沒什麼事好做——我可能會打到E-2（少年犯樓層），或我有感興趣的人所在之樓層，說『帶某某某囚犯和律師面見』的指令即可。」

儘管諾曼在達拉斯和休士頓從事違法生意多年，達拉斯郡地方檢察官還是撤銷了對諾曼的所有指控。此次撤銷留有紀錄，但找不到律師願意評論。

這段時間，諾曼和帕斯克建立了一份五千人次的客戶清單，用三角洲計畫（Delta Project）取代了原本的奧德賽基金會。一九七六年二月，帕斯克的父親保兩人出獄。諾曼依然留在芝加哥，等待自身案件的決議。

不過，因為狄恩．柯爾和販運網絡可能有牽連，所以事情在休士頓鬧得沸沸揚揚。一九七五年搜尋一輛失竊單車的時候，休士頓警方循著線索找到一間倉庫（很可能就是一九七三年接獲的情報），發現倉庫存放大量色情作品，一萬五千張男孩性交的彩色幻燈片、一千多本雜誌和平裝書、上千卷電影膠卷。

警方逮捕羅伊．阿姆斯（知名藍調音樂製作人），柯爾錢包裡有一張他的名片。一篇新聞文章報導，有十一名柯爾的受害者出現在阿姆斯的大量色情蒐藏中（沒人被指名道姓，但作家芭芭拉．吉勃遜指出，沃德羅普兄弟的父親告訴警方他們認識阿姆斯）。

一九七六年，在突襲加州賣淫集團的報告中，這些照片又再次出現。柯爾暗示過布魯克斯，他曾涉入加州的一起凶殺案，但布魯克斯不知道細節。在柯爾家中發現一張比利．勞倫斯的拍立得。因此，要麼柯爾有這一款相機，要麼柯爾往來的人之中，有人會來他家拍照。

亨利說，他不知道柯爾有拍這些照片，布魯克斯也沒有提過這種拍攝活動。但過沒多久，警方會在某色情雜誌中找到一張照片，照片上的人和比利．勞倫斯非常相似，但勞倫斯父親否認那是他兒子，警方報告最後的結論是，照片上的人就是比利・勞倫斯。不知為何，有個男孩俘虜從未離開過柯爾家，柯爾卻有他的照片，而同一位男孩也出現在色情雜誌上。

柯爾和比利單獨相處了一段時間，也自己一人挑選、殺害小男孩。很可能柯爾自己拍攝、販售那些照片（最後刊載在色情雜誌上），也很可能請羅伊・阿姆斯這樣的色情製作人參與其中。

休士頓警察局調查員和戴爾・艾亨聊過，艾亨給調查員看那些他認為刊載了柯爾受害者照片的色情雜誌，推論柯爾和阿姆斯有關係（這很可能是新聞報導的來源）。即使休士頓警察局駁斥這條線索，或者更糟糕——警方直接忽視這條線索，這些證據強烈暗示柯爾和色情配銷通路有關係。

一九七六年四月到十一月，諾曼和帕斯克營運三角洲計畫，營運地點在芝加哥北區男色歡場附近的萊特伍德西大道（West Wrightwood）七〇七號。該計畫成立了「三角洲宿舍」（Delta Dorms），也就是由性侵住宿生的「主」來營運的男孩宿舍。

同時，約翰・韋恩・蓋西在一九七〇年代的芝加哥大都會區（Chicagoland）強暴、折磨、殺害小男孩和年輕男子。就像柯爾，蓋西也耍了手銬把戲，很可能是看了新聞播報的休士頓大謀殺才有的靈感。蓋西也仰賴幾位年輕員工，在他屋子下可爬行的空間挖洞，並在洞裡丟棄了三十幾具屍體。

這期間，帕斯克在蓋西的建設公司ＰＤＭ承包商工作，在兩名十幾歲員工大衛・克拉姆（David Cram）和麥可・羅西（Michael Rossi）手下做事（紀錄證實無誤）。帕斯克或許曾經參與幾次蓋西的虐待行為。倖存者傑弗瑞・李格納爾（Jeffrey Rignall）在自己的書《未滿二十九》（*29 Below*，暫譯）中寫到，他遭受折磨的時候，一名神似帕斯克的年輕男子也在蓋西家。

蓋西不認識帕斯克。一份前ＦＢＩ特別幹員羅伯・雷斯勒（Robert Ressler）在一九九二年訊問蓋西的逐字稿說到，帕斯克是危險人物，主張帕斯克會「仲介女生、男孩去賣淫或拍電影」。帕斯克和諾曼落腳芝加哥期間，已知蓋西殺了三十三名受害者中的十四名。

警方文件中寫到，蓋西被逮捕之後，立刻供出克拉姆和羅西，說他們是積極參與的共犯。帕斯克的名字出現在蓋西的檢察官泰瑞・蘇利文（Terry Sullivan）筆記中，帕斯克與該案有關，但是沒有訊問或證詞等文件紀錄，而羅西和克拉姆就有文件紀錄。

二〇一二年的一次訪談中，已逝的德斯普蘭斯（Des Plaines）警察局局長喬・柯贊恰克（Joe Kozenczak）承認自己知道帕斯克，但只說帕斯克位處該案的「邊緣地帶」。崔西・烏爾曼打給帕斯克的兄弟提姆想要詢問更多資訊，結果反被威脅說要是敢再打來，就注意小命不保。

在和不同調查員的多次審問中，蓋西提到一個事實，也就是諾曼性攻擊、殺害小男孩的過程都會拍攝下來——用來製作殺人電影——其中兩名蓋西的受害者，最後一次被人看見是在諾曼家附近。

蓋西告訴調查員去查閱諾曼被扣押的影片，去看看是否影片中有蓋西的受害者（即便彼此沒有實際見過面，戀童癖經常有管道互通有無）。儘管羅西和克拉姆沒有被徹底調查，但至今還是有人質疑他們是否真的有涉入。

有鑑於同一年代稍早，休士頓發生了柯爾青少年共犯事件，芝加哥警察局幾乎不理會蓋西的幫手，顯得很奇怪。羅西和克拉姆承認自己有撒石灰，也在蓋西屋子臭惡的爬行空間挖許多洞，但用「改善排水系統」這個解釋難以說明開挖的原因。

歷經多年調查，芝加哥退休警探威廉・多爾施（William Dorsch）、律師史蒂芬・貝克（Steven Becker）、記者艾莉森・褚（Alison True）、記者崔西・烏爾曼集結了大量文件，指出蓋西和「理查・J・戴利（Richard J. Daley）市長在芝加哥的民主黨政治機器關係匪淺」，保護了他平安度過六次性侵犯重罪指控，最終這些指控都不被受理，而且保護他至少不受兩名受害者失蹤通報的影響（通報說他應該要為此負責）。

終於，罪證確鑿，將蓋西定罪了。

每當他打算談論其他人的涉入，檢方和辯護方都盡量不作為。

蓋西凶殺罪行被揭發的前兩年，諾曼被控在一九七三年犯下違異性行為時，也面對一樣的狀況。一九七六年十一月三十日，他被判四年刑期。一名青少年發揮了極大作用幫忙定罪，但在一九七七年一月十九日，下班回家路上被謀殺了。當地警方和ＦＢＩ懷疑諾曼涉入這起事件，但苦苦無法證明。因為諾曼和蓋西的同夥似乎也脫不了關係，ＦＢＩ反覆訊問蓋西，想要獲得更多資訊。

一九七七年，一位叫蓋伊．史崔伊特（Guy Strait，這是真實存在的名字）被判長期徒刑，關在伊利諾伊州洛克福（Rockford），罪名是拍攝兒童色情作品，他的夥伴亨伯爾石油公司（Humble Oil）繼承人比爾．拜爾斯（Bill Byar）則逃到義大利，兩人製作了大量的色情影片和雜誌。為了要獲得他們和德州犯罪有關的資訊，休士頓警方試圖和阿姆斯達成協議，但阿姆斯只是大笑，說他的事業就和在監獄時一樣運作順暢。他不願意接受協議，被判十年徒刑，關進聯邦監獄。

一九七七年五月，《芝加哥論壇報》（*Chicago Tribune*）刊登連載報導，直指三角洲計畫和諾曼、帕斯克主導了大型兒童剝削集團，這集團和洛杉磯、達拉斯、芝加哥的營運都有關係。儘管該報試著敲響警鐘，一九七七年十月十三日，諾曼還是再次獲得了假釋，重操性販運生意。隔年六月，諾曼又於芝加哥被逮，因為警方再次沒收了他的客戶名單。

一九七七年五月二十七日，美國參議院少年犯罪調查小組（Senate Subcommittee to Investigate Juvenile Delinquency）舉辦的保護兒童免於性剝削（Protection of Children Against Sexual Exploitation）聽證談到：「兩萬張粉紅色索引卡上，除了來自全美五十州和其他國家的顧客姓名，還列出顧客的小男孩性偏好。」

芝加哥警察局六區青少年組組長羅納德．凱利（Ronald Kelly）警佐一直都知道達拉斯警官的資訊，也就是諾曼和休士頓大謀殺有所關聯。一九七七年報告末尾第四三四頁寫到：「達拉斯警方告訴六區青少年組組長羅納德．凱利警佐，他們有消息指出諾曼和該集團有關，該集團協助運送二十七名小男孩到德州，這些男孩於一九七三在休士頓被殺害，成了廣為人知的性虐待案件。狄恩．柯爾也牽涉其中。」這份報告和之前警方一九七三年短暫調查的反駁言論大相徑庭，該調查顯示牽涉其中的人也包括諾曼。二〇二三年，達拉斯警察局依照資訊自由法（FOIA），請求公開任何與諾曼相關卻未填補上的資訊。

對於記者提出一九七七年參議院報告有關諾曼的資訊，羅納德．凱利警佐的回應不置可否：「我們打算瀏覽所有檔案，找出究竟是誰訂閱兒童性侵刊物。自去年秋天從龐蒂亞克（Pontiac）州立監獄出獄以來，諾曼沒有浪費任何時間。現在諾曼重起『三角洲計畫』爐灶，只不過換了個新名字『創意軍團』（Creative Corps）和『MC出版』（Male Call Publications，男娼）。」執法單位似乎從來沒有成功過，每次定罪諾曼都會失敗。

一九七八年十二月，數名青年受害者的屍體一具具從蓋西家地下移出來，凱利面臨極大壓力。如同休士頓的情況，警方告訴那些因兒子失蹤而抓狂的家長，那些男孩與少年都只是離家出走。儘管蓋西在之前的報告中，有兩次都是中心人物，但一直到羅布・皮斯特（Rob Piest）消失為止，警方沒有展開任何調查。現在蓋西有一整個爬行空間，塞滿正在分解的屍體，凱利能找的都是空洞藉口。

差不多這時候，據說舊金山警方搜到諾曼擁有的大量索引卡，其中三萬名客戶——渴望小男孩的成年男性——來自加州（柯爾暗示過有這一集團）。這次突襲的FBI報告列出諾曼的十五個別名，以及在加州犯下的性侵罪行（例如猥褻兒童，命令兒童犯罪），令人費解的是，該報告完全沒有提及德州事件。諾曼顯然是慣犯，還經營跨國販運生意，成功賺大錢。該報告顯示，FBI下的結論是本案沒有「調查價值」。由於影印諾曼大量藏品的成本過高，該單位拒絕影印。這一讓步，令人震驚。

一九八〇年九月，諾曼離開芝加哥，前往丹佛（Denver）。諾曼在全國上下不停被逮了又放，放了又逮，因性侵兒童短暫入獄幾次，終於抵達最後目的地加州聖地牙哥，作為「高齡性侵犯」在監督下生活。他明目張膽違反假釋規定，偷傳紙條給一名十幾歲的雜貨店店員時，奉命前往一間州立醫院，最後死在那裡。

儘管諾曼死了，還是沒有理由相信這個遍及各地、獲利頗豐的性販運集團，曾經被終止營運過。「頂級獵食者」諾曼曾經是終極版糖果人，成立了三十多個組織，出版二十五種不同刊物，「全力」性剝削青少年。已知諾曼主持的最後一個組織是聖地牙哥的「薰衣草網絡」（Lavender Network），但那已經是一九九五年的事了。

四十年來，諾曼幾乎都在持續營運。即使人在監獄，諾曼的事業還是營運不輟，警方也持續沒收客戶清單。誠如多家報紙報導，以及克里夫德·萊恩德克（Clifford Linedecker）影響力強大的《鏈鎖孩童》（*Children in Chains*，暫譯）一書所寫，名單上的成年男性數量介於五千到十萬不等。

一九七七年的《芝加哥論壇報》將諾曼成立的事業評為「數百萬美元的事業」——那可是一九七〇年代的幣值，在今日金額或許高達好幾十億美元。他賺的錢多到國稅局調查他是否逃漏稅，美國郵政調查員也針對他的非法郵購事業展開調查。

二〇二二年，崔西·烏爾曼申請資訊自由法，要求公開這兩次調查的文件，但因為諾曼有個兒子，所以申請遭拒：分享這些文件很可能侵犯到兒子的隱私。

一九七七年《芝加哥論壇報》文章報導，諾曼的集團與某支紐奧良童子軍小隊的會員有關係。最近一次是二〇一九年，「童軍虐待」律師組織，代表八百名受害者，對已知加害人、三百五十名戀童癖童子軍服務員提出訴訟。

一九七七年六月，諾曼集團的會員被揭露贊助田納西州（Tennessee）富蘭克林（Franklin）非營利組織「男孩農場」（Boys Farm），該組織的目的是協助弱勢男孩，並在巴得·維米利（Bud Vermilye）牧師的監督下體驗鄉村生活。

事與願違，維米利實際上剝削這些男孩，不僅找來戀童癖性侵他們，還強迫他們拍攝色情作品。警方突襲農場時，找到一份贊助者名單，還有令人瞠目結舌的大量色情作品，以及與其他偽教會、男孩教育基金會有關聯。

數十年來，其他成功的人口販子也循著類似的套路，利用皮條客當作中間人。

客戶和贊助者越是有力有錢，就越是受到政治上恩惠、庇護、賄賂、流動的保護。全都多虧了這樣的共謀，諾曼才得以成功。今天我們也可以看到許多類似的成功案例，傑弗瑞·艾普斯坦（Jeffrey Epstein）與吉絲蘭·麥斯威爾（Ghislaine Maxwell）性販運案就是一例。

二〇二二年九月，《紐約時報》（*New York Times*）記者阿曼達·陶布（Amanda Taub）調查許多反對或支持性虐待的機構，報導道：「才過沒幾個月便爆出許多故事，有權勢、有聲望的組織，多年來容忍、隱瞞嚴重的虐待。舉例來說，本週（二〇二二年八月），丹麥王子克里斯蒂安（Prince Christian of Denmark）一直在丹麥菁英寄宿學校赫盧夫斯霍爾姆（Herlufsholm）就讀，直到雙親幫他退學……該校深陷霸凌、虐待的醜聞。八月，美聯社（Associated Press）調查發現耶穌基督後期聖徒教會（Church of Jesus Christ of Latter-day Saints）的虐待熱線會把虐兒來電轉走，刻意讓他們聯絡不上執法單位，多年來一直讓兒童身陷危險、虐待的情境。（二〇二二年五月，）一項獨立調查發現，美南浸信會（Southern Baptist Convention）不僅掩飾，還助長了性侵害及其他虐待信徒的事件。」陶布還寫到，這一點也不新奇，而且「虐待醜聞只是其中一例，我們自己的團體和社群還有許多反抗自我約束不當行為的例子」。

《青少年健康期刊》（*The Journal of Adolescent Health*）二〇一八年的研究顯示，該研究調查的五萬名美國、歐洲、亞洲兒童，美國九到十七歲的兒童，每五名就有一名回報，在網路上受到不當性引誘。獵食者通常會催促兩人實際見上一面，手機應用程式只是增加了這類風險。在美國，十二歲到十七歲的孩童有百分之十五承認，收過陌生人傳的性暗示訊息、照片。

諾曼及其集團可以長時間營運，執法單位卻都無法徹底關閉，在在顯示這事業有多難纏。二〇一九年九月《紐約時報》一篇文章報導「科技公司通報，超過四千五百萬筆兒童性虐待線上照片、影片——比去年找到的多了一倍以上」。四千五百萬筆圖片影像絕非一夕之間製造出來的。

不論狄恩．柯爾是否與諾曼的達拉斯運作有關鍵連結，又或者只是認識羅伊．阿姆斯等幾名休士頓合作夥伴，他都為了自身利益，利用了達拉斯集團。大衛．布魯克斯和韋恩．亨利雙雙證實了這點。

獵食者的觀點

柯爾的犯案手法和其他依賴少年共犯的犯罪企業十分相似。亨利描述的經歷並非獨一無二，一世紀前便有例可援：

一場竊盜失手，透露了一名高智商的殺手，挑選、誘拐好幾名共犯。這起竊盜在一八七〇年七月五日發生，事發地點在紐約賓漢頓（Binghamton），三名男子闖入哈伯特（Halbert）兄弟乾貨店，朝夜班警衛開槍。

一陣打鬥，兩名強盜跑到河邊，想要越河逃跑卻溺死了。倖存的那名強盜被逮捕，入獄服刑。一位居民認出他是愛德華．魯洛夫（Edward Rulloff），警方懷疑魯洛夫殺害妻小。魯洛夫家中有證據顯示，他早已計劃好這起搶劫。其中一名共犯是艾伯特．賈維斯（Albert Jarvis），他父親是獄卒，十幾年前曾在魯洛夫被關的監獄工作。艾伯特被納入魯洛夫旗下，倒是沒人訝異，因為魯洛夫擅長說服，艾伯特又很脆弱。

魯洛夫一直都想要出名，他聲稱自己寫了一本對全世界人類最重要的書《語言形成的方法》（*Method in the Formation of Language*，暫譯），主張為了查明所有思想和溝通的起源，自學多種語言。他是老師、律師還是發明家，令人驚艷又印象深刻。他遲遲無法取得經濟成功，於是開始行竊，後來被關了一段時間。一八四三年，他結婚生子，但神祕的事發生了，太太和孩子都消失無蹤。魯洛夫被控謀殺妻小，但屍體下落不明，沒有找到，因此被判綁架罪，服刑十年，關進奧本監獄（Auburn Prison）。

服刑期間，魯洛夫輔導當地男孩。十六歲艾伯特．賈維斯的爸爸是郡副警長兼獄卒雅各．賈維斯（Jacob Jarvis），據傳非常暴力。魯洛夫眼見機不可失，艾伯特需要父親一般的角色，魯洛夫則需要幫手，於是魯洛夫教導艾伯特拉丁文、德文，花好幾個小時陪伴艾伯特，看到這孩子很聰明，但也「衝動莽撞」。簡直完美。

魯洛夫說服艾伯特幫忙跑腿，並大加讚揚。艾伯特的父母注意到他們越加親近，為了阻止日後可能遇到的干涉，魯洛夫把艾伯特的媽媽迷得神魂顛倒。一八五七年，魯洛夫逃亡，很明顯有內援接應。艾伯特．賈維斯被起訴協助逃獄，又獲准保釋；雅各．賈維斯被炒魷魚。

警方尋獲了魯洛夫，但沒有證據可以捉拿他，隨後魯洛夫離開了那一區。這讓艾伯特很生氣，氣魯洛夫就這樣拋棄了他。為了重修舊好，魯洛夫送錢給他，兩人又重新聯繫上了，接著另一名年輕共犯比利・德克斯特（Billy Dexter）加入他們。

有了兩名仰慕他的年輕共犯，魯洛夫開啟了一個結束他們性命的非法活動。他擅長挑選容易受到他的保證和操縱影響的年輕人；魯洛夫原本就聰明、會讀書，同時也有犯罪、夥伴等街頭生存智慧，知道要怎麼操縱他們的情緒。

一九八〇年代，發育心理學家霍華德・加德納（Howard Gardner）提出多元智能的概念，駁斥智能只是單一、認知智商的假設。藝術家、音樂家、薩滿、匠人等展示出其他形式的智能，加德納如此定義：「智能是解決問題的能力，又或是創造物品的能力，而且這些能力均受到一個以上的文化所重視。」

獵食者也在這其中。擁有「街頭智慧」的罪犯發展出許多解決問題的方法，而且在他們那行，這些方法可是備受重視。有些人相當聰明，發明物品或想出創新手法。例如柯爾在工作或在睡覺的時候，又需要控制受害者，於是打造束縛板。就像魯洛夫一樣，柯爾學會運用魅力消除他人疑慮，獲得想要的東西。即使那些一般智力測驗可能成績不佳的獵食者，也可以掌握操縱人心的技巧。柯爾不是什麼厲害的天才，而是頻繁下手、成功的獵食者。

一個多世紀以來，心理學、精神病學、犯罪學三學科聯手，找出方法想要深入明白柯爾那樣的罪犯心理。心理健康專家使用心理學分析，試圖回答某個人的特定問題，才能診斷、決定治療方法。通常這些測試衡量各個特質的優劣，參與鑑識的專家使用標準評估方法，例如智力測驗、海爾精神病態人格檢核表修正版，以及明尼蘇達多相人格量表三（Minnesota Multiphasic Personality Inventory-3，MMPI-3）等人格量表。他們可能也考量情緒智商——這能力是瞭解、使用、管理一個人自身的情緒，藉此釋放壓力、同情他人、克服挑戰、化解衝突。

還沒有人開發出犯罪智商（Criminal Intelligence，C-IQ）量表。我們想要能夠測量下列能力的熟練程度：區隔化、評估受害者或共犯能否成功下手／得手、設詭計、正常化或合理化犯罪行為、躲避偵查、低調保密等能力。獵食者的伎倆通常都冷血無情、精心算計、通用萬變。

如約翰・大衛・諾曼與本書提到的其他成功罪犯，都學會運用有效的方法來轉移他人的注意力，如此一來就不會有人發現他們的祕密。他們可以一邊頭頭是道地談論社會認可的道德黑白，一邊積極主動地違反這些是非對錯。藉由扮演那些小男孩的大哥哥，柯爾得以強暴並殺害小男孩。儘管沒有紀錄記載柯爾的感受，但沒有一個親近的人說過他有任何悔恨的情緒，除了必須除掉目擊者而殺害小男孩時，流露的一絲絲哀傷。

亨利說：「他愛上他們了。他會留著他們好幾天。」不過一旦滅了口，他們就只是要包起來、運送、掩埋、遺忘的物件。

為了好好理解獵食者的技巧，我們可以利用某研究領域，該領域也研究魔術師如何利用知覺歷程（perceptual processing）。魔術師知道人類天生就會注意特定事物，忽略背景，知覺場（perceptual field）才會被攻擊，進而操縱焦點，焦點也就是我們看到的地方。

注意力基本上有兩種類型，自主注意（Voluntary Attention）是「由上而下」、我們主動發起的注意力，我們**決定**要關注某事某物；外在刺激會觸發「由下而上」的焦點，來吸引我們的注意力。魔術師利用的是後者，營造情境引導我們；一旦成功吸引目光，魔術師就能利用動作、燈光、新意、驚奇、一連串手法模式，繼續控制。我們的目光跟隨他們的一舉一動，接著魔術師就能在知覺暗區（perceptual shadow）耍伎倆、花招，但我們大腦完全不會處理那些行為，因為注意力都在其他地方。在魔術師變魔術時追蹤眼球運動的研究指出，眼睛周邊視覺（焦點外）確實有看到魔術師在做什麼，但大腦太專注了，無法處理暗區到底發生了什麼。

此外，我們都囿於基本率偏見：我們逐漸習慣特定情境時，會預期該情境的運作方式，我們的大腦就此鬆懈。這讓我們看見我們預期會看見的事物，即使預期的事物實際上並沒有真正發生。正因為這個認知狀況，所以我們才脆弱、易騙。

聰明的獵食者利用類似的預期、注意力移轉、誤導手法、錯誤資訊，來營造表面形象。通常，那個表面形象充滿魅力、影響力、成功故事，輕易建立別人的信任。就像魔術師，獵食者不擇手段愚弄大腦。

有些罪犯還展示出令人費解的韌性，又稱自戀型免疫（narcissistic immunity）。這些罪犯天生擅長從挫折中復原，因為他們確信自己所向無敵——即使證據不利於他們。有些罪犯覺得受到了保護，因為手握決定他們命運之人的祕密。這是豁免一切的感受，而感受出自對個人特殊命運的信念：他們絕對不會被抓到，就算被抓到了也不會被關；又或者，就算被關了，要不了多久便能獲得自由。約翰・大衛・諾曼似乎就是如此。

每一次出獄或逍遙法外，諾曼的豁免感受日益增強。這樣的大膽磨練了警覺性，獵食者需要這種警覺才能成功與共犯連結。

殺手雷達

依布魯克斯所言，狄恩・柯爾和多名青少年發生性關係，都是付現金。他或許還有布魯克斯和亨利以外的其他皮條客，但執法單位只把重心放在這兩個人。從布魯克斯的聲明中，我們可以知道布魯克斯隨隨便便就上鉤了。容易感到不安、時常遭人欺負、缺乏之家庭依附，布魯克斯渴求柯爾給予的那種關注。即便親眼目睹柯爾裸體、性侵兩名男孩（後來柯爾還承認殺了他們），布魯克斯也心無二想，只是開始認為柯爾專挑那些對任何人都沒有好處的孩子下手。

布魯克斯曾經覺得自己就像被丟棄的垃圾。布魯克斯和亨利都曾偷竊，也使用非法藥物，但兩人一個重罪都沒犯過。儘管如此，柯爾還是覺得這兩位男孩是共犯的優秀人選。相信憑一己之力可以轉變年幼心靈，令其成為殺手，毫無畏懼，因為柯爾有他的拿手把戲。要知道什麼是最佳誘餌，靠的是敏銳觀察，柯爾知道要找什麼，也知道如何利用誘餌。

「我覺得，我必須這麼做才能活下去。」亨利說，「我一個人才不可能這樣幹。他（柯爾）想要我學會怎麼殺了爸爸。他也想要我知道，我沒有必要放任他人嚇自己，不必承受霸凌。但我對他感到有點失望，大衛不會對他失望，因為大衛從來不會主動和狄恩作對。大衛永遠不會。」

在《連環殺手和他們的受害者》（*Serial Murderers and Their Victims*，暫譯）一書中，作者暨犯罪學家艾力克・希基（Eric Hickey）分析二十世紀起至二〇一一年，超過五百名連環殺手的趨勢。其中約百分之十五到二十，會說服別人從旁協助，有時候是因為找到了臭味相投之人，例如羅伊・諾里斯（Roy Norris）在獄中遇見勞倫斯・比特克（Lawrence Bittaker），發現兩人都偏愛性虐待、性折磨。

一出獄，兩人在加州洛杉磯買了一臺廂型車，還幫車子取了一個暱稱「麥克殺手」（Murder Mac），開始誘拐女性。他們抓了一名青少女，先強暴，再用衣架勒死；下一位受害者的大腦被冰鑿刺穿。這二人組又再虐待、殺害了三名女生，才被警方逮捕，繩之以法。

希基發現，多數殺人組合都只有兩名罪犯。男性成員比女性成員多，每三個男的才有一名女性。研究的組合，剛好三分之一左右是男女混合。希基說道：「無一例外，每組罪犯都有一人心理控制他人。」

獵食者的目標是激起大家完全投入和忠誠，先下手為強，把共犯潛在的矛盾心態轉換成對獵食者有利的心態。希基訪問的共犯之中，有位人稱「日落大道殺手」（Sunset Strip Killer）的卡蘿・邦迪（Carol Bundy），邦迪和道格拉斯・克拉克（Douglas Clark）搭檔。克拉克利用數個墮落行為來制約邦迪，讓邦迪變得異常暴力，最終邦迪可以自行殺人。

一九八〇年，克拉克在酒吧一眼相中邦迪。克拉克在找一位可以說服的女性，說服對方邀請他去家中。克拉克一直都在磨練識別能力，能看出輕易下手目標的特徵，鎖定一位體重過重、戴眼鏡、最近被拋棄的女人。那名女子一直喝不停，看起來很鬱悶。克拉克朝女子走去，他的風采令女子著迷不已。

如克拉克所料，邦迪很快就邀請他到家裡。邦迪回憶到，克拉克在兩人相遇之前，就幻想過性凶殺，克拉克要找一名搭擋。第一步是鼓勵邦迪透露自己最黑暗的性幻想。邦迪一跨過那條線，就換克拉克說自己的性幻想，他想要抓年輕女生來折磨，調教成性奴隸。為了取悅克拉克，邦迪在家附近引誘了一名十一歲的女生，供克拉克玩樂，有時候幫忙拍照，有時候也會加入。

克拉克也告訴邦迪自己犯下的凶殺，說他想要邦迪在他和妓女口交時射殺妓女，這樣才能體驗妓女含著他逐漸死去的感受。邦迪覺得有趣。後來邦迪說，當初自己想要和心裡正愛著的男人更加親近，認為更加親近就代表幫男人實現幻想。

兩人找來性工作者艾克希．威爾森（Exxie Wilson）實驗這個離經叛道的幻想，但實驗過程出了差錯。他們殺了威爾森，砍下頭，放在冰箱，克拉克想要爽一下時就會拿出來。邦迪還會幫忙化妝。最後，邦迪殺了曾經有過一段情的傑克．莫瑞（Jack Murray），據說是邦迪向他吐露自己做了什麼才殺人滅口。邦迪先刺傷莫瑞再開槍，擔心子彈會成為不利證據，又決定砍下莫瑞的頭帶走。

莫瑞的屍體很快就被發現，警方才開始追查這組殺人犯。邦迪緊張不安，告訴警方克拉克藏凶器的地點。兩人遭逮捕，被判六起凶殺——五女一男。邦迪終身監禁，克拉克則是被判六項死刑。

儘管克拉克堅稱邦迪才是主謀，但希基覺得邦迪「很被動，就是個跟隨者」，殺人是為了證明他對克拉克的忠誠。希基總結道：「克拉克利用邦迪的心理創傷，一步一步拉攏邦迪。」

女性主導時，也會發生同樣的互動關係。二〇一三年十一月，賓夕法尼亞州（Pennsylvania）十九歲的米蘭達．巴伯（Miranda Barbour）想和新婚丈夫艾利特（Elytte）一起殺人。米蘭達先描述不同殺人情景測試先生的容忍度，發現先生急於討好他，於是米蘭達在分類廣告網站克雷格列表（Craigslist）刊登一則廣告徵求「伴遊」，特羅伊．樂法拉拉（Troy LeFerrara）上鉤了。

艾利特藏在後座毯子下，米蘭達就去接受害者了。等米蘭達示意，艾利特用繩子勒住樂法拉拉，米蘭達拿刀反覆刺他。他們棄置樂法拉拉，清乾淨廂型車，到脫衣舞俱樂部慶祝艾利特二十二歲生日。

警方循著他們打給被害者的電話追蹤到他們，艾利特坦承他們只是想要一起殺人，後來他才說：「我希望，我知道那晚我的頭腦到底在想些什麼……我很後悔到那個男的家去接他……我知道我不會這麼做。」

研究員已經發現，殺人組合通常會依循一個常見模式：兩人產生強烈共鳴，一方感覺到足夠安全，可以講述自己心中的暴力幻想，然後開始操縱另一半，另一半會開始思考要實際執行。研究顯示，較弱的另一半很可能智商偏低、年齡較小，又或者罹患人格障礙——他們都可塑性高和／或不安穩。主導的人會孤立他們，斷其社會連結，讓他們開始依賴自己，再重塑他們的道德準則。

獵食者發展出第六感，可以感應到能成功招募的那類人。獵食者總是時時警惕，不放過機會辨識能勾引的人。情境線索可以幫忙鎖定目標，觀察得越多，越容易成功。

在運動心理學中，稱之為「靜眼」（quiet eye）。這是一種增強的視覺感知，源於高度專注，排除分心、干擾，壓力增加時就會啟動靜眼來減少錯誤。技術熟練的運動員可以直接專注在球上，專注時間比菜鳥運動員來得長，思考過程減緩，只為了吸收與最佳回應最相關的資訊。關鍵動作之前的穩定凝視，是成功的關鍵。獵食者也一樣，用同樣的關注力來執行。

前FBI特別幹員格雷格・麥克拉里（Gregg McCrary）對於殺手組合說道：「我總是很驚訝這些人怎麼互相交流。他們有雷達、同志雷達，或許是**殺手**雷達。」

麥克拉里曾經是聯邦調查局行為分析小組的組員，經營「行為犯罪學國際組織」（Behavioral Criminology International），還是《未知黑暗面：我們之中的獵食者罪犯側寫》（*The Unknown Darkness: Profiling the Predators among Us*，暫譯）共同作者。麥克拉里親眼見過這種不懷好意的第六感。

一九九〇年代早期，加拿大多倫多發生一連串強暴案、凶殺案，他為這些案件做罪犯側寫。警方最終逮捕了卡爾拉・霍莫爾卡（Karla Homolka）和保羅・伯納多（Paul Bernardo）。霍莫爾卡把失去意識的妹妹獻給伯納多強暴，之後殺了自己的妹妹。沒多久，他們又虐待、殺害另外兩名女生。

警方包圍兩人時，霍莫爾卡聲稱自己是飽受虐待的妻子，是心不甘情不願的共犯，身上的瘀青可以證明自己所言不假。霍莫爾卡說，他對伯納多的愛，讓自己變得脆弱。霍莫爾卡才十七歲就遇到伯納多，在性事上任憑伯納多予取予求，伯納多的性需求也越來越殘暴。儘管如此，霍莫爾卡總是在愛的筆記上催促著伯納多繼續。

霍莫爾卡的故事露餡了，指證錄影帶揭露霍莫爾卡也參與了綁架受害者克莉絲汀・弗蘭奇（Kristen French）。此外，莫爾卡顯然出手幫忙殺害自己的親妹妹。其中一卷錄影帶顯示，霍莫爾卡告訴伯納多他想要為伯納多獻上更多年輕處女。他與伯納多的同步遠超他承認的程度。

麥克拉里說明殺手雷達的運作方式：「就像一般人相遇，你會判斷是否和對方相處得來，但對這些殺手組合而言，事情朝黑暗面發展，他們感受到的是臭味相投的興奮，像電流一樣。」

獨來獨往的殺手會與人組隊，通常是主謀渴望與人分享這個扭曲的幻想，才需要追隨者。麥克拉里還說：「這過程是探索。獵食者就像鯊魚靜候誰會游過、上鉤。如果另一個人的反應不好，也可以說只是開開玩笑來輕鬆打發。找到那位如他期待回應的人，獵食者會想：『這位是可以跟我一起行動的人。』他可能會說：『如果我是強暴犯，你覺得怎麼樣呢？』如果對方認為那很酷，就可以再採取下一步。」

柯爾用一臺車、房子、金錢賄賂布魯克斯；柯爾用笑話測試亨利，再用金錢引誘亨利闖空門；柯爾也利用所謂與性販運犯危險網絡的關係來確保忠誠。獵食者想出如何點開「內心綠燈」，藉此激勵、准許他人行動。

一九六〇年代英格蘭的「荒野殺手」（Moors Murderers）故事，展示了獵食者如何成功使用殺手雷達……不過最後卻失敗了。十八歲的麥菈・辛得利（Myra Hindley），看起來只是渴望生活多一點刺激的普通女生，他生活的中產階級底層，放眼望去盡是無聊透頂的事物。

辛得利工作時，遇見了伊恩・布雷迪（Ian Brady）。布雷迪年長一些，看起來很時髦——那種可以帶他去不同地方的男人。辛得利刻意出現在布雷迪會經過的地方，抱著整疊書，假裝很有知識。終於，布雷迪注意到了，兩人開始約會，然後他開始告訴辛得利，他認為有些優越的人可以不受社會道德規範。

辛得利的心智就是片沃土，越發肯定布雷迪是通往非凡人生的**唯一**路徑，接受了布雷迪越來越暴力的性需求。沒多久，布雷迪就提出要用殺人來證明自己比較優越的想法。布雷迪假裝這是哲學實驗，但事實上只是為了滿足他的強暴兒童的性幻想。

辛得利不確定布雷迪是認真的還是在開玩笑，但辛得利太想要取悅布雷迪，引誘了一名孩童供布雷迪先姦後殺，事發地點在英格蘭曼徹斯特（Manchester）附近的荒野。布雷迪再三向辛得利保證他做得很好，然後堅持辛得利再做一次。布雷迪甚至為每一次強暴搭配專門歌曲，讓行動變得有趣、好玩。

兩人會在事後做愛，有時候就在受害者的墳墓上方。辛得利從來沒有想過要犯罪，更別說這麼嚴重的罪行，但只要布雷迪想要，辛得利還是會繼續做。後來，辛得利說自己的切割能力最初得以發展，是因為成長的家庭充滿暴力。愛布雷迪愛到無法自拔，比起失去他，辛得利決定，寧願去做他希望的任何事。在殺人的時候，辛得利使用同樣的切割手法。

後來，布雷迪想要第三個夥伴。麥菈的妹妹嫁給大衛．史密斯（David Smith），那時才十七歲。布雷迪的殺手雷達辨識出史密斯缺乏安全感，不管什麼事都會乖乖聽話照做。史密斯有性侵、闖空門等前科，於是布雷迪邀這對新婚夫妻來喝一杯。

他問史密斯的逮捕紀錄，讓史密斯很開心能得到布雷迪關注，而且還有免費的酒。大約一年左右的時間，布雷迪拉攏史密斯，讓史密斯認為布雷迪是導師。布雷迪終於問史密斯是否覺得自己可以殺人（如同柯爾問亨利），史密斯不太確定要怎麼回應，但是布雷迪似乎認為他已經準備好邁出下一步了。

某天早上，辛得利邀史密斯來家裡。和布雷迪在火車站接了十七歲的愛德華．伊凡斯（Edward Evans）。史密斯到他們家嚇了一跳，看到布雷迪拿起斧頭朝伊凡斯的頭砸過去，一下又一下，打算殺了他。布雷迪拿起繩子勒死伊凡斯，想要史密斯幫忙搬運、藏匿屍體。史密斯害怕小命不保，聽命行事。他一離開，就報警訴說自己目睹了什麼。

員警前往布雷迪的家，在樓上房間發現受害者屍體。布雷迪一直很確信史密斯會乖乖聽話，才會毫無防備。員警逮捕了他和辛得利，證據顯示他們殺了五名孩子，年紀最小的是十歲，最大的才十七歲。布雷迪的殺手雷達直覺在辛得利身上是準的，因為辛得利一直愛著他，才被他拖進來殺人，但是雷達在史密斯身上卻失準了。史密斯年紀小，易受影響，但還沒準備好目睹早上的恐怖秀。布雷迪誤判了。

地獄之合

神經心理學家肯特．基爾（Kent Kiehl）擔任非營利組織「心智研究群」（Mind Research Network）執行科學長，撰寫《心理病態的低語：無良心的科學》（*The Psychopath*

Whisperer: The Science of Those without Conscience，暫譯），在克里斯多福・格里博（Christopher Gribble）犯下可怕的罪行後為其鑑定。

二〇〇九年新罕布夏州（New Hampshire），當時十七歲的格里博，跟著史蒂芬・史派德（Steven Spader）和其他兩人一起潛入金柏莉・凱茨（Kimberly Cates）家中。史派德高中輟學，成立了「毀滅之神門徒」（The Disciples of Destruction）社團，告訴三位成員私闖民宅是入團儀式。進到屋內，史派德拿開山刀狂砍凱茨直到死亡，格里博拿刀狂刺凱茨十一歲的女兒潔米（Jaimie）；另外兩名年輕人站在一旁，既震驚又難受。潔米裝死，活了下來，跑去求救，隔天這群年輕人都被逮捕。

格里博告訴警方，他覺得這體驗很「酷」，唯一後悔的是小女孩逃過一劫。

格里博說：「我以為我會覺得很糟。我幾乎感受不到遺憾，但得說我沒有覺得糟。我以為最起碼我會吐或什麼的。我一點感覺也沒有。」他很健談也很開心，領著調查員去看他和史派德埋凶器的地方。

格里博的公設辯護人請基爾鑑定格里博。基爾從格里博那裡得知，有位心理學家誤用MMPI-2人格量表，錯誤地診斷格里博是心理病態。基爾說道：「格里博決定要**成爲**心理病態，就像自我應驗的預言。」

完成他自有的鑑定，基爾發現在家自學的格里博就像溫室裡的花朵，虔誠的摩門教家庭，父母呵護有加。格里伯不擅長社交，智商又低。「就像在和十歲小朋友講話。他的社交經驗有限，就像活在小隔間一樣。他和媽媽有衝突，他一直說要殺媽媽，但從來沒有對媽媽動手。這對有心理病態特徵的孩子而言，是非比尋常地克制。」

對於人生的其他方面，格里博毫無心理病態的傾向。基爾說：「沒有花言巧語、沒有裝腔作勢、沒有撒謊的歷史，也沒有什麼都不怕。沒有證據顯示他會壓榨他人。他一點也不衝動，也沒有不負責任。」

基爾認為，很可能是史派德利用亂七八糟的犯罪行為，影響了易受暗示、不成熟的格里博，讓格里博接受心理學家誤判的身分。「我的臨床直覺是，這孩子只不過是跟壞孩子廝混罷了。他的心智很脆弱。人人都可以為脆弱的心智植入不同想法，鼓吹他們去做任何事情。他相信自己是心理病態只不過是妄想。」

但話又說回來，史派德自稱是「你能見過病得最重、最扭曲的人」。他覺得悔恨是不必要的軟弱。他仔仔細細寫下過程，告訴獄友他如何「砍那位媽媽三十六刀，可以看到大腦飛濺，血液狂噴，眼球掉出眼窩，懸在那裡。」格里博就只是個孩子，沒有暴力傾向，只是受到史派德的影響。

青年腦

布魯克斯和亨利受到柯爾影響的時候，兩人都還只是小孩子。青年大腦發育的研究顯示，大腦的執行部分，也就是額葉皮質尚未成熟，其發育得比大腦其他部分慢。正因如此，青少年要花比較多時間才能衡量後果，做出深思熟慮的決定。青少年考量的行動選項較少，而且反應都比較情緒化。他們也十分容易受到同儕壓力影響，而且非常需要社會歸屬感。

十二歲到二十歲的這段人生時期，是時候實驗、探索、誇大熱情、感到無敵、浮現創意、開始出現特定嚴重精神疾病的時期。史丹佛生物學、神經學教授羅伯．薩波斯基（Robert Sapolsky）寫道：「青春期是人一生中最容易加入邪教、殺人、被殺、發明某種藝術形式、幫忙推翻獨裁者、種族清洗某村莊、關心有需要的人、改變體態、打扮成可怕的流行風格、信靠上帝，而且深信所有歷史之力交織匯集，此刻永遠都是最最重要的時刻。」

青少年的人格和認同感不斷變化。對某些人而言，這段時間相當動盪不安，做決定總是不考慮後果可能改變一生的影響。青少年對自己人生的觀點有限，用其他人的觀點看事情的能力也是有限。沒那麼幼稚，但相對來說依然很自我陶醉、專注當下。年紀較大的人可能很難理解。

前額葉皮質負責做出明智的決定，抑制衝動行為，青少年大腦這一區的灰質量比發育完全的成人大腦還要多得多。隨年齡增長，神經元的連結會依照養成的習慣來修剪。青少年大腦的邊緣系統（limbic system，情緒所在地）激發行為的速度，比起激發規劃的速度快上許多，因此總是情緒主導決定，杏仁核（掌管恐懼、生氣等強烈情緒）反應的速度快如閃電。除此之外，獎勵還會被放大。大獎勵會製造較大的回應，小獎勵則讓人失望。

如果一個決定含有風險，尚未成熟的額葉皮質無法評估全面的風險。研究員莎拉－珍．布雷克摩爾（Sarah-Jayne Blakemore），在倫敦大學學院（University College in London）操作實驗，請受試者評估某些事件發生在他們身上的可能性。

實驗的下一階段，受試者會被告知實際發生的機率，然後再測試他們的想法是否有任何轉變。青少年也會像成年人一樣修訂期望，但對於可能會造成負面影響的事件，例如邊開車邊傳訊息，青少年卻無法完全處理該資訊。青少年理解會發生什麼後果，但是他們認為那個風險和他們個人無關。因此，孩子冒險的時候，都不覺得受到威脅，就是覺得自己不會有事。

青少年也極易受到同儕壓力影響，尤其是要做危險、叛逆、有害、犯罪的事情時。

青少年覺得迫切需要歸屬，迫切需要社會認同，他們可不想要錯過任何事。大腦掃描研究揭露，同儕影響會提高邊緣系統的多巴胺釋放量，同時抑制額葉皮質的活動：孩子想得較少，感受較多。最重要的是，青少年總是喜愛那些煽動情緒的戲劇化事件。延遲享樂不是他們的作風。

薩波斯基說：「成人大腦的額葉皮質會穩定邊緣系統的部分活動，邊緣系統是大腦負責情緒的區域；相較之下，青年大腦的邊緣系統早就在全速運作，但額葉皮質還在試著理解操作指南。」他補充道：「邊緣系統全員上線，多巴胺四處流淌時，額葉皮質的效率會降低。同時，大腦會浸漬在性荷爾蒙的消長中。」

隨著司法體系從認知心理學、神經科學領域吸收了這則資訊，對刑責的判定也越來越謹慎。法院現在認知到，青少年在情緒激昂的時候太快決斷，很可能只是目光淺短的衝動行事。因此，自二〇〇五年起，美國最高法院（US Supreme Court）多次判決都認為青少年不應因凶殺等重罪被判死刑（*Roper v. Simmons*，羅珀訴西蒙斯案）、不應因非凶殺罪被判終身監禁（*Graham v. Florida*，葛蘭姆訴佛羅里達州案），除非被認定永遠無法改過自新，否則也不應被自動判處終身監禁不得假釋（*Miller v. Alabama*，米勒訴阿拉巴馬州案）。不過，「永遠無法改過自新」的評估幾乎沒有任何準確度可言，有鑒於一個人一生的改變可以很大；法官和陪審團也沒有接受足夠的兒童心理學教育。

司法心理學家詹姆斯・加伯利諾在《米勒的孩子：給予青少年第二次機會為何對我們如此重要》（*Miller's Children: Why Giving Teenage Killers a Second Chance Matters for All of Us*，暫譯）書中寫道：「青少年很不一樣，受到創傷的青少年又更不一樣了。」基於與青年殺手的數次訪談，加伯利諾指出「青年殺手要做出明智決定或管理情緒時，常常頭腦不清楚……但許多青年殺手也有神智清楚的時候，這是在逆境下發育成長的結果」。

美國疾病預防管制中心（CDC）列出的逆境包含，貧窮、家暴、虐待、離婚、家庭物質濫用、家庭憂鬱症、家人坐牢。將近百分之四十的青年殺手，面對的逆境至少有五項，相較之下，一般孩子只有百分之十有類似經歷（亨利也面對五項逆境）。

米勒訴阿拉巴馬州案為拒判青少年無期徒刑不得假釋，提供五項科學依據：

1. 決策：比較無法為衝動行為考量未來後果。
2. 依賴：兒童無法自行脫離家庭環境。
3. 情境：青年在犯罪行為中的實際角色。
4. 能力：沒有足夠周旋應付警方和律師的能力。
5. 未來行為改變：青年改過自新的可能。

青年通常覺得自己無懈可擊。此外，成了犯罪集團順從共犯的青年，通常都有虐待和家庭不穩定的背景，因此已經習慣威脅，還為了因應壓力，早已開發對策。他們知道如何調整適應。有時候，他們已經犯了一些小罪，他們需要或想要的東西剛好夥伴可以供應的話，或許就會屈服，做出道德上的妥協，根本不會注意到自己下放了道德框架。

精神科醫生桃樂絲・奧特諾・路易斯（Dorothy Otnow Lewis）和研究助理一起觀察九名男性，這九位都在青春期被鑑定，後來也犯下凶殺罪行。他們比較受試者和二十四名曾經入監服刑的不良青少年，這群青年出獄後六年都沒有再使用暴力。

研究目標是辨識出這九名青年的共同因素，或許可以區分他們和那些不再使用暴力的受試者，開發治療策略。他們發現，家庭創傷是關鍵因素。大多數人都有偏執思考，幾乎算是精神病了。飽受父母暴行，後來會發展出暴力行為。

社會科學研究員莎琳・柯爾（Sharline Cole）和蘇珊・安德森（Susan Anderson）近期做了一個質性研究，受試者是五位男高中生和三位女高中生，這七位高中生都有反社會攻擊傾向。七個人的父母都會攻擊人，這讓研究人員假設家庭（所謂「社會化的第一個基本單位」）在兒童選擇如何與他人互動中扮演核心作用。

缺乏父子羈絆（特別是父親暴力相向或缺席不在）的影響重大，如果雙親任一方採取嚴格又武斷的教養方式，也會有同樣重大的影響。這些反社會兒童在發育時會參考身旁最近的模範，學會了威權型攻擊言行。

克萊爾・阿喬維（Claire Ogilvie）醫生和同事找了三十個關注童年照護者依附與成

人犯罪關聯性的研究，做了一份統合分析，發現不安全依附與成年犯罪有顯著相關。比起非暴力罪犯，暴力罪犯更常出現較高的不安全依附比例。這些孩子缺乏健康的養育。

一個例子是來自密西根州卡拉馬如（Kalamazoo, Michigan）的瑞恩斯（Ranes）兄弟，年紀差一歲半。兄弟倆都成了連環殺手，獨立作業，互不相關。他們暴力又酗酒的父親，強迫他們為了區區幾分錢，就要激烈打鬥。父親也給他們酒喝。

賴瑞（Larry）九歲、丹尼（Danny）十一歲時，父親拋棄他們。兩人開始犯罪，例如偷車。賴瑞十九歲時被捕，為了幾美元和幾雙鞋就殺了一個男的。他坦承自己還犯下另外四起凶殺。丹尼則是性獵食者，利用一位十五歲的共犯「ＢＫ」（B. K.），同樣發生在一九七二年，柯爾也是在這一年拉了十五歲的亨利進入他的犯罪世界。雖然方式不同，但ＢＫ和亨利各自遇到了一名年長且具攻擊性的成年獵食者，兩位獵食者都想要尋求一名順從的共犯。

丹尼．瑞恩斯當時二十八歲，因性侵被判在密西根服刑，最近才剛出獄。丹尼強暴並刺死一名年輕媽媽派翠夏．霍克（Patricia Howk），一切暴行就在小寶寶面前發生。丹尼放任那個蹣跚學步的小寶寶在街上亂晃。沒過多久，丹尼看到一名才十幾歲的流浪漢ＢＫ。

ＢＫ的媽媽罹患思覺失調症，爸爸是個酒鬼，ＢＫ有強盜和竊車的前科。丹尼開始親近ＢＫ，希望能獲得一名共犯。丹尼幫ＢＫ找到地方住，還在自己工作的加油站幫ＢＫ找了工作。ＢＫ覺得丹尼就是自己的哥哥。有一天，丹尼帶ＢＫ到某個停車場，開始講述自己如何性攻擊派翠夏．霍克，想要ＢＫ一起做同樣的事。

ＢＫ同意試試看，兩人準備好一個凶殺工具包。七月五日，丹尼和ＢＫ在史普林科路（Sprinkle Road）的加油站，凌晨一點半左右，琳達．克拉克（Linda Clark）和克勞迪雅．比茨特魯普（Claudia Bidstrup）開車進來要加油。

ＢＫ幫他們的車加滿油，丹尼打開引擎蓋，拆了火星塞的一條電線，車子發出令人不安的噪音。丹尼指揮方向，引導女孩把車開進了檢修區。他們一進來，丹尼就叫女孩保持安靜，沒有人會傷害他們。

丹尼抽出一把刀，指示他們去後座，強暴了兩人，叫ＢＫ殺了克勞迪雅。ＢＫ打算用繩子勒死人，但他做不到，於是丹尼把克勞迪雅壓制住，兩人一起殺了他，ＢＫ自己則殺了琳達。

他們把兩具屍體放進女孩開來的車裡，用毯子蓋著，然後ＢＫ把車開到某個樹木繁茂的區域，車內車外都淋滿汽油，在車內腳踏墊上放了一根點燃的香菸就匆忙離開了，還來不及查看香菸是否順利點燃汽油，燃燒程度是否足以毀屍滅跡。接著丹尼給ＢＫ看從受害者身上搶來的錢、兩枚戒指、一對耳環、幾張照片。

大約過了兩個禮拜，七月十七日，摩托車騎士偶然發現那臺車，車上的屍體正在分解。屍體的身分經確認，加滿的油箱顯示兩人在附近遇到凶手。調查正在進行的同時，丹尼和BK又出手了。

八月五日，他們綁架十八歲的派翠夏・費爾諾（Patricia Fearnow）。丹尼開車時，BK在廂型車後方綁起費爾諾，用睡袋蓋住，在旁邊躺下。大約六小時的期間，兩人強暴費爾諾。BK用塑膠袋套住頭悶死費爾諾。他們又把屍體丟棄在同一片樹林。

丹尼叫BK對罪行保密，但他卻透露給某人，那人直接報警。BK和丹尼因七月雙命案而被逮捕。BK被指派律師詹姆士・希爾斯（James Hills），律師說如果BK可以告知究竟發生了什麼事，說不定可以談成認罪協商。

BK同意了，帶他們去找費爾諾的屍體，並說是丹尼教唆的。這起凶殺後沒多久，BK就和丹尼切斷關係，因為丹尼叫他偷車開到佛羅里達州。BK一直很害怕丹尼哪天也會殺了他，還告訴警探，丹尼坦承自己殺了派翠夏・霍克。隨後，丹尼被控四起凶殺並判終身監禁。

BK也被判終身監禁，因為他沒辦法說明為何自己會參與這些凶殘的強暴和殺人。BK利用坐牢的時間，取得法律學位，參加矯正教化計畫。

顯然，神經科學對青少年大腦的研究，影響了密西根州的假釋委員會，投票釋放入獄四十八年的BK。委員會援引他在犯罪時還年輕為其中一項因素。BK告訴委員會：「我知道自己做了些什麼。我明白這錯得離譜，但是有些情況讓我涉入這一切，我接受要為此負責。（但）要是我沒有遇見丹尼．瑞恩斯，我心裡清楚，我永遠不會涉入任何類似的罪行。」

獵食者依靠殺手雷達尋找夥伴，勾搭上可以一起執行犯罪計畫的人，但這些夥伴關係都有個致命弱點。脆弱的人身上吸引獵食者的特徵，之後會危害整體。不安又膽小的人覺得自己快要被抓到時，可能會先行通報警方。卡蘿．邦迪和卡爾拉．霍莫爾卡就通報警方了；艾利特．巴伯和BK供出了他們的夥伴；伊恩．布雷迪利用大衛．史密斯，但徹底失敗。

就柯爾案而言，他的誤判證明會要了他的命。他沒有理解他對亨利掌控的極限。在只許一人活下的生死戰對峙中，一旦亨利鼓起勇氣，柯爾就失去了所有籌碼。但凡事都有後果。亨利出庭受審，這場審判會決定他的未來。即便死去，柯爾依然有影響力。

第六章 審判和麻煩

首次聽證

儘管狄恩·柯爾才是主犯，但新聞報導一次又一次播放亨利的面孔，彷彿他才是主謀。與事實不符的許多錯誤也刊登出來，讓亨利很沮喪，尤其是關於他究竟參與多少的描述。

亨利說：「我覺得他們全都只報導我，是因為我是破案的人，我是有在講話的人。大衛什麼都沒講。他有說話，但不誠實。被逮捕的第一天，我是英雄。我救了朗達和提姆一命，然後突然之間，我再也不是英雄了。」

一名休士頓精神科醫生為這股沮喪做了總結，作家約翰·葛威爾引用位匿名人士：「我敢打賭，這城市裡幾乎所有人都希望，柯爾從亨利射出的子彈下逃過一命。柯爾就這樣死了，市民沒有機會在心中好好衡量他……市民讀到每件關於他的事情都是二手消息。因此，市民無法將他定位。市民確信他是凶殘可怕的怪物，但無法自行決定究竟是哪一種怪物。」

案件爆發三天後，亨利的律師查爾斯．梅爾德告訴媒體，他想要幫客戶進行精神鑑定，因為「那個男孩腦筋不大正常」。梅爾德律師說，亨利得知布魯克斯對警方說了什麼之後，對布魯克斯試圖躲避責任越來越不開心。「亨利告訴我，他看到布魯克斯殺了許多人。」

一九七三年八月十三日，哈里斯郡召開大陪審團，審議那些不利亨利和布魯克斯的證據。由於大陪審團紀錄都是密封，至今還不清楚作證的人究竟透露了哪些事情。柯爾射殺一案，顯然有兩位目擊證人，提姆．克利和朗達．威廉斯。

克利離開城鎮，必須派人找到，發出傳票。這兩名差點就要成為受害者的人講述意外爆發前八月七日、八日發生的事。其他目擊證人似乎知道更多關於主要當事人的事。十七歲的羅伯特．M．埃瑟里奇（Robert M. Etheridge）特地從聖地牙哥過來，講述他求學時間認識的被告。柯爾的前共犯比利．李丁格，現在二十歲了，也出席作證。他差一點就被殺了。為了不讓媒體發現真實身分，李丁格頭戴購物牛皮紙袋進法庭，袋子上剪了兩個洞露出眼睛。

柯爾被殺之後沒多久，李丁格和媽媽一起到帕沙第納警察局，告知警方他們和死者相識已久。他們在一九六〇年代初期就認識柯爾了，他們是鄰居，都住在諾曼第公寓。

那時，柯爾負責管理柯爾糖果公司，他們都叫他「糖果人」，覺得他是家裡的一份子。公司倒閉之後，柯爾就沒那麼頻繁來訪，儘管柯爾還是會打電話給小比利，保持聯繫。

大衛．布魯克斯搬進來和柯爾一起住的時候，李丁格一家覺得很奇怪，但他們也知道柯爾喜歡和年輕人一起玩。他們也注意到，柯爾喜歡每三、四個月就換一次住處。他們提到另一位十幾歲的男孩傑拉德．麥克丹尼爾（Gerald McDaniel），麥克丹尼爾可能認識柯爾，但看起來好像消失了。

比利去帕沙第納住處拜訪過柯爾好幾次，但是都沒發現「什麼異常的事」。那年他有被邀請去薩姆雷本水庫，在柯爾的別墅度過陣亡將士紀念日（Memorial Day）週末，但他拒絕了。由於這份紀錄是在媽媽面前講述，李丁格沒有透露任何柯爾在合板上對他做的事，只有布魯克斯講到那次事件。

儘管如此，休士頓警探注意到說詞遺漏，八月十一日又請李丁格來一趟警局。這次李丁格講述了較長的版本，對大陪審團而言，他的發言相當有價值。李丁格明確說道，柯爾是一位性虐待狂。

在講述那天受到的虐待，以及後來布魯克斯說服柯爾放他走之前，李丁格先提供了背景資訊。李丁格說，十歲時初遇柯爾，兩年後有機會更認識他。「接下來七年間，我把狄恩視為朋友，他在糖果店會給我糖果，帶我和其他男孩去不同地方玩，例如去看展或海邊。這段期間，他從來沒有對我做出任何踰矩的行為。」李丁格回想起柯爾曾經住過的十幾個地方。

一九七二年春天某日，柯爾出手了。「大約八、九個月前（李丁格的時間不正確，因為事發時柯爾不是住在他說的地方），狄恩接近我，說要和我發生同性戀關係，還說會給我十美元，不過我拒絕了。大概一週後，他又再提了一次，我沒有答應。我大概每週都會和他碰一次面。」事實上，李丁格決定要在柯爾的舒勒街公寓待上一個週末，柯爾會開車接他，那時布魯克斯和亨利也都在。

李丁格說：「到了公寓後沒多久，狄恩就拿出一副手銬，開始和他們玩，告訴我他可以表演幾招如何掙脫手銬的把戲給我看，就在他要表演的時候，突然就把手銬銬在我手腕上，我的手就被銬在前方。然後有人拿枕頭套蓋住我的頭，他們把我壓到地板上，綁起我的腳踝。我什麼都看不到，但我聽到敲敲打打的聲音。有人拿下枕頭套，狄恩撕下我嘴上的膠帶，剛剛掙扎的時候被貼的。接著狄恩把我的手綁在大大的金屬鉤子上，鉤子都在房間牆上很高的地方，用繩子把我綁在那裡，另外在我脖子上綁一條繩子，如果我打算掙脫，脖子上的繩子就會勒死我。」

柯爾用一把刀切碎衣服、扒光李丁格。「他玩弄我的陰莖，吸我的陰莖，每當我試圖抵抗，他就會打我肚子，跟我說如果我不配合，他就會打電話叫其他人來，那些人會比他還要更糟糕。這期間，韋恩和大衛也在房間裡，韋恩的腰帶上插著一把手槍。從他綁起我直到晚上十一點左右，狄恩會來玩我，然後去看電視，再開始玩我，他會在我身上摩擦，強姦我。」

柯爾強迫李丁格喝啤酒和紅酒，然後柯爾把束縛板搬進房間。「大衛和狄恩把我從牆上放下來，再把我銬在板子的環上，背對板子，雙手分開，然後把我的腳綁在板子底部，全程韋恩都拿槍指著我。接著狄恩躺在我旁邊，開始用全身摩擦我，吸我的陰莖，同時自慰。」

李丁格說，亨利在一旁看著。布魯克斯離開好幾個小時。等到布魯克斯回來，亨利和布魯克斯就去睡覺了，接下來一整晚，柯爾都躺在李丁格身旁。隔天，布魯克斯告訴李丁格他想要救他，但害怕另外兩個人。柯爾也說了類似的話，暗指亨利才是掌握大權的人。

「我覺得他們很可能要殺了我。」三名綁架犯在另一個房間討論。「接著韋恩進來房間，告訴我他們打算放我走，他說如果我敢洩露半點風聲，我就玩完了。」柯爾送他回家。李丁格不僅什麼都沒說，還繼續拜訪柯爾的公寓。「那事情發生之後，我還是繼續拜訪狄恩的家，大概十五次，為了告訴他們我不會告訴任何人發生了什麼事。」他最後一次見到柯爾是在帕薩迪納的房子。柯爾殺了這麼多人卻放走李丁格，原因至今依然成謎。

記錄亨利和布魯克斯陳述的警探，出席大陪審團聽證會作證，執行調查和監督開挖的警探也出席作證。聽證會開了六小時，大陪審團在公訴書上簽署了准予起訴。亨利最初被起訴三起凶殺：比利・勞倫斯、查爾斯・考伯、馬蒂・瓊斯。布魯克斯被起訴殺害比利・勞倫斯。殺害狄恩・柯爾則被視為正當防衛，因此不會再進一步採取行動。

十天後，強尼・德洛梅也被列為亨利的受害者，布魯克斯則被起訴殺害詹姆士・格拉斯（James Glass）、魯本・華生・海尼、強尼・德洛梅。九月七日一則新聞報導寫到，法蘭克・艾吉雷和霍莫・賈西亞也是亨利的受害者。

大陪審團採取另一步，傳喚好幾位員警回答問題，再發出聲明譴責當地警方失責，疏於處理休士頓高地通報的多起失蹤案。大陪審團批評哈里斯郡地方檢察官卡洛・凡斯和局長赫曼・蕭特（Herman Short）。大陪審團指出，這兩人「缺乏專業推理想像力、辦事不夠徹底、協調不足」。

此外，警方太早停止挖掘，地方檢察官沒有派足夠的人手負責。警探等太久才記錄記憶中的口頭證詞，有時候要等到陪審團要求才會抄錄他們自己的筆記。大陪審團說：「要直到很後期，我們才成功引起地方檢察官辦公室和警察局的興趣，讓他們願意追緝不同報告記載的多條線索。」

事後回想，他們正確無誤。不論是恢復那間船隻倉庫的地板，還是高島的沙，都太過倉促。就算亨利堅持還有另一具屍體，警方還是沒有徹底搜查那片海灘。至於那個可能存在的性販運集團，調查也是有一搭、沒一搭。最好的狀況也就是，大陪審團只有部分畫面可以參考，但他們對此非常不滿。

凡斯和蕭特駁斥市民責罵他們無知，甚至「愚蠢」。凡斯說，大陪審團不讓父母承擔自己兒子行為造成的責任，反而錯怪警方，並「讓警方為這些問題負責」，並抱怨大陪審團的「社運人士」市民不知道協調「大量工作」有多麼困難。凡斯任職該辦公室以來，初次指派一名檢察官全心調查該案。此外，他還主張青少年的問題，比起大陪審團認為的還要更加複雜。

代表布魯克斯的律師泰德・穆斯克（Ted Musick）以及代表亨利的查爾斯・梅爾德和艾得・佩格洛，打算為客戶取得保釋，但兩方都失敗了。法官威廉・M・哈藤（William M. Hatten）指派郡首席精神科醫生本・謝爾（Ben Sher）帶領精神科團隊進行評估。穆斯克也聘雇精神科醫生小艾克斯特・F・貝爾（Exter F. Bell Jr.）和布萊恩・麥克勞林（Blaine McLaughlin），以及心理學家傑克・崔克特（Jack Tractir）和維克多・陳（Victor Chen）。

梅爾德拒絕讓謝爾醫生團隊詢問他的客戶，但後來改變了主意。梅爾德宣布他會提出精神障礙辯護，想要審判留在休士頓進行，休士頓的陪審團也絕對夠聰明，可以理解精神病學證詞。

梅爾德說：「那男孩（亨利）需要醫療照護……他的腦筋不大正常。」相較之下，穆斯克告訴一名記者：「如果我的客戶（布魯克斯）神智清醒的話，那我會申請變更審判地點。」還說地方檢察官辦公室也同意，因為休士頓的媒體報導可能會阻礙任何公平的審判。凡斯告訴亨利的第三名律師威爾．葛瑞（Will Gray）他會支持更改地點。

那年，德州的精神障礙法改變了，原本是過時的一八四三年大不列顛馬克諾頓法則（M'Naghten），僅僅只依賴被告的認知能力是否可以分辨自身行為的對錯。美國法學會擴張了該法則，新增概念如下：被告因「精神疾病或心智缺陷」而缺乏「足夠能力」抗拒，因此犯下了罪行。換句話說，他們或許知道某個行為是錯的，但他們無法控制自己的行為。這套標準涵蓋更廣泛的行為。

由於死亡威脅源源不絕湧入地方檢察官辦公室，法院為傳訊，還加強了安全措施。一則報導寫道：「法庭裡安排了十名法警，另外安排了六名在外面走廊。法庭門上的防彈玻璃用紙遮住了。」

亨利穿著白色T恤、牛仔褲、靴子走進法庭，稀稀疏疏的山羊鬍、偏長的頭髮。犯罪作家約翰．葛威爾說，亨利帶著一本聖經（亨利駁斥這個說法），形容他的步伐「輕快」。布魯克斯一頭金色長髮，穿白色T恤、網球鞋、長褲，看起來悶悶不樂，有點失落。兩位被告聽完指控，聲稱自己無罪。審判日期也定好了。場面沒有發生任何暴力。失蹤兒童、受害兒童的父母動員起來，討論由於執法單位缺乏回應，才促使柯爾可以連續三年大肆殺害兒童。這些父母在休士頓高地西十四街（West Fourteenth Street）的浸信會教會舉行群眾集會，要求地方政府和州政府官員負起責任。

令人擔憂的是，屍體搜尋宣告結束了。謠傳受害人數一達二十七名，休士頓官員就喊停，不想要「世界首殺之都」有更多負面報導。有些家庭聽到停止挖掘的原因是，亨利和布魯克斯沒辦法記起更多墳墓位址，但亨利說馬克．史考特的屍體還在高島上，法醫喬瑟夫．亞希姆齊克駁斥亨利的說法。調查員一口氣把所有事件丟在亨利頭上，讓大家以為亨利埋了太多人，要想起來實在太困惑了。

兩位共犯都不知道柯爾究竟殺了多少人，因為他們仰賴的也都是柯爾說的話。布魯克斯認為魯本．華生．海尼被埋在海灘，但海尼的遺骸在那間船隻倉庫被挖到。本案，亞希姆齊克堅持自己的鑑定無誤（後來發現好幾位受害者的身分都錯了）。

大陪審團的訓誡，日後會證明正確無誤。自尊太高、差勁的假設、偏見滿滿、缺乏專業，導致數次身分識別出錯。獨立調查員花了好幾年才改正某些錯誤紀錄，更多受害者家庭因此更加心痛。

加爾維斯敦市官員試圖阻止更多大範圍搜索的計畫。多位目擊證人現身，說自己看到一臺白色廂型車，還看到形似被告的一群人運送、掩埋東西。一份報告日期標示二月或三月，另一份報告標示為六月。儘管如此，柯爾自己在二月也用了另一個地點，到了六月，柯爾凶殺小組使用薩姆雷本水庫附近的樹林或那間船隻倉庫來埋屍體。理應是目擊證詞的紀錄，不是錯了，就是與案情無關。

為回應這些批評，加爾維斯敦警方和休士頓警探集結了一群模範囚犯和志工到海灘挖掘更多洞，挖了四個小時才放棄。儘管如此，應該要挖到更多屍體的感覺依然存在。在一個兩具受害者屍體完整的洞裡，發現了好幾根不屬於他們的骨頭，這些骨頭是**別人**的。此外，布魯克斯描述的好幾位受害者，都還沒有找到。

在休士頓，警察接獲一名女性說一九六五年看到柯爾下班後在挖東西，於是搜查西二十二街（West Twenty-Second Street）前柯爾糖果公司附近的區域，結果什麼都沒找到。瑪麗．魏斯特公開抨擊警方，說他的兒子是在埋壞掉的糖果，僅此而已。

到了十月中，新聞報導受害者中有二十五名身分已經確認，大多都在圍觀的群眾和記者瘋狂拍照之下，家人替他們安葬。

因為主要獵食者死亡，眾人都在關注這兩名共犯。沒有認罪協商。凡斯知道大眾想要看到審判。這些凶殺的細節，尤其是動機，都必須公諸於世。後來凡斯寫到，他偏好單次就解決的合併審判，讓家長免受兩次考驗，但他也知道被告有權利要求分別審理。凡斯說：「我們決定先審理亨利。」凡斯指派助理地方檢察官唐・蘭布萊特坐在副手，蘭布萊特做好了最多研究和準備。

律師威爾・葛瑞表達亨利希望可以延期審理，讓媒體報導可以平息，不想要換審理地點，只想要延後開庭日期，直到能湊齊公正的陪審員為止。凡斯寫道：「我問自己，那得等上幾年呀。」為了受害者家屬，凡斯想要審理盡快開始，其實也是為了休士頓。

排了一場聽證會，打算不讓亨利自白。把亨利的首席律師查爾斯・梅爾德擠下領導位置之後，威爾・葛瑞和艾得・佩格洛計劃讓亨利出庭作證。梅爾德認為這是個錯誤的策略，但現在由葛瑞主導了。葛瑞根本不想要提出精神障礙辯護。他是一位相當成功的上訴律師，認為自己可以上訴成功，於是說服亨利接受他的提議。

亨利回憶道：「關於如何辯護我的討論，我的記憶涵蓋了三位律師。我和艾得・佩格洛聊得最多。我的理解是，梅爾德除了精神障礙沒有其他辯護方式。艾得認為那時德州對於精神障礙的法律定義不利於我的案件。」亨利覺得自己沒有多大機率會被判定精神錯亂，他同意佩格洛的說法，認為自己成了柯爾罪行的代罪羔羊，就連凡斯都承認亨利殺了柯爾是大眾服務。但是葛瑞威脅，假使梅爾德擋路，就要退出這案子。

梅爾德向媒體發洩不滿，告訴記者亨利的家庭律師山姆・普洛特金（Sam Plotkin）

於一九七三年八月十一日，早在另外兩位律師之前就請他接下此案，是他邀請兩位律師加入的。他相信葛瑞的計畫會引起媒體爭相報導，強迫改變審判地點，但他堅持不要換地點。

亨利的審判安排在一九七四年一月，地點在休士頓法官威廉・哈藤的第一七六地方法院，兩個月之後布魯克斯才會接受審理。法庭座位被分成新聞媒體代表、律師、法律觀察員、一般大眾，其中五十個座位保留給受害者家屬。

媒體代表之中，有一位名人楚門・卡波提[9]（Truman Capote）。凶殺審判時看到作家混在記者之中並不特別，但卡波提確實是代表其中一家媒體出席，雖然他也有自己的算盤。

定調

卡波提最出名的是畢生傑作《冷血》（*In Cold Blood*）運用創新的「非虛構小說」文學形式，栩栩如生重構一九五九年堪薩斯州霍爾科姆市（Holcomb, Kansas）赫伯・克拉

9 譯註：電影《第凡內早餐》原著作家。

特（Herb Clutter）一家四口冷血滅門案。卡波提詳盡刻畫兩位窩囊殺手，培禮．史密斯（Perry Smith）和狄克．希柯克（Dick Hickock），且特別聚焦史密斯。

《冷血》於一九六六年出版，成為全球暢銷書，卡波提變得家喻戶曉，還成為電視脫口秀節目固定班底。一九六七年，《冷血》改拍成電影，一樣廣受好評。幕後，卡波提扮演要角。不論他決定接下來要寫什麼，都有很多很高的期望要達成。

卡波提接了好幾個研究計畫調查其他罪犯，其中還訪問了查爾斯．曼森（Charles Manson）主要共犯鮑比．薄索列（Bobby Beausoleil）。儘管如此，《冷血》證明了是難以超越的傑作。

卡波提專家莎莉．凱格洛維茨（Sally Keglovits）為卡波提因該書獲得了重要社會地位，提供一些情境。凱格洛維茨說：「可能沒有比一九六六年他的黑白舞會更好的例子了。那是一場盛大的派對，在紐約市的廣場飯店（Plaza Hotel）舉辦，派對主賓是凱瑟琳．葛蘭姆（Katharine Graham），葛蘭姆負責出版《華盛頓郵報》（*Washington Post*）和《新聞周刊》（*Newsweek*）。卡波提稱霸全場，派對登上全國各大報頭條。邀請卡是鎮上最炙手可熱的門票。就連《休士頓紀事報》（*Houston Chronicle*）幾經衡量寫下頭版頭條：『十年難得一見卡波提舞會眾星雲集』（Splendor Runs Over at Capote Ball of Decade）。」

這種輝煌成功是有代價的。「為了贏過上一回成功，卡波提自己也承認，遭遇了作家瓶頸，無法寫出富含內容的作品。隨著他和環遊世界享受生活的富豪相處時間變長，他留給文學志業的時間就日益減少。」他放任酒精和毒品主導他的人生。他和《滾石》雜誌（Rolling Stone）合作了一次，跟著滾石合唱團（Rolling Stones）跑遍北美巡迴演唱會，但他只寫了短短短幾頁而已。放著正事不做，他反倒專心搜集之前出版過的短篇故事，想要出一本合集。

休士頓大謀殺爆發一週後，八月十六日，《倡導》（*The Advocate*，全美發行的同性戀雜誌，發行量高達四萬本）的新聞編輯，邀請卡波提為這情況寫一篇短論。新聞編輯期望下一期要全面報導該案，認為卡波提在堪薩斯州撰寫《冷血》的經驗「成了我們想要問問看您觀點的主因」。沒有紀錄說卡波提回應了，那文章也從來沒有刊登。

隨著休士頓大謀殺逐漸成為轟動全國的新聞故事，卡波提的經紀人約翰．奧謝（John O'Shea）安排了一個協議。凱格洛維茨說：「奧謝成了經紀人之後的第一個重要行動就是跟《華盛頓郵報》協議，讓卡波提報導小埃爾莫．韋恩．亨利的凶殺案審判。合約金相當高：每週一萬美元，其他開銷額外支付。」

卡波提接受了。他很好奇死傷如此慘重的凶殺集團怎麼有辦法成立。根據《華盛頓郵報》一九七三年十二月十六日的備忘錄寫到：「極富戲劇張力與社會學重要性的審判在德州休士頓展開」，一九七四年一月十四日報導寫到：「美國史上最大規模的連續殺人案」。

備忘錄重新計算了一次受害者數量，期待卡波提之後為報導的貢獻。「使用大標題『休士頓日記』（Houston Diary），楚門．卡波提身為美國數一數二的傑出作家和凶殺心理權威……會每日報導亨利的審判。」卡波提會「結合更廣闊的地景風貌——處理環繞著這起歷史大案的氣候、城市、迷人配角、旁支與主線。」卡波提形容這回規模龐大的報導為「二十世紀版本的《美國的悲劇》（*An American Tragedy*）」。換句話說，他希望創作出另一本文學傑作。

西奧多．德萊賽（Theodore Dreiser）一九二五年的小說《美國的悲劇》，以一九〇六年契斯特．吉列（Chester Gillette）真實案件為底，小說把男主角改名克萊德．格里菲斯（Clyde Griffiths）。

吉列雙親因宗教信仰放棄自己的財富，加入救世軍（Salvation Army）。吉列的童年都在四處旅行。隨著年紀漸長，吉列還是一樣漂泊無根。在裙子工廠工作，吉列引誘了葛雷絲．伯朗（Grace Brown），還讓葛雷絲懷孕。葛雷絲施壓要吉列結婚，但吉列還不想定下來。

佯裝浪漫，吉列安排了紐約上州小旅行。划著小船，吉列用網球拍重擊伯朗，丟到水裡淹死。吉列逃離現場，但很快就被逮捕了。他的辯護律師團聲稱，伯朗是因為自己的處境而自殺。不過，吉列改口好幾次事發經過，也無法說明伯朗身上的傷。吉列的說詞缺乏可信度，陪審團判他有罪——死刑。一九〇八年三月三十日，處決。

小說的「悲劇」在於主角的軟弱和道德窩囊，導致了他的毀滅。

我們不清楚為何卡波提把這本小說，和他對柯爾案的期待相提並論。承諾《華盛頓郵報》一個道德寓意深長的故事，似乎是挖坑讓自己跳。這是遠大的點子，但他很快就發現光是要找到狄恩．柯爾的資訊有多麼困難，更別說把狄恩重塑成一個悲劇角色，還要指涉美國文化或特徵。布魯克斯和亨利都還太小，不能當成美國象徵。

一九七三年十一月，卡波提資料夾的一張筆記寫到，亨利的律師查爾斯．梅爾德說要為休士頓法律界引介卡波提——是可以近距離觀察該案不可多得的好機會。梅爾德或許可以幫他爭取到亨利的獨家專訪，但是卡波提顯然忽視了這份好意，儘管他的名字也沒有辦法替他開啟其他機會。

此外，這次卡波提沒有哈波．李（Harper Lee）幫他鋪路，不像當初哈波在堪薩斯州幫他鋪得一條好路那樣。一篇新聞報導寫到卡波提有警方聯繫，但是他留下的筆記都沒有提及他有和關鍵警探聊過，這些警探也沒人告訴記者自己遇到了知名作家。他搜集到的資料非常少，無法為他想要講述的宏大故事打底，但是他有稿件要交，死線近在眼前。他還有一個機會，但似乎一直忽略那個機會。

卡波提（或奧謝）對《華盛頓郵報》的承諾是，他已經計劃好，要用日記格式撰寫「同性戀血腥狂歡」。卡波提說：「我視那場審判為起點。為了真正完整講述這離奇文化——在德州和美國西南部，一路到加州——毫無目的的漫遊、連根拔起四處移動的生活：七哩長的拖車停車場、摩托車、露營車、沒有地址甚至沒有姓氏的人們。」卡波提似乎認為，受害者家屬厭倦了兒子跑去游泳或看電影，然後搞失蹤。

一篇報導寫到，卡波提見了好幾位受害者家屬（但卡波提依然沒有留下任何筆記，家屬也沒有提供任何紀錄），但似乎沒有理解家屬的絕望，也不明白家屬付出多少心力想要找回失蹤的兒子。根本就沒有人對此感到厭倦。

布魯克斯回絕了所有採訪，亨利照理來說要對媒體更加謹慎。現在他不像以前那樣口無遮攔，但是不論律師要他和誰說話，他都樂意侃侃而談。很可能，葛瑞並不想要卡波提接近亨利，因為葛瑞有自己的計畫：做個文學交易，補貼律師費用。即使亨利的父親宣稱，一家紐約出版社開高價購買亨利的故事，這也超出了亨利的掌控範圍。亨利不記得有告訴葛瑞這個提案，也不大相信這個主張。

「我告訴我爸爸，如果他只想要靠我賺錢，就永遠不要回來。」

亨利說，卡波提從來沒有聯絡他，也沒有聯絡他認識的任何人。儘管卡波提願景美好，但似乎缺少實踐的動力。就算如此，卡波提等待審判時，還是做了嘗試。紐約公共圖書館的卡波提檔案筆記沒有標示日期，但可以從其他不同來源拼湊出他的參與。

卡波提替《華盛頓郵報》寫到：「也許任何地方都會發生這起案件，但事實上二十七名小男孩，極可能還有更多人，可以就這樣消失得無影無蹤，沒有激起一絲絲漣漪，就我看來似乎是這時期、這國家獨有的事。事情究竟是如何發生？又為何發生？我的論點是凶殺沒有謎團——這是我報導本案的其中一個原因——脫去本案的神祕面紗。第二個原因是：最近全國民調顯示，超過一半的美國民眾對國家抱有不安的情緒，認為是受到一些四處蔓延、無法定義的嚴重不適所影響。或許是真的；假使果真如此，那麼休士頓一案可能是強烈症狀。不管如何，我都覺得值得探索。」

在休士頓，卡波提把當地有關本案的報紙報導都剪了下來，不只用紅筆標記，還畫線加註，多為早期報導。沒有一個報導真正的審判，就連審前準備也沒有報導。卡波提的檔案中，有布魯克斯和亨利的照片、自白內容、受害者及其家屬的描述內容，以及警方如何例行處理逃家調查的說明文字。

一篇文章報導了比利．李丁格講述自己差點在柯爾的舒勒街公寓被殺一事。另一篇報導，梅爾德打算提出精神障礙辯護。亨利的家庭牧師，從亨利家附近的衛理公會教會去探監，牧師向記者透露亨利品行良好（儘管他告訴亨利他不會再來探監了）。老師都說亨利是好學生，家庭的經濟壓力太大，根本不是小孩子承擔得起，他單純因為壓力太大而精神失常。

大衛・布魯克斯的母親瑪麗・錢德勒（Mary Chandler）向媒體坦承，他雖然很愛兒子，但不會縱容兒子的所作所為。一位記者說，奧爾頓・布魯克斯躲起來避風頭了。柯爾的父親和弟弟拒絕發表任何言論，一篇文章記錄更多柯爾的工作夥伴拒絕發言，主張「或許永遠都不可能瞭解柯爾本人及其動機了」。

關於柯爾的多數評論，就連警方得到的也都是簡短、表面、正向，大致上整體印象就是個好人。柯爾媽媽告訴任何願意聽的人，那些共犯把柯爾當作替罪羔羊，那些事都是共犯自己做的。卡波提也搜集了一些關於警方調查失敗的意見，彷彿要從這個角度更加深入挖掘。

從這些留下的筆記可以發現，卡波提似乎有個主意，也有了主題，但沒有辦法像他當初調查堪薩斯州克拉特家殺手一樣，深入挖掘柯爾案。卡波提似乎錯失了一個故事，也是一個至今依然值得提出的問題：像柯爾一樣的「好」人，為何可以在家裡附近做出各種虐待卻無人懷疑。又或者，卡波提的「休士頓日記」真的可以達到《冷血》成就，刻畫出動盪的一九七〇年代，把走失兒童當成離家出走有多麼容易。這也可能成了蓋西案的前兆，兩案只差了短短幾年。

卡波提可能調查了布魯克斯和亨利都提過的，在達拉斯營運的男孩人口販運集團。在這案子爆發出來之前，如果說同性戀在德州處境艱困的話，爆發之後情境只是益發糟糕，因為民眾錯把同性戀和戀童癖混為一談，認為每個同性戀都是戀童癖。卡波提希望導正這個誤解，但他從來沒有親自去觀察。

卡波提的老朋友《村聲》（*Village Voice*）作家亞瑟．貝爾（Arthur Bell）就這麼做了，他還主動說要給卡波提他的筆記。在休士頓大謀殺案被揭露之後，貝爾去到那個「底層中產階級白人鄉巴佬區」待上三週。他的報導在卡波提的檔案裡，詳細說明他在休士頓高地的發現：「德州版本的《最後一場電影》（*The Last Picture Show*）。」

貝爾說這起凶殺案對當地同志造成壓力，受害者家長同聲譴責色情刊物、同志酒吧和「打扮得像女人的男人」。但是據說，柯爾家中沒有找到任何色情刊物，柯爾也沒有變裝嗜好，一名熟人說柯爾討厭同志酒吧。貝爾描述自己遇到一名持槍男子，是如何被威脅，又被命令滾出這裡。

「別人跟我說，這並不稀奇。」貝爾說因為凶殺案，同志都裝得很嚇人。貝爾對於凶殺案的解讀是，這暴力源自無聊、壓抑、停滯。貝爾也一樣，從來沒有和布魯克斯或亨利聊過，也沒有和他們認識的任何人聊過。

就像其他人，貝爾寫到關於柯爾的報導一律都正向積極，柯爾是「老好人」、「行善的人」、「鄰里間最喜愛的男人」。另外還發現柯爾幫了個忙，把親朋好友的物品儲放在他的船隻倉庫裡，只是物品下方就是正在分解的男孩屍體，那些被柯爾強暴殺害的男孩。此一發現，證實了柯爾過著雙重生活。民眾懷疑還有更多受害者，只是亨利和布魯克斯不知道而已，於是提出「只有一位死去的男人才能答覆的問題」。貝爾也訪問了幾位家屬，替《君子雜誌》（*Esquire*）寫了一篇報導。

卡波提的檔案裡還有幾張未標日期、充滿手寫字的紙，題為「休士頓日記」，開頭寫著柯爾的地址：拉瑪爾街二〇二〇號。看起來卡波提至少拜訪過街坊鄰居，做了一些觀察。他從來沒有走進命案發生的房子。經楚門．卡波提文學公益信託（Truman Capote Literary Trust）同意，內文如下：

> 德克薩斯州的帕沙第納，空氣中瀰漫著硫磺和化學氣味，可不能和加州的帕沙第納搞混了，加州的帕沙第納可是明亮光線和玫瑰草坪的堡壘。德州的帕沙第納雖是大休士頓（Greater Houston）的一部分，但自成一格，儘管不是特別破舊，但底層中下階級、中產階級形成帕沙第納景色的一部分，骯髒的車庫、沿著潮濕沒有遮蔭街道生長的堅忍小植物也逐漸枯萎、東德州陽光下五房的木造房子牆上油漆一片片剝落，都不是什麼會讓靈魂飛昇的範例。

拉瑪爾街簡直就是典型的帕沙第納住宅區。為了找到那條街，我詢問一輛巡邏警車地址——有點猶疑，因為帕沙第納警方就如同德州多數警方人員，出了名的脾氣有些暴躁、過於熱情。但這位開車的年輕警官是助人的楷模——研讀完街道指南，他對於如何找到拉瑪爾街二〇二〇號的說明再清楚不過了。令人驚訝的是，他沒有認出那個地址。畢竟，這可是拉瑪爾街二〇二〇號，僅僅在六個月前，美國近代史上規模最大凶殺案最終場景上演的地方。

這是一幢簡陋的木造小房子，旁邊新增一個車庫，只能停一臺車，房子漆成深草綠色，門窗的框都是橄欖綠。隔壁的房子幾乎一模一樣；說實話，這條住滿了人的街上所有房子都可以互換——顏色各不相同，但灰白色是主調；大家挑選戶外裝飾雕像的品味也一樣——這裡一尊花園小矮人，那裡一尊紅鶴。當然啦，沒有什麼十分不祥的東西籠罩在空中，或許除了河口的濕氣。只不過，平凡無奇的景緻、小孩在坑坑疤疤的路面溜著冰、騎著單車，挽起袖子的男人倚在一臺車上圍著聽籃球廣播，滿頭捲髮器的家庭主婦穿著破爛褲子熙熙攘攘走過，看起來頭重腳輕。這些平凡本身就是不祥。這些群居在一起的人，就算在自己家中，也離附近的房子很近，他們竟然沒聽到也沒看見二〇二〇號的那些嚷嚷、槍聲、屍體運送？怎麼可能呢？難以想像。

不幸的是，他沒有再寫下去了。很可能卡波提參加了亨利的排除證據聽審。他待在休士頓認識的有錢夫婦家，沒有待在聖安東尼奧（San Antonio），也就是審判的地點（也不是待在梅爾德說要幫忙安排的那間休士頓飯店）。

一篇報導描述他在開庭第一天坐在其他記者中間，穿著白色襯衫、領結、V領開襟衫。除了去柯爾家，他沒有做什麼功課。守衛帶亨利進法庭時，卡波提盯著這名纖瘦的孩子幾分鐘，然後起身離開。據傳，他說：「我以前也看過這個場景。」卡波提傳記作家傑拉德．克拉克（Gerald Clarke）認為，他是在說他和希柯克、史密斯的經驗。

克拉克寫到，卡波提的寫作方法不大適合每天都要交稿的新聞報紙。他的寫作方法是觀察反思風格，需要時間熟成。相較之下，《華盛頓郵報》需求急切。克拉克說，卡波提「會接受工作，只因為約翰（奧謝）強迫他。他想像中的宏大報導沒辦法分成小篇小篇；需要像《冷血》一樣大的篇幅才行。專案註定失敗，楚門肯定早就知道了。」

卡波提的藍登書屋（Random House）編輯向《華盛頓郵報》傳達了這則壞消息。不會有來自休士頓的深刻見解，至少美國首屈一指的真實犯罪作家沒有，因為卡波提人不舒服。

他確實病了。卡波提開到加州棕櫚泉（Palm Springs），因治療呼吸道疾病入院。他把筆記和文章裝進箱子裡，放在新墨西哥州聖塔非（Santa Fe, New Mexico）租來的房子裡。屋主最後找到了盒子，現在盒子長住紐約公共圖書館。

要特別說明，四年後，一九七八年芝加哥爆發約翰・韋恩・蓋西案時，卡波提打算做類似的事，但就只是又多了一個未完成的調查專案。卡波提已經站上作家的巔峰。如果他身體健康，而且全心投入這些故事，說不定他可以追到那個在兩起案件中都插上一腳的性販運集團。

開庭準備

凡斯的回憶錄中，記載了他如何處理亨利一案，只是篇幅不長。內容有多處與事實不符，可能因為凡斯不是主要調查人員。新聞文章、法律文件、亨利的回憶，填補了這些空白。布魯克斯對自己的經驗不予置評，但布魯克斯案的上訴文件記載了律師的策略（那時布魯克斯已經換了律師）。

首先是亨利的聽證會，要壓下八月九日他對警方做的陳述，因為那是警方程序違規在先。八月九日陳述還包含他說自己殺人的證詞，沒有這份陳述，檢方沒有任何其他證據可以判定亨利犯下凶殺罪。沒有實體證據直接證明亨利有罪，而且亨利可以說，是柯爾給他看那些墳墓在哪裡。葛瑞還是希望可以延期審理。一九七三年十二月，哈藤法官開始審前聽證會。

一九七四年一月二十四日，亨利出庭作證，說自己害怕性命不保才殺狄恩．柯爾，就如同逮捕時他跟警方說的過程。亨利否認警方作證說他有被告知權利。如果亨利在這點上獲勝，那他的權利就受到了侵犯，這些陳述也都不得當作證物。

回想當初發生了什麼事，亨利道：「他們找了一位基層司法官員來，官員說：『我下來到大廳，他們從拘留室一起拉出三人，就直接在走廊，在那個大廳，我告知了他們權利。』但被逮捕之後，我就再也沒有和朗達待在同一個空間。我們沒有在走廊。他說我知道（那些權利）也承認了。但那只是謊言。」

儘管他已經心煩意亂，又太亢奮（因為嗑了不同物質），亨利還是堅持他沒有簽任何權利告知書。「威爾．葛瑞相信我。他問（那位基層司法官員）：『既然你記得，那他當時穿了什麼？』（那位基層司法官員）說我穿了牛仔褲和襯衫。但我被逮捕時，我穿了牛仔褲，沒有襯衫。」

朗達．威廉斯同樣說到，他不記得有任何官員告知權利，也沒有叫他在紙上簽名。他坦承之前有過一次經驗，而就他記憶所及，那天沒有人告知他權利，他證實了亨利的說法。克利卻說，他有簽那份文件。

亨利還坦承了對他不利的事。他說自己喪失了一些記憶、昏了過去、看到幻覺，沒辦法完全想起八月八日和接下來幾天的所有事件。亨利說，那晚他和克利一直在喝啤酒和白威士忌，抽了大麻，還吸了壓克力顏料。柯爾解開了亨利的手銬，亨利又嗨了。

凡斯逼著亨利說更多細節，很可能要向法官展示，起訴亨利，完全合理。被問到是否剪了朗達的衣服，亨利回答：「沒錯，我是剪了。他叫我做的。」他說他想不起來射殺柯爾的畫面，雖然他知道自己有扣扳機。他否認自己帶克利到柯爾家，是為了讓柯爾性侵。「有朗達在，應該可以避免那種事發生。」

此外，柯爾一直在床上睡覺，沒有和他們一起混。凡斯問亨利有沒有跟柯爾說會殺了克利和威廉斯，亨利回答：「可能有吧，或許還答應要給他一百萬美元和半個德州。我太超過了，我甚至覺得他可能會殺了我。」

亨利承認自己不記得有跟警探說埋屍體的那間船隻倉庫，但確實記得警探一直拒絕自己請律師或媽媽在場的權利。他提出要求，要媽媽的律師到場，但是警探宣稱亨利想替媽媽省錢（矛盾的是，葛威爾引用了薩姆雷本水庫附近警察局一位員警的話，員警回想起亨利在八月九日和媽媽通電話，提醒媽媽要幫他聘律師）。

紀錄顯示，亨利要求馬里肯當他的律師，馬里肯說他不能這麼做。由此可見，亨利確實知道自己需要一位律師。

亨利確認宣誓書和自白書上，以及另一份顯示有被告知權利的文件上，都是他的親筆簽名。他知道克利說過他見了一位基層司法官員，但事後回想，亨利說到：「這是朗達和提姆兩人都撒的謊。其實，朗達沒說謊；他只是說他不記得。後來，提姆有向我媽媽道歉。」

他推測道歉的原因是，當初警察威脅如果克利不出庭作證，就要起訴他犯下毒品重罪，為了避開起訴，克利迫於壓力不得不說謊。

亨利承認每天都喝酒、抽大麻，有時候一整天都在喝酒、抽大麻，似乎多數時間都很亢奮。馬里肯甚至作證說，他認為亨利那時可能崩潰了。他利用了亨利的混亂與不舒服叫他說出一切知道的事，這樣才會感覺好一點。

這差點就要違反憲法威逼當事人了，警方趁亨利正脆弱的時候催促亨利講話，雖然執法確實允許這麼做。儘管如此，亨利另外還說警方威脅，要把他移送到休士頓警察局「拷問」、測謊。他嚇壞了。律師團認為這個策略已經侵害了亨利的權利。

法院難以判定權利知情書上的簽名是否為亨利親筆，還是造假。法官顯然決定，亨利那段時間的記憶實在太糟，很可能已經簽名了，只是不記得。法官判定警方沒有強迫亨利。這段歸罪陳述還留在證據裡。這項決定對亨利律師團是個重擊。

儘管亨利已經被告誡要小心自己的脾氣，他承認自己還是在檢察官訊問時發脾氣。凡斯利用亨利當初向海軍撒謊說自己沒吸毒，來說明亨利是個騙子，只想讓情況對自己有利。「卡洛・凡斯讓我很生氣。有人輕視我總是令我很不爽。要是你輕視我，那不如就直接拿根樹枝戳我眼睛好了。我真的會很不爽。我就會挺起小小的胸膛。你不能那樣輕視我。我不喜歡他譁眾取寵地作秀。」

因為擔心地方過多關注，哈藤法官決定延遲審判，七月再開庭，並且轉給貝克薩郡（Bexar County）聖安東尼奧法官普雷斯頓・戴爾（Preston Dial）。梅爾德對此十分沮喪，一月底離開了亨利的律師團隊，再也沒人提起精神障礙辯護了。換地方審判，葛瑞很滿意，但他還想要延期更久。

儘管這回合輸了，沒能壓下亨利的陳述書，不過葛瑞相信最終會獲勝。

一九七四年五月，老埃爾莫・韋恩・亨利被帶到哈里斯郡監獄，也就是他兒子被拘留的地方。可能有人好奇老埃爾莫是否如謠言一般愛施虐，他會被逮捕是因為企圖謀殺岳父，還因為加重攻擊第二任前妻艾瑪（Emma），威脅要取其性命。岳父A・A・帕爾默（A. A. Palmer）主張老埃爾莫・亨利朝他開了三槍，意圖殺人。老亨利還在法院毆打了一名攝影師。

那年五月，小韋恩・亨利就要滿十八歲了，知道自己要服的刑期會變長。他獲得從寬量刑的唯一希望，就握在法律團隊的手中。威爾・葛瑞向亨利保證，不論一審結果為何，他發現的法律錯誤肯定能有二審。葛瑞不會有任何辯護。他覺得完全不需要辯護。

因此，沒人會談論亨利遇見柯爾之前，是一位什麼樣的人；沒人會確認亨利殺了柯爾，阻止了一連串的凶殺；沒人會說亨利保護了兩位年輕人，救了他們一命。亨利正好就在靶心上，一人承擔受害者家屬能發洩的所有憤怒和痛苦。

明明柯爾是主謀，布魯克斯跟在柯爾身邊的時間更長，但布魯克斯講的歸罪細節卻遠遠少於亨利。布魯克斯只會被審判比利．勞倫斯的凶殺，因為警方只能證明這一案，相較之下，亨利則被起訴了六起凶殺：法蘭克．艾吉雷、強尼．德洛梅、馬丁．瓊斯、比利．勞倫斯、霍莫．賈西亞、查爾斯．考伯。選出這些案件的標準是，亨利提到自己有涉入這幾起凶殺，一名家長可以出庭作證身分無誤。主要證據是亨利的陳述，還有在警車、不同埋葬地向警探做的單方面陳述。據這些警探所言，亨利頗為健談。

葛瑞打算把審判轉出聖安東尼奧，主張審前聽證的曝光度還是太密集了。戴爾法官說，如果很難安排陪審團的話，會考慮移動地點。

陪審團選拔會在一九七四年七月一日開始。葛瑞再次抗議法院使用亨利承認罪行的自白做證據，說亨利沒有被告知權利，也沒有獲得見媽媽、律師的機會。葛瑞沒有贏。雖然亨利已經十七歲了，但考量大部分時間都是未成年，德州法律允許他在法律中自行決定。這是灰色地帶。

布魯克斯可能接受協商出庭指證亨利，但此策一出，布魯克斯和他所知道的一切都會成為亨利律師團的公平遊戲，沒有檢察官願意冒這個險。凡斯相信他們的案件證據有力，不需要布魯克斯。

不到一週，陪審團就挑好了。從一百二十四位候選人中，挑了十二名陪審員。這十二名陪審員男女各半。遠從瑞典、日本來的記者，和來旁聽的中年女性，在塞滿了人的法庭裡搶座位。雖然媒體插畫家被允許留在主要法庭，但還是有大概八十五名記者要移到另一個空間。

亨利的後面坐著克莉絲汀・韋德和另外三位孫子（亨利覺得他們根本不該出席）。瑪麗（因為是潛在證人所以不得出席）待在庭外長椅，告訴媒體他兒子是無辜的。

亨利主張：「無罪。」再走到律師旁邊坐下。

凡斯寫到：「那兩個字就是陪審團全程能聽到他開口說的話了。」

這是照律師的建議做了。後來想想，亨利會想要親自出庭作證，甚至想要把握機會為自己說話。有些記者把他的表現寫得很冷漠。那時亨利已經在服用抗焦慮藥物了，話比平常少，看起來也不大開心。

亨利說：「吃藥是因為幽閉恐懼症。藥是苯巴比妥（phenobarbital）和顛茄（belladonna）。我獨自一人待在牢房裡。我需要吃藥。」此外，葛瑞也下了指導棋，要他保持沉默。「我不應該有任何反應。不要盯著陪審團，不要皺眉，不要笑。據說，我的眼神像殺手。我被叮囑在陪審團魚貫走出法庭去討論時，要看向他們。有人跟我說，不能盯著他們看，也不能和陪審團對上眼。」亨利想要做筆記，但沒辦法。「我被禁止拿紙和筆。律師說什麼，我就做什麼。」

這是凡斯漫長職涯的最後一個案件了，現在要做開場陳述，為法官和陪審團說明他的案件。「我們用地圖、放大的照片、自白、長時間的屍體搜查、屍箱、虐待板、帕沙第納房子的圖，以及船隻倉庫、水庫區、高島沙灘的現場照。當然還有小朋友被殺當下穿的衣飾。」凡斯也提供了牙醫和法醫的證詞，把這案子定調成「美國史上數一數二沉痛的暴行」。

儘管調查過了，還是沒有人能解釋狄恩．柯爾的動機，為何他要性虐待、殺害超過二十四名小男孩與男孩。性虐待連環殺手及其支配、殺人的動機，那時還鮮為人知。凡斯承認這兩名共犯的不成熟，但依然決定不去解析他們扮演的具體角色。

凡斯有亨利簽名的自白書，亨利承認自己獨自或和其他人一起犯下十次凶殺（實際上是九次），這就夠了。警方有屍體，亨利幫忙指認身分。凡斯寫到：「沒有屍體，我們就沒有案件，我也不會知道誰被殺害了。」

此外，布魯克斯描述亨利的行為像虐待狂，這段陳述協助警方將亨利與柯爾的墮落連在一起。凡斯認定布魯克斯和亨利都有收錢，認為金錢就他們的主要動機（一九七四年的新聞報導顯示，凡斯說亨利拿過一次錢，然後就純粹樂在殺人）。

邀請小男孩到柯爾家很簡單，凡斯說：「只要知道他們想要什麼，保證會給他們就行了。」凡斯認定亨利是手銬把戲的關鍵玩家，誘使小男孩同意戴上手銬。他相信亨利也參與了其中幾次折磨，當然亨利也幫忙結束那些男孩的性命，幫忙用手做屍箱搬運屍體到目的地。查爾斯．考伯衣服上發現的毛髮，與亨利和柯爾的毛髮一致。經顯微鏡檢驗發現，人造陽具上收集到的毛髮與亨利的毛髮一致；屍箱上採集到的毛髮與查爾斯．考伯的一致。

面對陪審團，凡斯講述最初的事件，員警抵達狄恩．柯爾的家，帶回三名倖存者。警探先記錄了亨利的陳述，之後亨利才帶他們去三處亂葬岡。凡斯帶了柯爾的屍箱、束縛板、性虐待工具，在法庭上一一展示。那根巨大陽具被上了潤滑液，亨利知道塗抹潤滑液是檢方有意為之。

凡斯利用柯爾家的圖表，指出這些物品在哪裡找到，另外還有三處埋葬地點的挖掘圖表與照片。光是看到正在分解的遺骸圖片，陪審團肯定感到非常痛苦。受害者家長出庭作證時，凡斯交給他們屍體穿的衣飾，為小男孩的身分識別做出最終確認。

帕沙第納的警探大衛．馬里肯出庭作證，也就是去柯爾家、在亨利身邊三天的那名警探。馬里肯盡力解釋他所知的折磨板用法，板上的洞是為了方便束縛才鑽的。亨利面無表情盯著合板。馬里肯講述亨利供認的柯爾行為，柯爾如何用不同類型的折磨工具虐待那些小男孩。

他說，有個男孩才十五歲，被綁在合板上度過恐怖的三天，只因為柯爾「喜歡」那個男孩。他也說亨利騙了朋友法蘭克・艾吉雷，害朋友戴上手銬，如此一來柯爾就能壓制艾吉雷。馬里肯也告訴陪審團亨利那不寒而慄的發言，亨利評論勒死人「不像電視上看到的那麼容易」。柯爾從旁協助，幫他一起勒死人好幾次。

馬里肯說：「一旦他踏出那最初的一步，就被牢牢抓住了。此外，柯爾還是給予他關注、認可的年長男性。但隨著他越陷越深，也就漸漸喜歡上了。對於什麼都沒有的人而言，那是強大的事物。」

凡斯領著馬里肯從頭到尾說一遍亨利的陳述，提及另一則事實，柯爾提議「只要亨利每帶一名男孩，至少就會付兩百美元，如果男孩真的很好看的話，還會給更多錢。」這一切言論的前提，都是有個在達拉斯的組織，這個組織販運毒品、贓物、（出租）小男孩。因為之後才會展開小調查，所以那個組織就是未經證實的主張，很可能只是那孩子編出來的故事。

葛瑞多次提出異議，尤其在那些據說是亨利發表過的言論，主張檢方不應該提出這些言論。除了少數幾次例外，戴爾法官不停駁回葛瑞的異議。

助理地方檢察官唐．蘭布萊特向法醫、多位牙醫問話。醫師喬瑟夫．亞希姆齊克和家屬一同確認受害者身分，判定每位受害者的死因。有些受害者脖子上還纏著繩子，有些分解得太徹底，無法判定死因，但顯而易見的是，多數受害者不是被勒死就是中彈身亡，再不然就是兩者皆有。儘管衣著、牙醫紀錄等物件也有幫上忙，但有些人的身分依然無法識別。法醫還弄錯了一部分遺骸身分。亞希姆齊克描述自己發現的性虐待證據。

亨利氣得冒煙，但一言不發。

「我不喜歡喬瑟夫．亞希姆齊克。他說的事情我覺得很蠢，例如他把屍體埋了一定長度的時間，他可以分辨出他們的括約肌膨脹了。當然啦，如果是剛死的人體，或許可以看得出來，但你不能從土裡拉出一具埋了好幾個月或好幾年的屍體然後說同樣的話。軟組織是最先腐爛的。」

亨利想要挑戰那些他認為錯誤的陳述，「我坐在那裡，緊繃到胃打結。大家都在說謊，但我卻不應該回應。馬蒂．瓊斯的媽媽朝我大吼大叫，我不能回應。他們拿到的那個陽具——他們塗了車軸潤滑脂。他們動了手腳。狄恩．柯爾有潔癖，我知道（他們搜集到那個陽具的時候）看起來才不是那個樣子，但我又能怎麼辦？然後凡斯做結時，一直盯著我看，問我問題，可是我不應該回應。他轉身問我問題，然後說：『看吧，他甚至不願意回答。』」

對亨利而言，這場審判是場試煉。「我覺得丟臉。非常、非常丟臉。我不喜歡他們塑造的我，但我只能依賴那些律師。那時我已經開始學習（法律），葛瑞告訴我：『我不需要你懂法律，我只需要你安安靜靜坐在那裡。』所有律師，那是他們應該要做的，就是控制我。你聽到有人說謊，汙衊一些你沒有做過的事，但你卻不能說自己沒有做。這是你對他們的說法。例如，你沒辦法說：『就我所知，這些小男孩先被鬆綁，身上一直沒有傷，直到被殺的時候才留下了痕跡。』他們說得像小男孩被打到血流成河，就像被切開扒皮一樣。他們說了很多事情我都沒辦法反駁。馬蒂．瓊斯的媽媽出庭作證時，律師直接告訴我：『不要看他。』瓊斯媽媽說的事情很可怕，他必須經歷那些，我能理解。但是律師叫我不要有反應。」

不論葛瑞是否有發現，他都無法做出紮實可靠的辯護。亨利已經簽名轉讓自己故事的媒體版權給他，因此他投注於本案的時間，或許還可以拿來賺點錢。這是亨利得以支付律師費的唯一方法。這種安排不罕見，但也確實引發利益衝突的問題：就算能賣錢，亨利的故事賣不了多少錢，而且前提是他要被判無罪。

亨利如果被定罪，變得更加聲名狼藉的話，辯護律師葛瑞卻可以從中獲利。導致的結果是，葛瑞沒有聘請專家，也沒有請品格證人出庭作證，甚至從未訪問過任何一位亨利的熟人，連看看是否能挖出有價值的東西都不做。

亨利說明：「威爾說他可以翻轉案件。我不知道誰跟他談過。我的朋友、熟人、老師都沒有……顯然他沒有做任何調查。」

整個審判期間，亨利的媽媽都不能進入法庭。

「我媽媽沒能獲准可以出庭作證。他應該要作證的，但他們故意（把他列入證人清單上），好讓他進不了法庭。我的弟弟和外婆都在法庭。我不應該看他們。但媽媽的想法很明確，這是為了不要讓我的家人看似都離我而去。他相當看重這點。」

檢方提出了結論，強調亨利自證己罪的陳述。接著輪到辯方發言。艾得．佩格洛訴諸大家的憐憫，希望陪審團考量亨利幫忙指出受害著的埋葬位址，還為這場殺戮劃上了句點。

亨利說：「葛瑞沒有作結，他讓艾得（佩格洛）來負責。艾得想要幫我，但他實在無能為力。關於要怎麼進展，我有很多問題。有些我不想聽他們的。我想要看著陪審團的眼睛。『嘿，看著我。我是你們要審判的人。』一切都非常令人沮喪。」

在五天的作證期間，檢方傳喚了二十四名證人，出示了九十六個證據，方才稍停。辯方也展開攻勢；案子交由陪審團討論，短短九十二分鐘的討論，陪審員認為六個惡意謀殺的控訴，亨利全數有罪。

亨利被判了六個九十九年的刑期，戴爾法官判定連續服刑，一共要坐五百九十四年的牢。

後來凡斯會寫到：「沒有這兩位年輕被告的合作，我不知道我們會怎麼做。即使他們很壞，但較年長的柯爾拖他們下水，柯爾才是一切的推手，甚至給他們經濟誘因。」他甚至認為，亨利很可能感受到，柯爾肯定會剷除知道他最多祕密的這兩個人。儘管如此，凡斯並不認為這能減輕他們的罪行。「布魯克斯和亨利雙手沾滿鮮血。」他沒有想過亨利大可沉默不語，讓警方某天再自己發現（或永遠不會發現）屍體。

就在定罪之後，服刑之前，葛瑞要亨利和作家詹姆士．康納威（James Conaway）聊聊，康納威說這場訪談和葛瑞想要賣故事有關——一場「文學試鏡」。亨利說，他們在典獄長辦公室碰面，雖然康納威說得好像葛瑞在場一樣（但他並不在）。據說，葛瑞催促亨利向康納威說「你是怎麼做的」。

盤腿坐著，抽著萬寶路，亨利開始說他對殺了邪惡導師的想法：「他要是活著，肯定會對我的作法感到很驕傲。」康納威把一切弄得好像亨利在炫耀。「我唯一後悔的是狄恩現在不在，不然我就能告訴他，我殺他殺得有多好，狄恩一直訓練我要反應迅速，要反應極佳。那也就是我做到的。」

康納威描述亨利的外表，滿臉痘疤、油膩捲髮、骯髒粗魯、眼睛太大，還把這位被定罪的殺手比喻成「最好留在岩石下不管的東西」。他的厭惡顯而易見，但他也很感激這則獨家，因為他的書《德州人》（*The Texans*）的銷量會因此而增加。

他認同亨利「號稱高達一二六的智商」，也認為亨利除了自己齷齪的成就之外，沒有能力思考其他事情。這孩子來自一個「骯髒的中產階級底層區域」，那個區域的孩子聚在一起嗑藥、逃學、打撞球、浪費時間。

康納威認為，布魯克斯有情感依賴的問題，但「亨利想要的是錢」。他說亨利把朋友（相較於選擇陌生人）送給柯爾，因為這麼做「比較簡單、風險較低、更有面子」。

亨利隨口就談論凶殺。「起先，我好奇殺人是什麼感受。後來，我迷上了人類無窮的精力。」在電視上，勒死人看起來很簡單，但「有時候要兩個人花上半小時才能勒死一個人」。他還說：「狄恩一直尋覓從來沒獲得過的高潮。」

康納威說，柯爾「瘋得可以」，但認為亨利代表著「更大的問題，因為他似乎頗清醒」。亨利向康納威承認，他其實相當享受傷害他人。亨利說：「你要麼享受過程，不然就會瘋掉。」事後他就把東西拋到一邊，完全不去想。亨利坦承自己沒有真的感到悔恨：「那是我打算建立的情緒。你知道嗎？我沒有真的感受過悔恨。」康納威把這段告白解讀成冷漠無情的展現。

現在回顧這些評論，亨利說：「我現在明白什麼是悔恨。悔恨不是我在教會禮拜看到的那些通俗劇。悔恨是深信自己做錯了。為了要生存、要繼續前進，你必須認知到不只是責任，還必須把悔恨銘記在心、處理悔恨、放下悔恨。如果你每天都悔恨不已、瘋狂地感到愧疚，我相信是時候需要去看一下心理諮商了。我不覺得我們能夠以那種樣子活下去。」

亨利向康納威坦承，他很高興自己揭露了所有做過的事，也很高興阻止柯爾「殺害小孩」，但對他而言，就是沒有「真摯強烈的情感」。這樣一篇文章，令人留下不好的印象。如果有人還不確定亨利是什麼樣的人，這些刊登的字句讓他看起來沾沾自喜、殘暴至極。

亨利回想道：「我不是沒心沒肺。（有時候）想著我不應該被關一輩子，同時忍不住會想，這些受害者一點機會都沒有，我怎麼還敢要求被放出去？我沒有答案。完全無法補救。如果我僥倖活下來甚至被關在這裡，為了要讓他們失去的生命不是平白無故，我必須盡力做到最好。可能對其他人而言，根本沒有意義，但對我而言是有意義的。」

亨利和布魯克斯只通過一次信，答應要保持聯繫，但兩人都沒做到。亨利揭露了他們共享的祕密。亨利殺了連結他們倆的那個人。除此之外，他們倆沒有真正的羈絆。亨利聽其他認識布魯克斯的囚犯說，布魯克斯不想要亨利再接受訪談了。

布魯克斯出庭

一九七五年二月，助理地方檢察官蘭布萊特小組起訴大衛．布魯克斯犯下一九七三年謀殺比利．勞倫斯案。沒有太多媒體報導。儘管布魯克斯沒有直接說自己參與其中，但法院還是把他當成主犯受審。他說，勞倫斯被殺的時候，他人在場。亨利沒有出庭作證，但談論其他凶殺案時都有個模式，要麼布魯克斯知情，要麼布魯克斯參與其中。

布魯克斯的陳述書，以及他指認的比利．勞倫斯照片都被法院採納為證。其中一份陳述書中，他說他知道八起凶殺，但和他一點關係都沒有。他形容那段柯爾還讓勞倫斯活在屋裡的時光，讓陪審團聽得不寒而慄，另外一段說他們先去釣魚，最後才去埋屍，也是聽得陪審團膽戰心驚。他自白中冷冷地重述事發經過，以及承認自己毫不在意這些事情，都讓人難以產生好感。

比利的父親詹姆士指認照片中的人是他兒子。後來還有更多證據，包括布魯克斯供出名字的受害者屍體埋藏地點，以及他們如何死去的陳述。魯本．華生．海尼的母親出庭作證，說兒子打電話說，晚上要待在布魯克斯那裡，而那是他最後一次聽到兒子的聲音。史坦利．布萊克本的母親指認兒子的駕照，那是警方在柯爾家找到的物件之一。詹姆士．德雷馬拉的父親指認警方在柯爾船隻倉庫找到的腳踏車是他兒子的，詹姆士的屍體也被埋在那間船隻倉庫。員警講述搜尋被害者時，布魯克斯從旁協助。

泰德．穆斯克在事關布魯克斯是否能夠出庭受審的「理智策略爭執」之後，直到一九七四年十一月才處理布魯克斯的案子。穆斯克認為，布魯克斯沒辦法受審。布魯克斯的新律師艾蓮．布雷迪（Elaine Brady）和吉姆．斯凱爾頓（Jim Skelton）打算爭取，布魯克斯在沒有被告知權利的情況下陳述案情。

儘管如此，布魯克斯因為想協助才自願給出第一份陳述。那時，他沒有被逮捕，也沒有被列入任何嫌疑名單，大可以陳述完就離開。但是，亨利一聽到布魯克斯人在休士頓警察局就供出布魯克斯，於是布魯克斯就被警告和拘留。

此外，辯護律師說得布魯克斯好像就只是個沒有涉入任何凶殺的幫凶。助理地方檢察官湯米．鄧恩（Tommy Dunn）告訴陪審團：「被告從最一開始就涉入本次殺人案，本次瘋狂殺戮的案件。他打算告訴你們，他只是啦啦隊，沒有別的了。那就是他告訴你們為何他會在場。你知道他確實參與其中。」

短短九十分鐘內，陪審團判定布魯克斯犯下一起惡意謀殺案，終身監禁。他依然保持沉默。他太太（現在生了他們的女兒），靜靜地哭泣。

布雷迪和斯凱爾頓提出上訴，提出好幾點異議，證據不足、誤用某些法律論點、誤採與本案無關之其他罪行。檢察官不應該說出布魯克斯和柯爾的同性行為，也不應該提及任何一個他沒有參與的凶殺。此外，初審法院誤用了委託人法律。他最多不過是在人被殺了之後才出手幫忙。

法院並不同意。就算退一萬步來說，布魯克斯早就知道亨利和柯爾打算對比利・勞倫斯做什麼，還繼續待在同一個房子裡，還幫忙埋屍體。因為布魯克斯承認自己在凶殺現場，也對柯爾的意圖瞭然於心，所以他不僅僅只是一名幫凶而已。

布魯克斯的上訴被駁回了。

擴及遠方

洛杉磯警方認真關注休士頓發生的這幾則新聞。他們有十一起懸而未解的凶殺案，這一連串凶殺的受害者和休士頓挖出的遺骸有許多相似之處。一九七六年九月二十日，休士頓警察局聯繫馬里肯，告訴他約翰・聖約翰（John St. John）警探和肯特・麥唐納（Kent McDonald）警探想要找布魯克斯和亨利來問話。

他們講述了洛杉磯的折磨凶殺案件，還說有個嫌犯自稱是狄恩・柯爾的朋友，曾經待過柯爾在休士頓、帕沙第納的住處。兩名警探認為，柯爾的同夥如果能提供某個加州朋友名字的話，說不定就能證實這則故事。馬里肯同意協助安排會面。

洛杉磯警探講的，正是所謂垃圾袋謀殺（Trash Bag Murders）。一九七〇年代，多位男同志被殺害、肢解、丟棄在洛杉磯周圍的高速公路旁。他們的頭號嫌犯是派翠克・韋恩・卡爾尼（Patrick Wayne Kearney），一名在休斯飛機公司（Hughes Aircraft）任職的電子工程師。

卡爾尼最終會自首，承認犯下二十八起謀殺，最早可追溯至一九六八年，其中有十八起遭到起訴。卡爾尼先射殺再肢解受害者，有時候會砍下他們的頭。卡爾尼綁起多數受害者，用塑膠垃圾袋裝起來。他坦承殺人是因為殺人令他「興奮」，還給他「一種支配感」。想像他可能認識柯爾，一點也不牽強附會。

在休士頓警察局一群人的陪伴下，這兩名洛杉磯警探首先去拉姆齊第二監獄（Ramsey II Prison Unit）找亨利聊聊。馬里肯先進去，說明他們來這裡的目的，發現亨利的「敵意」頗強，但亨利同意接受問話。

他說：「我和約翰・聖約翰聊過。或許我對馬里肯有些敵意，但那是因為，我覺得他（在審判時）害慘了我，不過我對約翰・聖約翰沒有敵意。他跟我說，他試著找出柯爾和垃圾袋謀殺的連結。他懷疑謀殺案一開始時柯爾就在，也懷疑柯爾是該團體的原始成員，只不過後來鬧分裂，回到休士頓老家。犯案手法十分類似。」

亨利幫不上忙，因此警探前往克萊門斯監獄（Clemens Prison Unit）詢問布魯克斯同樣的問題。布魯克斯「既配合又健談」，儘管他沒辦法提供柯爾任一位加州熟人的名字，但他告訴他們，柯爾向來都「超級保密」他的郵政信箱。柯爾會在郵政信箱那邊讀信，讀完直接銷毀。

馬里肯趁此機會問布魯克斯怎麼看，亨利宣稱還有四具屍體埋在德州弗里波特附近（似乎只有馬里肯知道這個宣稱，他也沒有在任何紀錄中提及）。布魯克斯說，他不知道有人被埋在弗里波特，還認為亨利其實也不知道。如果在弗里波特埋屍的話，那是一個「相當不方便的」地方。

布魯克斯說，或許柯爾告訴亨利其他事，但在他與柯爾往來的這段期間，他們從來沒有運送任何屍體到那裡。洛杉磯警探無法從布魯克斯和亨利身上獲得有用的情報，再也沒有回來找過他們，也沒能替狄恩・柯爾建立任何正式連結。

新訴訟

一九七八年底，德州刑事上訴法院（Texas Court of Criminal Appeals）改判亨利的聖安東尼奧定罪結果，並給予威爾・葛瑞一次再審，原因是戴爾法官不准葛瑞提出更換審判地點的要求。

葛瑞說，在審判前，已經有好幾百則故事被刊登或廣播，媒體還事先聯絡了其中八名陪審員或陪審員的親戚。葛瑞多次申請要隔離陪審團，但戴爾法官總是拒絕。此外，戴爾還允許新聞工作者進法庭，陪審團對面新增的座位坐滿了媒體插畫家。有些畫了陪審團，並刊登在報紙上。

這次新審判會在一九七九年七月舉行，地點在紐愛西斯郡（Nueces County）科珀斯克里斯蒂（Corpus Christi），法官是諾亞・甘迺迪（Noah Kennedy）。儘管甘迺迪法官下達了禁言令，依舊謠言四起，說葛瑞打算利用「赫斯特（Hearst）辯護」，也就是說亨利是遭到洗腦了。佩格洛讀了F・李・貝利（F. Lee Bailey）為帕蒂・赫斯特（Patty Hearst）辯護的策略。

一九七四年二月四日，共生解放軍（Symbionese Liberation Army，簡稱ＳＬＡ）恐怖份子團體，在加州柏克萊公寓綁架了十九歲的繼承人派翠夏・赫斯特（Patricia Hearst，也就是Patty Hearst）。ＳＬＡ希望這次高調行動可以讓這個資本主義國家垮臺。他們公布了俘虜的錄音，俘虜似乎很同情他們的理由。

兩個月後，赫斯特參與了一起武裝搶劫，那年九月被逮捕。隨後大家開始熱議，爭論赫斯特是否是「自願兵」，又或是被洗腦的受害者。在赫斯特一九七六年的審判中，F・李・貝利請了三位思想改造的心理健康專家來證實他的論點。

他認為，SLA透過「強行說服」制約了赫斯特。貝利呈現的方式，讓該案像是斯德哥爾摩症候群的明確案例。專家說，只有某些人容易受到影響，首先要破壞下手目標的穩定。精神科醫生羅伯特．傑伊．立富頓最出名的研究就是分析納粹醫生，立富頓說：「心靈脆弱易碎。心靈是可以被摧毀的。」專家利用戰俘的例子來說明，戰俘「受到異常激烈且長時間的勸說，身處的環境又無處可逃」。赫斯特也是俘虜，符合此一模式。洗腦辯護失敗了，赫斯特被判有罪，銀行搶劫、槍枝使用重罪。

佩格洛沒有卻步。佩格洛注意到柯爾有一整疊催眠書（沒有列在警方的清單上），相信柯爾可能有洗腦他的幫凶。亨利不買帳，認為他們應該採取的辯護策略是強制。葛瑞說，強制不會成功，因為亨利經常遠離柯爾的立即掌控。那時，還沒有人認為除了生理上的強制，也有心理狀態上的強制。

甘迺迪法官在四月開始審前聽證會。媒體熱度大幅降低。靠技術理由推翻審判，改變不了大家對亨利有罪的認定。

這回葛瑞把重心放在亨利與柯爾相遇時年紀很小，藉此顯示柯爾壓得他動彈不得。他提議五至十五年有期徒刑，要求隔離所有陪審員和候補陪審員，但是甘迺迪法官說他只會隔離十二名實際上的陪審員。

助理地方檢察官道格．謝弗（Doug Shaver）準備時，好好調查了赫斯特審判。他告訴記者，這就像聲稱喝醉酒是減輕因素，「這不能算法律辯護。」他說，如果亨利的案子要以精神障礙來辯護，他的律師團隊必須及時提出正式通知。他沒料到會這樣。

瑪麗・魏斯特（柯爾的媽媽）告訴《休士頓紀事報》記者他的意見。他重申那兩名青少年殺了所有人，嫁禍他兒子。媒體報導充滿偏見，他兒子成了代罪羔羊，這太不公平了。

「你知道你兒子的為人，你也知道你兒子願意幫助他人，尤其是年輕人——你就是知道。」他承認在兒子死前，兩人已經有五年沒碰面了。他想要聘請律師施壓，叫亨利講出真正的事發經過。「但我知道他出庭接受審判，不是要求問心無愧。他接受審判是為了要獲得自由。」瑪麗認為如果他成功了，他會被殺死。「有太多人在受苦了。」

第一次審判五年後，在科珀斯克里斯蒂展開了新訴訟，所有證據和證人都還存在。又一次，葛瑞不做任何辯護，不傳喚任何證人。他提出多項關於程序瑕疵的動議，全都遭駁回。雖然凡斯提出要比檢方再多排除五名陪審員，但法官只允許兩名。葛瑞說，至少三名陪審員有偏見，應該被排除，其中一名陪審員甚至自揭偏見，但是法官忽視葛瑞的擔憂。

認真討論兩小時之後，陪審團給亨利六個同時進行的終身監禁（會判同時進行是因為亨利的律師答應，如果之後的判刑同時進行，那麼可以一次審判六個案件）。甘迺迪法官額外加上亨利是不可矯治，這本質上剝奪了亨利任何可以假釋的機會。亨利會獲得該有的聽證，但很可能這輩子都得坐牢了。

葛瑞再次上訴，但刑事上訴法院裁定駁回。

不會有三審，亨利要去坐牢了。

威爾．葛瑞沒有拿到任何出書合約。亨利再也沒有得知他的任何消息了。

第七章 對的餌

精神探測

獄中，亨利開始受到創傷後壓力症候群（Post-Traumatic Stress Disorder，PTSD）影響，一開始他不知道那是什麼，後來才知道是PTSD，但太常做惡夢了，只好藉由獄中工作來忘記一切。

「七〇年代和八〇年代早期，我不停工作，沒有間斷。我從早上五點半就一路忙到晚上十點、十一點，每一天都是這樣。我不讓自己睡覺。我不想要作夢。我做的夢都會嚇壞自己。（有次夢中）我出獄了回家，還是我從來沒有被關過，但總是『我們找到更多屍體』，然後我必須跟他們走。我會躲在不同房子底下，因為他們都在找我。我夢到如果他們到我家門口告訴我那些事，會是多麼的嚇人。另一個變化版本是我被追，每一次都是不同人，但是是我認識的人在追我，有時候是我在這裡認識（監獄）的人。我下的結論是，我還在狄恩·柯爾的掌控中。」

上訴尚未審理的那段時間初期，葛瑞建議亨利不要和任何人通訊，也不要接受任何採訪，以免說了不該說的不利辯護，亨利便盡量不引人注目。亨利獲准聯繫十個人，他選了家人和幾位朋友。他希望最終可以證明自己，但聽到的都是他就和柯爾一樣邪惡。

他接受這個評判：「他們要我相信自己是邪惡的、沒心沒肺、愛殺人。這麼多人都這麼說，這麼多人都相信是這樣沒錯。我非常擔心我就是他們說得那樣，最好的方法就是把我永遠關起來。但我無法同意，因為我沒有那些想法，也沒有那些感受。」

這幾年來，警探多次訪視，看看亨利是否還記得其他事。他們還有幾位受害者身分不明。「每隔一陣子，調查員就會來找我問一些問題。我說：『聽好，你們一直來。我已經告訴你們我知道的所有事情了。』他們說他們相信我，但是『我們一直回來找你是因為，可能發生了什麼事喚起了其他記憶。』我說：『那麼，你要讓我懷疑自己了。』我問他們是否相信催眠，他們說相信。我說我會接受訊問，但我想要免於任何追溯。我想要幫忙，但我不想要冒任何可能會回到法庭的風險。他們說沒問題。」

德州在警察訓練打頭陣，首開催眠調查之先河。那時，催眠師相信記憶就像是錄影機，催眠是可以喚醒並恢復記憶（隨時間消退）的工具，當代用法依據是，對於催眠暗示的回應涉及某些心理功能的運用能力，這些功能通常都不在意識可控的範圍之內。

催眠一直是一種工具，試圖用來填補記憶空白、補充描述的細節、促進或抑制某些行為、增進回憶的精準度。經典場景下，催眠師誘導進入深層放鬆的狀態，利用客戶的暗示感受性，突破認知防衛。

但在一九八〇年代，研究開始顯示，記憶比較像是經驗、信仰、偏見、其他因素等混合在一起的重建物，而不是生命各個故事的精準攝錄。此外，研究人員發現催眠會促進生成錯誤或虛構的記憶。全美許多法院都禁止在任何鑑識使用催眠。

一九八一年紐澤西（New Jersey）案件的聯邦訴赫德案（*State v. Hurd*）中，法院為保障鑑識的可信度，制定了鑑識程序的規範：

1. 證人必須由受過催眠訓練且有實務經驗的精神科醫生或心理學家催眠。
2. 催眠師應該要獨立作業，不應定期受僱於檢方、警方、辯方。
3. 任一方提交給催眠師的資訊都應寫下或錄下，並提供給其他方參考。
4. 催眠期間應錄影或錄音，包含催眠前後的訊問過程。
5. 催眠的所有階段，僅允許專家與證人參與。
6. 客戶催眠前對於所涉事件的記憶應仔細記錄並留存。

一九八六年左右，哈里斯郡地方檢察官辦公室調查員蓋瑞・F・莊森（Gary F. Johnson）去見亨利。莊森擁有心理學碩士學位，或許上過催眠基礎課程，當時為執法單位和獄中心理學家開設催眠基礎課程。

對亨利的催眠並無遵守所有赫德規範，像聘請獨立作業的催眠師這條就沒有遵守，但是這些催眠比較像是實驗，不是真的要找出證據。所有催眠莊森都有錄影，亨利要了逐字稿，逐字稿卻從沒到亨利手上。近幾年來的要求顯示，所有紀錄都遺失了。儘管如此，這些催眠對亨利而言是轉折點。

亨利回憶道：「我想我們花了四小時。自從那次催眠以來，再也沒有員警回來找我問問題了。他（莊森）說：『當你準備好，又能夠記憶時，你會記得這次催眠。』催眠之後，他跟我說：『我會說：你不是你以為那麼壞的人。』他們說會給我逐字稿，但之後就沒有下文了。因為那之後根本就沒有警察來問問題，他們肯定是得到所有能從我身上得到的資訊了。」

這幾次的催眠似乎沒能提供更多資訊，沒有任何關於是否有更多屍體的情報，所有事情都是亨利早就說過的。為了寫作本書，我們聯繫了莊森，莊森拒絕確認或說明他對亨利的評論，也拒絕提供更多有關亨利催眠的資訊。

印象管理

亨利數次申請假釋，但心裡知道只是走個形式。「我沒有積極爭取假釋，因為我做了那些事，不確定自己是否有權要求被釋放。」他總是被駁回，但假釋委員會有人說他應該要多多曝光，削弱「怪獸」的汙名，他也不大確定這提議是否合適。

他的律師說過要保持沉默，但律師已經不再代表他了，而且還有許多錯誤的報導，多位人士聲稱有和他接觸過，因此他希望可以出面澄清。他身上沒有差點被他抓到的男孩留下的刀傷；他從來沒有在男孩墓地趕走任何人；他沒有每個週末都和柯爾一起在高島釣魚或在弗里波特埋屍；他沒有挑選朋友來滿足柯爾的胃口。事實上，他在獄中一直是模範囚犯，受到許多工作人員喜愛。他覺得說不定在媒體上曝光會有幫助。

一九八九年，地方電視臺記者黛比．莊森（Debbi Johnson）簡短地採訪了亨利。隔年，亨利同意接受黃金時段新聞雜誌電視節目《四十八小時》（*48 Hours*）的採訪。官員也支持此次採訪，允許攝影團隊在監獄拍攝。

在《有段黑暗過去的男人》（Man with a Past）那集節目裡，三十四歲的亨利穿著監獄的白衣，點燃一根香菸。記者維多利亞．柯德里（Victoria Corderi）翹腳坐在亨利旁邊的餐桌，傾身向前問道：「你會怎麼形容自己？」

亨利說：「文靜，友善，努力認真，我和大家沒有什麼不一樣。」亨利態度更加真摯道：「如果毒蟲都可以戒毒，為什麼我不能屏棄以前的我呢？」

從那間船隻倉庫抬出屍體的影像為這節目的故事定調，柯德里講述亨利待審的假釋聽證，以及亨利希望被視為已洗心革面，或許可以獲得釋放。畫面轉到馬里肯。馬里肯現在是帕沙第納警局局長，拿了一臺大型平板，秀給柯德里看，他在亨利交出手寫自白之前，記下的密密麻麻筆記。他列出亨利承認下手殺死的受害者，顯然他毫不支持任何假釋申請。

鏡頭切回亨利，他說：「當我牽扯上狄恩．柯爾，就好像愛麗絲的鏡中奇遇。每件事都是假的，沒有一件事是萬事皆錯。我活在瘋子的世界……我進到那個瘋子世界時，還只是一個小男孩。」他說他害怕柯爾，而且「認為他病了」，但同時「我也不想要得罪他……我想要他以我為榮」。

柯德里問他是否認為他自己是受害者，他認同道：「是柯爾的受害者。」柯德里反擊道，他事實上就是連環殺手，亨利否認。接著畫面一轉，馬里肯朗讀亨利當初承認好幾起凶殺的陳述書。

柯德里說：「你剛才說你不是連環殺手，但你之前連續殺了好多人。」

亨利顯得侷促不安：「那是語意問題……只有我自己的話，是不會犯任何罪的。不是我。」亨利聳聳肩，道：「我是被動的。」

電視臺團隊在他牢房附近拍攝。他說，相信自己可以再次重返社會，甚至可以帶來正面的影響。「我只想要做個好公民。」

柯德里沒有放過，咄咄逼人問他，或許社會上有些事會觸發他黑暗的那面，讓他重蹈覆轍。

亨利說：「我現在已經是大人了。」但那樣的印象揮之不去，因為馬里肯說得很嚇人，他說亨利參與了這麼多起凶殺，已經記不清每一起了。觀眾從來沒意識到關鍵的一點，柯德里被反鎖在亨利的牢房，接著典獄長就走開了，顯示出典獄長有信心讓柯德里和亨利在一起還安全無虞。由於挖出受害者那時的形象太過鮮明，該節目似乎和亨利期待的相反，帶來了反效果，但是他依然願意繼續嘗試。

其他記者和脫口秀節目主持人也有訪問他，有時把他塑造成冷心腸的心理病態。某次訪談亨利說：「狄恩・柯爾毀了我的一生。我不是個醜惡的人。我不是個暴力的人。我不是個可惡的人，而且我的養育也不是那樣。不管怎樣，可能有其他原因，反正我就被拉進去了。」但他說的話沒有人聽、沒有人相信。

亨利開始明白媒體人會擅自刪增，把他變成他們想要的任何樣子，完全不顧他本人的想法，這讓他卻步了。

他告訴本書作家：「你看過很多我的訪談。每當他們問我要對家屬說些什麼，我總是回答：『我能說什麼？光道歉是不夠的。』我想他們播出的可能就只有那句話了。他們不會播出我說：『無論我對他們說什麼都不會有幫助。無論我說什麼也換不回他們的孩子，無論我說什麼都無法表達我真正的感受。所以，我**能**說什麼呢？』」

他希望展示出自己更多面向，而不只是和柯爾在一起的時日。「我不想要大家只記得我殺了人，那只是我不想要成為的樣子。我對此一點都不自豪，我也不想要談論那些事了。我實在是無地自容。」

也許因為談到了那些罪行，亨利在九〇年代時，恐慌症開始發作，每次發作他都深信自己快要死了。他有時候會想，要是布魯克斯第一次帶他去見柯爾那天就被殺死，說不定還比較好。二十年後，那個男的——那頭怪物——還是掌控著他。

九〇年代末，FBI的行為分析小組訪談殺人狂和連環殺手，延續八〇年代開始的計畫（該計畫沒有納入亨利）。督導特別幹員詹姆士・畢斯利（James Beasley）到監獄要亨利回答標準問卷上的幾個問題。

亨利回想那次相遇，說：「FBI來這裡做他們的連環殺手調查。那天是我生日。我請他隔天再來，他確實隔天才來。」亨利回答那些可以回答的問題，但大部分問題都是關於動機、幻想生活、對殺人的感受。

亨利說：「過一會兒，他（那名特別幹員）說：『沒有東西可以套用到你身上，你不是連環殺手。』他說，如果問我所有問題那就是浪費時間。」

基本上，亨利就只是一名共犯。他會殺人，是遵守狄恩・柯爾的命令。不再需要取悅柯爾了，亨利就沒有嗜血的欲望，也沒有幻想鞭策的動機，更沒有繼續殺人的渴望。這不是FBI研究殺人主犯尋找的素材。

大約此時，亨利開始藝術創作。兇案紀念品收藏家瑞克．史塔頓（Rick Staton）說服亨利創作，畫一些史塔頓可以販售的作品。史塔頓曾有過相當成功的合作，例如賣連環殺手約翰．韋恩．蓋西的作品，開了幾場藝術展，賣了作品給畫廊。一名熟人幫亨利上了幾堂藝術課，亨利發現自己很喜歡畫畫，也喜歡製作珠寶，甚至賺了一些錢。

二〇〇〇年，亨利出現在一部紀錄片《收藏家》（*Collectors*）裡，片中播放了一九九七年的一場藝術展，展覽辦在畫廊，展出他的作品。在片中，亨利描述他對自己的感受還有對大自然的欣賞。他看起來周到又文靜，但是，聲援受害者家屬的民眾也參加了那場藝術展，表達他們對亨利的憤怒——亨利竟然有藝術創作，還有賺錢管道。

他們買下一件他的作品，然後燒毀。最終，這些民眾成功關掉監獄的工藝室。在創作了兩百多幅作品後，亨利的藝術生涯結束了。

這不是社會大眾最後一次看到他的消息。其他人也會為了拍攝紀錄片來訪問他，包括斯特凡．布爾昆（Stéphane Bourgoin）這位自稱連環殺手專家的人，後來被揭穿只是個騙子。他打算聽亨利描述那些凶殺，但亨利拒絕了。亨利重複之前說過的那些事，也聊了自己的爸爸，但那場訪問沒有任何新意。

在一部從未播映的紀錄片中，蒂亞納・波拉斯（Teana Porras）比較亨利和兒童權利福祉倡導者理查・雷耶斯（Richard Reyes），思索邪惡和救贖。兩人生長環境十分相似，都在休士頓高地，卻走上截然不同的道路。亨利向波拉斯坦承，自己是個膽小鬼，沒有立刻打電話報警：「那是我永遠無法原諒自己的行為。」波拉斯說，他相信亨利。

二〇〇八年，提姆・克利（柯爾魔爪下的倖存者）首次在法庭外、休士頓一家電視臺講述自己的故事，希望或許能為受害者家屬帶來一絲安慰，促使年輕人謹慎小心。

當初，他不知道自己離死亡有多近，差點就被殺了。事後想想，千鈞一髮的嚴重感不減反增。「有人把你綁在板子上，無法活著走出去的機率非常、非常高。」他說，柯爾威脅要砍斷他的一隻手臂。他祈求上帝幫助。亨利拿起槍，叫柯爾停手的時候，克利回想道：「狄恩站起來，我看到他變了一個人。他體內有另一個人，那人不是他。那是地獄來的靈魂。」

他想要聽起來有點哲學深度：「這是我生命中的一天。我有兩個選擇——要麼接受然後繼續過生活，要麼自我了斷。」他再也沒有跟亨利聯繫了。克利說：「我不知道是會跟他握手道謝，還是痛毆到他（飆髒話），善與惡的搏鬥在那個（柯爾）房間上演。善贏了。或許受害者家屬可以獲得一些安慰。我們逮到他了。你知道的，他死了。他死了，另一位則是永遠待在監獄。」

這次訪談六個月後，五十五歲的克利心臟病發身亡（有些資料來源指出，他可能是自殺，但沒有受到證實）。

朗達·威廉斯在社群媒體上宣布打算寫書，書名叫《折磨板上的女生》（*The Girl on the Torture Board*，暫譯）。最初，朗達協助電影導演喬許·巴爾加斯（Josh Vargas）拍攝《活在瘋子的世界》（*In a Madman's World*，暫譯），提供自身遭遇折磨的細節，該片重心放在亨利那側的故事。

威廉斯到獄中探視亨利多次，想獲得他的配合。亨利答應幫忙劇本，甚至請媽媽讓巴爾加斯拿他七〇年代穿過的衣服去拍攝。電影是拍完了，但沒有發行。電影呈現了休士頓高地逐漸衰敗的鄰里，還呈現出有位孩子沒什麼事好做，只是四處亂晃的感覺。

亨利想要修正某些地方，例如他媽媽從不罵髒話、他長時間在工作，但巴爾加斯似乎無視他的異議。巴爾加斯聲稱有件襯衫沾有血漬，但亨利射殺柯爾的時候穿的不是襯衫，亨利跟巴爾加斯說那件襯衫上的汙漬不是血跡：「有血漬的衣服進不了我家門。」後來，他們不再溝通了。

儘管如此，巴爾加斯還替這案子添了惡名。翻找亨利儲藏起來的物品時，巴爾加斯宣稱發現了一張拍立得，照片上一位小男孩被綁著、蜷縮在工具箱附近——據說是柯爾那聲名狼藉的工具箱。

巴爾加斯告訴媒體這張拍立得，頭條報導宣稱可能發現第二十九名受害者。在社群媒體上的某次交流中，朗達．威廉斯指控巴爾加斯修圖生成那張照片。亨利媽媽認出那是他兒子羅尼（Ronnie）在工具室拍的照片，但新聞報導都沒有撤回或改正。

二〇一三年，休士頓大謀殺事發四十年，威廉斯聯繫了五年前克利接受訪問的休士頓電視臺美國廣播公司分支。威廉斯說，自己保持沉默太久了，他擔心會有死亡威脅，還談論了慘痛的童年。

威廉斯小時候被人強暴，待過好幾個寄養家庭，陷入物質濫用。他還說爸爸會虐待他（身體上），因此才向亨利求救。另外補充道，就算綁在柯爾家中，他還是一點都不擔心。「我不覺得韋恩會傷害我。我就是相信他。」

威廉斯說，某次探監，亨利告訴他，那天早上其實打算射殺他。「他很怕他沒辦法救我。所以，他打算坐在我旁邊——你知道的，躺在我旁邊就像之前我們聊天時他也躺在旁邊——然後他打算在我們聊的時候拿槍抵著我的頭，接著就要直接開槍了。」（亨利否認了，說沒有告訴威廉斯這些，也沒有任何類似的計畫；那天早上亨利太嗨了，根本沒辦法好好思考。）

威廉斯誇大了，說被虐待了好幾個小時。「我一直看向韋恩，要他把我弄出去。他一直是保護我的人，所以當然我說了：『你打算什麼時候把我弄出去？』」他描述了那致命的槍擊，說：「因為我相信他，我給他勇氣，他才終於把槍對著狄恩。」

威廉斯說，之後入獄了一段時間，然後住院，被告知永遠不要再談論那晚。「身體上和心理上，那件事奪走了我的生活。」父親不讓他靠近家裡，親戚認為他有參與之前的凶殺。儘管威廉斯從亨利的陳述得知，他帶了他未婚夫法蘭克．艾吉雷到柯爾家，艾吉雷因此喪命，但是威廉斯還是繼續和亨利做朋友。「他還是我朋友，但現在我有更多問題想問他，我也一邊摸索一邊拼湊真相。。」

那名新聞記者問他：「你覺得他把知道的都告訴了有關當局嗎？」

威廉斯回道：「我想他盡力了。」還說了，和亨利說話也是療癒的一部分。「我想要世人知道我是有做些什麼的人。我不是引誘男孩到瘋子面前的壞人。」

威廉斯沒有把書寫完，但確實成了一名社工，專門處理受虐待兒童、遭疏忽兒童。二〇一九年，威廉斯過世，享年六十一歲。

二〇一二年，另一位人稱「唐娜」（Donna）的女性也接受了部落客訪問。他和喬許．巴爾加斯一起去給亨利探過監，聲稱知道很多媒體界尚未報導過的事情。大部分爆料的內容都是亨利之前參與電影製作時，寫給巴爾加斯的信件內容。據稱亨利告訴他凶殺的種種細節，讓他不禁懷疑亨利怎麼睡得著。

「他記得十三張臉。」唐娜說亨利告訴他，柯爾為了報仇殺害鮑爾奇男孩（不清楚是哥哥還是弟弟）。「又隔了一陣子，韋恩越來越神智不清，確實很享受傷害他人……我聽到都無言了……但他看起來很溫柔、很善良。」布魯克斯曾經想要抓女生來先姦後殺，柯爾打消了他的念頭。「韋恩說，接近尾聲時，如果狄恩可以有一天一名小男孩，（那）就會是他美夢成真了。」

這段期間，大家還在努力辨識柯爾受害者的身分。過去曾出現多起辨識錯誤的情況，顯示七〇年代所擁有的鑑識技術遠遠不足，亟需更先進的工具來釐清真相。

改正錯誤

據說，在狄恩．柯爾犯案那段期間，休士頓高地附近消失的小男孩至少四十二名。有些可能是逃家，也可能成了其他獵食者的受害者，但根據下面幾項討論，最有可能的是柯爾殺害的男孩超過官方統計；其受害者大多數都是休士頓高地的居民。

受害者遺骸一出土，便立即展開身分識別的工作。有些受害者身分簡單明瞭，德雷馬拉的腳踏車、指紋、明確的衣飾、身分證件，亨利說自己埋了考伯以及瓊斯的情況。

亨利和布魯克斯知道大部分埋在沙灘和水庫區的受害者，如果不知道名字，他們也會描述一下外貌，供警方比對失蹤人口通報。有時候一個獨特的傷口也幫助很大，但亨利不大知道柯爾的船隻倉庫埋了哪些人。那時DNA分析還是遙遠未來的科技，有些遺骸已經分解到某個地步，需要更嚴謹精細的分析。到了八月十六日，法醫室辨識出了十二名受害者的身分，也大概知道另外幾名受害者，但還是需要牙醫紀錄，而有些受害者什麼都沒有（每位受害者的埋葬地點完整清單請閱附件二）。

鑑識初期的錯誤立刻就出現了。法醫喬瑟夫．亞希姆齊克記錄到，按照沃德羅普男孩父親指認的衣飾，船隻倉庫中央同一個墳墓裡的九號、十號屍體，身分被認定為唐納和傑瑞。骸骨和兩兄弟的身材相符，遺骸還給父母，被埋在那時沃德羅普一家居住的喬治亞州（Georgia）。才過了幾週，那些遺骸卻被判定其實是大衛．海勒吉斯特和格雷戈里．馬利．溫克爾。沃德羅普兄弟是沿著東牆埋葬的十三號和十四號。

一九七三年九月七日，沃德羅普一家接獲通知，也安排好了如何修正錯誤。

一九八三年，終於確認理查．艾倫．凱普納遺骸身分的那年，在傑佛遜海灘（Jefferson Beach）發現另一具屍體，距欽伯斯郡墳墓位址約四哩遠。該案不符合「鑑識」標準，當初沒有派病理學家到現場。前前後後花了二十六年，才比對出這些遺骸是十七歲的喬瑟夫．萊爾斯（Joseph Lyles），是布魯克斯認識的人。萊爾斯住在大衛．布魯克斯家附近，去過柯爾在沃特路的家。在一些清單上，他是二十八號受害者，但自從亞希姆齊克刪掉了賽勒斯，萊爾斯就成了二十七號。

柯爾收集的一堆鑰匙中，馬克・史考特家裡的鑰匙相當特出，可以確認史考特很可能就是受害者。亨利說柯爾收集被他殺了的那些男孩的鑰匙，這樣才能進到男孩家中偷東西。那些鑰匙也是柯爾的獎盃。

亞希姆齊克的鑑識小組決定，船隻倉庫的第十二批遺骸是馬克・史考特。亨利堅稱史考特被埋葬的姿勢是「胎兒姿勢，頭朝上」，地點在高島，但是亞希姆齊克無視他的主張，甚至在報告中寫到，亨利和布魯克斯說過史考特的遺骸在那間船隻倉庫——他們兩人根本沒有說過。

船隻倉庫那副遺骸有一條癒合的鎖骨，這就排除了史考特。史考特一家說，如果法醫不是百分之百確認，他們不會接受那副遺骸——他們的直覺無誤。七號洞出土的十二號受害者終於確認了身分，其實是人稱「拉斯第」的小威拉德・卡蒙・布蘭奇，也就是那名找上柯爾當面對峙的警察的兒子。

一九八五年一則新聞報導，亞希姆齊克指出那副遺骸有十四個地方與布蘭奇相符，提供了「相當程度的可能性」。一發ＢＢ彈嵌在一根骨頭上，布蘭奇曾經被ＢＢ槍射過一次。他的顱骨也骨折過，肩膀的傷也與那遺骸的一致。除此之外，受害者手腕上有皮編的手鍊，與妹妹描述的樣子相符。

一九九一年，船隻倉庫第十五批遺骸的骨頭樣本（ML73-3355）經初步ＤＮＡ分析發現，與馬克．史考特的DNA一致。耐人尋味的是，亞希姆齊克的報告指出，一名毛髮分析師發現十五號未知屍體的深褐色頭髮，與史考特的金髮比對結果一致。

隨著鑑識程序越加進步，一九九四年哈里斯郡法醫室聘了一名法醫素描專家，在透明的顱骨上疊加畫出肖像，大家覺得看起來是史考特。該素描專家覺得方法不精準，但也答應畫了。一完成畫作，法醫室很肯定該顱骨就是馬克．史考特，儘管那顆顱骨有拔過牙，史考特卻是從來沒有。除了一小片碎骨，該副遺骸最終都交給史考特家火化了。

二〇一〇年，留下的那片碎骨經過更複雜的DNA分析，結果與先前鑑識相牴觸：史考特一家火化的是別人家的兒子。那名受害者是史蒂芬．席克曼，他住在亨利父親家幾個街區之外，最後一次有人看到他，他說要去參加一場在休士頓高地舉辦的派對。

史考特的遺骸消失或許是好的，因為高島挖掘結束後，一層新沙覆上了整片海灘，二〇〇八年艾克颶風（Hurricane Ike）淹沒了高島。儘管沒人做過科學驗證，但比利．鮑爾奇和強尼．德洛梅雙人墓中多出來的骨頭，有可能就是被平地機從其他尚未挖掘的墓耙來這雙人墓的。馬克．史考特據稱就埋在那雙人墓附近，很可能那多出來的骨頭就是他遺骸的一部分。

二〇一三年一則線上貼文中，調查記者芭芭拉．吉勃遜聲稱自己發現了馬克．史考特的遺骸，該遺骸被誤認成其他身分，不過吉勃遜沒有提供任何細節，只說有位鑑識牙醫確認了這個大發現。關於這篇文章，沒有其他媒體報導來證實，他也沒有在二〇二三年的著作中透露此一發現。相反地，他最後用亞希姆齊克一九九二年做的DNA聚合酶鏈反應分析[10]（Polymerase Chain Reaction，PCR）來說明十五號受害者的身分是馬克．史考特。

亨利說多次週年紀念的時候，亞希姆齊克都會向媒體報告他的工作進度。他暗示如果亨利肯配合，他們就能結束工作。這讓亨利很困擾。

「我打從一開始就已經做了我所能做的一切來幫忙。亞希姆齊克醫生從來沒有提出要和我聊聊。我以為要他安靜的唯一方式是我們兩個好好聊一下。事情是這樣的，我害怕他會錯誤詮釋我們倆的任何對話。德州巡警曾經跟我說，如果我需要任何協助，他們執法單位可以提供協助，只要寫信告訴他們就好。」

亨利寄出一封信書說明目前的情況。他只是想要有證人。德州巡警十分樂意幫忙，安排了一場面談。助理典獄長H．E．金克（H. E. Kinker）也在現場。亨利提醒金克這次會面可能會充滿敵意，而金克想要確保亨利全程安全。

亞希姆齊克到了監獄，亨利的印象是亞希姆齊克對這些證詞根本沒有半點興趣。

10 用極少量的樣本，在生物體外複製大量DNA，常用於檢定身分或檢驗病原體。

「他開門見山直說，他是來問問題，不是來聽我講話的。他也不會回答我大部分的問題。儘管如此，我還是盡可能誠實回答他，希望他可以不要再對人說我不合作。最後醫生開始一直煩我，示意我不夠坦率。我終於告訴他，我很確定自己沒辦法幫他，因為他根本不想要我的協助，所以我們應該就此打住了……他從來沒有考慮我說了（馬克・史考特）什麼，只堅持他自己的鑑識結果。不過，那次面談確實有些效果，因為醫生沒有再跟人說我不配合了。」

哈里斯郡法醫科學機構（Institute of Forensic Sciences）法醫人類學家雪倫・德瑞克（Sharon Derrick）為三具身分未明的受害者檢測 DNA，仔細翻遍了一九七〇年代的失蹤人口通報和警方檔案，其中兩具是船隻倉庫找到的，一具是在薩姆雷本水庫區。

德瑞克分別和亨利、布魯克斯面談，還拿出法醫素描家依據顱骨創作的肖像推測分解的死者可能長什麼樣子。亨利看著素描肖像無法認出是誰，布魯克斯認出了一名，但說不知道名字。他畫了張地圖標示那男孩曾住的家，還說了句令人鼻酸的話：「我希望我有告訴媽媽他（柯爾）對我做了什麼。如果我有跟媽媽說，我現在就不會在這了。」

二〇〇八年，循著布魯克斯的線索，並向幾名親戚確認過，德瑞克確認了 ML73-3349 案件的身分是蘭德爾・李・哈維。一九七一年，哈維從奧克福瑞斯特（Oak Forest）加油站下班，騎腳車離開之後就失蹤了，那時才十五歲。船隻倉庫裡，和遺骸一起埋的那些物件與蘭迪穿戴的相符。一九九一年、二〇〇四年的初始DNA分析失敗了，沒有比對出他的身分。他的眼睛被一把口徑.22的槍枝射穿，脖子上緊緊綁著尼龍繩。有人向警方告密說，布魯克斯威脅過哈維，所以德瑞克覺得布魯克斯是主嫌。

芭芭拉．吉勃遜和德瑞克一起發現所謂「麥可．鮑爾奇」的解剖報告有許多細節與亨利描述的死亡方式不一致，亨利說鮑爾奇是勒死，埋葬地點在薩姆雷本水庫區。鮑爾奇哥哥比利被綁架一年後，鮑爾奇在去剪頭髮的路上消失了。鮑爾奇兄弟的父母指認麥可樣式獨特的皮帶釦，亞希姆齊克把船隻倉庫那個洞裡的遺骸給了父母，好讓他們可以把兩兄弟安葬在一起（這位受害者被射了兩次）。其他特徵似乎可以確認這名受害者的身分，例如雷同的牙齒斷裂，但後來更先進的科技又讓該名受害者身分陷入重重疑雲。

德瑞克分析骨頭，發現林中找到的那批（ML73-3378）骨頭與麥可．鮑爾奇相符，就像亨利曾說過的那樣（這也顯示亨利無法認出那張素描肖像其實詮釋的不是太好）。因此，有另一位男孩被錯當成鮑爾奇埋了。

德瑞克找到一份羅伊．邦頓（Roy Bunton）的報告。一九七二年，這位青少年在上班路上失蹤了。所謂「麥可．鮑爾奇」遺骸的報告指出，雙腿異於常人的長。鮑爾奇沒有那麼高，但邦頓有；邦頓牙齒形狀也與遺骸的相符。由此可知，邦頓被當成麥可．鮑爾奇埋了，麥可．鮑爾奇的遺骸和那些身分不明的放在一起了。最後，這些錯誤都一併改正了，鮑爾奇兄弟終於可以葬在一起。

這樣一來，船隻倉庫獨留一名身分不明的受害者。該受害者很可能在一九七一或七二年失蹤，年紀介於十五到十七歲之間，褐色頭髮，穿著或帶著一套彩色直條附腰帶的泳衣。和遺骸在一起的還有一雙咖啡色牛仔靴、一雙棉襪、一條深藍色燈芯絨長褲、幾件白色平口褲、一條皮製腳鍊、茶色長T（T恤上有一個大大的和平符號、一串小小的LB4MF或L84MF字母），其案件編碼是ML73-3356。

德瑞克暫時將他視為一名叫羅伯特・弗蘭奇（Robert French）的男孩，會這麼判斷是因為寄到他辦公室的照片。本案許多骨頭碎片都送往北德州大學（University of Northern Texas）的人類識別中心（Center for Human Identification），那裡的科技或許可以識別出身分。此外，現在那裡擁有的工具，如鑑識用族譜DNA，就連片段的或裂解的DNA型別，都可以追溯祖先族譜。

布魯克斯知道好幾位柯爾獨自一人抓來、殺死、埋葬的男孩：那位姓名不詳的墨西哥男孩、可能是約克鎮公寓的兩名男孩、一名九歲的雜貨店小開、哥倫比亞住處一位姓名不詳的男孩。布魯克斯也說了，柯爾講過他自己在加州埋了至少一名受害者，也提過殺害傑弗瑞・柯寧之前，住在朱迪威街（Judiway Street）的時候，可能也殺了人。

亨利也說過載了一位搭便車的，那人的身分根據某些來源顯示是小威拉德・卡蒙・

布蘭奇，但那名受害者不是布蘭奇，又多了一位沒有姓名、柯爾自稱取走性命的男孩。

那位搭便車的不大可能是ML73-3356，因為他是在二月搭便車的，不大可能穿著或帶著泳衣。除此之外，高島上有個墓裡的骨頭是屬於根本還沒確認身分的遺骸。

布魯克斯和亨利的陳述為他們合作的犯罪提供了敘事框架，但這些說法可能無法揭露柯爾的犯罪職涯全貌。

孩子和殺手

亨利曾利用一些PTSD臨床引導，試圖掙脫不堪負荷的過往，卻依然困惑、思考他和狄恩．柯爾的那段經歷。那段經歷沒有一件事符合他認為的自己，不像遇見柯爾前的自己，也不像遇見柯爾後的自己。

「我融入這種思維模式時遇到一個問題，也就是積極、消極控制。我無法在回想的時候認為我經歷的是獎勵或正面的事。我不明白為什麼狄恩以我為榮或肯定我的行為，或他想要的任何事物對以前的我而言如此重要。他並沒有做任何我可以指出來說『噢，他是我的英雄。他是我長大想要成為的樣子。』因為根本沒有那回事。我也沒有拿錢，我根本沒得到任何實質好處；他也沒有在員工或朋友圈內提升我的地位。我的待遇並不是那麼好，但是狄恩一直在。如果我打給他，他一直都在。」

對成年的亨利而言，要欣賞年少的自己看事情的角度，相當困難，因為青少年生理狀態的影響，身體會滿溢化學物質，某些事情因此變得非常重要，但過了那段時期，感受就沒有那麼強烈了。亨利並非特例，大家都跟他一樣。

其他共犯

成年罪犯想要找共犯時，都清楚知道有無窮無盡的脆弱青年可以引誘犯罪。有時候遇到對的餌很簡單，只要一直出現在孩子的生活中，一舉一動都彷彿知道自己在做什麼就好——正如亨利提過的。如果孩子認為那名成年人悟出了生命的真理，那他們就會去做自己從未想過會做的事——即便可怕的事，也照做不誤。

就像狄恩．柯爾那樣，在加拿大安大略密西沙加（Mississauga, Ontario）的青少年，都知道三十六歲的道格拉斯．摩爾（Douglas Moore）有毒品，也就是供應者。摩爾在某間國小對面賣大麻，開放自己的家給青少年來玩樂廝混。摩爾也是一名戀童癖連環殺手。

十八歲時，摩爾被判性侵害罪，性侵了四名男孩，年紀從十二到十六不等。摩爾被判緩刑，後來又犯了同樣的罪，受害者是一名十二歲的男孩。這次，他被判四年刑期。

摩爾表現良好，法院特惠一日假釋，摩爾卻用了那日假釋性侵另一位男孩，於是又被判另外四年刑期。獄中，摩爾成了大藥頭，也參加了性罪犯治療計畫。大家認為他痊癒了，於是他提早出獄，那正是他搬到國小附近的時候。皮爾區警察局（Peel Regional Police）在事後稱，沒注意到有一名戀童癖連環殺手住在他們的轄區，更不用說就住在學校附近。

二〇〇四年春，摩爾被逮捕，罪行是他在寄養場所幫忙帶小孩，竟然在該處猥褻多名身障孩童。擔心又要進監，摩爾便結束自己的性命。他的離世害警方無法詢問他是否知道三位失蹤人口——兩名年輕人、一名男孩——的下落。

二〇〇三年十一月，二十二歲的羅伯特．格雷瓦爾（Robert Grewal）和二十歲的喬瑟夫．曼其思（Joseph Manchisi）雙雙失蹤。其中一位的父親向該區居民打聽，聽說摩爾是他們倆的熟人，這名字反覆出現。但當他告訴警方摩爾這號人物時，據稱一名員警說了：「這類型的（性罪犯）通常不會使用暴力。」所以沒有人調查。過了一個月，十五歲的雷內．沙勒布瓦（Rene Charlebois）在同一個區域消失，最後一次有人看到是他離開學校，他的媽媽說，警方根本沒做事。

二〇〇四年初，兩具無頭無手的男性軀幹出現在蒙特婁（Montreal），身分鑑識結果為格雷瓦爾和曼其思。過沒多久，有人在奧蘭治維爾（Orangeville）某座掩埋場發現沙勒布瓦慘遭肢解的屍體。

真的協助摩爾丟棄證據之後，摩爾的前妻和一名十四歲男孩（加拿大媒體不具名）被控協助凶殺。男孩承認摩爾在自家連棟住宅車庫殺害格雷瓦爾和曼其思時，他在場。摩爾把其中一名受害者綁在椅子上，用溜冰鞋帶勒死，拿了根棒球棍打死另一名。

摩爾相信，那兩個男孩搶了他價值好幾千美元的毒品、珠寶、現金（結果是共犯搶了他，並誤導摩爾是其他兩人幹的好事），但是摩爾為何殺了沙勒布瓦，依然是個謎。這名十五歲的受害者長時間都在聊天室混，或許是摩爾引誘他加入性愛場面，警方並沒有透露他是否遭到性侵。

這名十四歲的共犯接受審判。儘管他的律師主張當事人一直受到摩爾的影響，既混亂又害怕，法官判定他在凶殺中展現了「一些積極主動」，得負起幫助犯的刑事責任。該男孩丟棄了一把刀，男孩之前用那把刀肢解屍體——不是摩爾下的令，然後就著麼捧著受害者的頭，等摩爾在自助洗車區洗好車子，幫他一起在樹林埋葬被肢解的部分。

十四歲的男孩意識到摩爾因為謠傳的搶劫打算殺了那兩個男孩，卻完全沒有阻止摩爾也沒有警告任何人。男孩共犯聲稱，他視摩爾為父親，才會做了摩爾想要的事。最後因為他年紀小，只服了六個月的刑期。

不論我們多麼認真教育小孩要警惕陌生人，強調陌生人很危險（甚至可疑的鄰居也很危險），小孩成長期間就是想要探索。有時候小孩想要冒險，或試試看自己的能耐；有時候小孩就只是想要接近像摩爾這樣名聲不好的人，又或者想要吸食他提供的毒品。這段成長期，小孩非常容易受到邪教、不良同儕、實驗行為的影響。

要預先判斷誰可能是性獵食者，幾乎是不可能的。有人看起來「陰森可怕」，不必然就是罪犯，有人看起來衣冠楚楚，也不能排除不是猥褻孩童的禽獸，或不是壞影響。想要靠特徵、外貌、言行舉止而獲得精準預測，目前依然遙遙無期。我們必須多加關注那些巧妙掩飾自身偏好的人。

戀童癖通常分成四類：極端暴力型戀童癖（Mysoped）會猥褻、性虐待兒童，或傷害兒童身體；他們是虐待狂。退縮型兒童性侵害犯（regressed child offender）通常和成人交往，但會在壓力大時性侵孩童；這讓他們覺得一切還在掌控中。固定型兒童性侵害犯（fixated child offender）卡在性心理發展早期階段，與同齡成年人沒有社交接觸，認為虐待行為是「情意」。最後一類，無知型戀童癖（naive pedophile）不分是非對錯，通常是因為精神狀態不穩定或智力低下。柯爾似乎介於極端暴力型和固定型之間。

研究人員魯本．朗（Reuben Lang）和羅伊．弗倫澤爾（Roy Frenzel）訪問了五十二名亂倫性侵犯和五十名戀童癖性侵犯，發現研究受試者犯下性侵的時期，平均年齡為三十四歲（柯爾當時是三十到三十三歲）。典型的犯案手法是先和父母做朋友，接著說可以幫忙顧小孩（受害者），或說可以帶小孩去打撞球、運動、海灘郊遊、打電腦遊戲等等。罪犯漸漸融入受害者的生活，讓自己變得不可或缺。柯爾有交通工具、撞球檯、房子，還可以提供酒精、毒品。他開車帶男孩到沙灘，或順便載他們到其他地方。布魯克斯和亨利都逐漸依賴他，依賴讓他們更容易忽略柯爾的「那一套」。

戀童癖通常不會有人察覺，因為他們的言行舉止彷彿光明磊落，沒什麼好隱瞞，他們會主動幫忙，人也很友善。安東尼・巴倫（Anthony Barron）五十四歲，親切友善。他的朋友和鄰居得知他被判八十九起性侵小女生罪行，大家都相當震驚。

巴倫志願在童子軍擔任財務，在親師組織也很活躍，大家都信賴他。但整整九年，他有規律地性侵至少十一名女生，有些年齡甚至只有三歲。巴倫先和父母做朋友，讓他的出現合情合理，人又看似充滿關愛，還是一名父親和祖父。有些家長有事出門時，會讓巴倫顧小孩，巴倫會用遊戲、玩具、迷人舉止說服到他家的女生配合。巴倫會錄下自己猥褻女生的過程，同時架設一臺相機和一臺攝影機，用從不同角度捕捉畫面。巴倫會用糖果來賄賂，要女生乖乖保密。

理解性侵犯獵食者對公共安全至關重要，而知道戀童癖鎖定的兒童類型也同樣重要，包括瞭解那些他們招來一起犯罪的兒童。

操作原理

有些孩子天生容易惹禍。他們可能很焦慮、消極、被動，或需要關注，困苦的生活會加劇他們的問題。有些不良行為是源於家庭影響、大環境、社群媒體、犯罪壞榜樣。有些孩子陷入某種情境，但太害怕了，不敢告訴任何人，又或者他們不說是因為不想被視為告密者，即使他們有適當的道德教養，他們還是會一時混淆。他們的踟躕猶豫，成了獵食者計畫的一環。他們等越久才通報警方或離開那種情境，獵食者就越容易說服他們現在已經陷太深，要抽身已經太晚了。

熬過亂糟糟的童年，李・博伊德・馬爾沃（Lee Boyd Malvo）緊抓著四十一歲的約翰・穆罕默德（John Muhammad），好似這是生活中唯一穩定的力量。生父斷了聯繫，馬爾沃一直承受著媽媽的情緒不穩，生活毫不安穩，媽媽總是忽視他、拋棄他，而穆罕默德接納了十幾歲的馬爾沃，待他相當好。馬爾沃是那種穆罕默德認為可以變成他的「士兵」的孩子。一步一步，穆罕默德贏得了馬爾沃的信任，利用這份信任要他盲目服從，最後馬爾沃同意為他殺人。他們之間也有稍早介紹過的「認知同步」狀態。

馬爾沃寫道：「我百分之百相信他。不管他如何，他言行一致……如果他說出口，那就像隔天太陽總會升起般美好；我不只是接受他，他還成了我效仿的對象，潛移默化中我吸收了他的性格……他可以依賴我，因為他瞭解我，知道我的動力是什麼，如何激勵我、責罵我，知道我憤怒的強度，因此當然也知道我行動之後的結果。我把思考的重擔留給他。沒了他，我什麼都不是。」

二〇〇二年有三週，「華盛頓特區狙擊手」（Beltway Snipers）穆罕默德和馬爾沃沿著美東的95號州際公路，隨機射擊十三人，其中有十人死亡。後續調查顯示，他們與其他州的槍擊事件有關。馬爾沃是主要射擊者，那時才十七歲。他接受審判，被定罪，被判十個終身監禁且不得假釋，六個在馬里蘭州（Maryland）服刑，四個在維吉尼亞州（Virginia）。

梅奧利法醫諮詢公司（Meoli Forensic Consulting）的安東尼・梅奧利（Anthony Meoli）曾密切接觸馬爾沃，談話過程都記錄在《華盛頓特區狙擊手訪談》（*Interview with the DC Sniper*）。梅奧利詢問穆罕默德是如何成功灌輸這麼強的父子羈絆，馬爾沃回道：「他不必灌輸什麼。在他之前，就有一個十五年來父母製造的空缺，我持續努力想要填滿，我父母幹他媽的完全不在意。他只要人在那裡、現身、行為持續一致就足夠了。他很壞，他很糟，但他始終如一，他總是在那裡。」

要求他多描述一下自己掙扎是否去做穆罕默德要求的事，馬爾沃說：「那時候，我沒有時間思考。一天二十四小時我都有事情做。他有兩次學到，如果他的離開讓我有時間思考，我就會開始崩潰。因此他只好讓我一直有事忙，只要我有事可做……那一切都沒問題。」

在審判的時候，馬爾沃講得更簡潔了：「我太想要填滿生活的空洞，已經準備好隨時為他赴死。」

法醫精神科醫生尼爾．布隆伯格（Neil Blumberg）認為馬爾沃患有解離症，這是先前易受穆罕默德思想灌輸影響的結果。布隆伯格也診斷出馬爾沃患有憂鬱症和行為規範障礙症。他寫到，暴力行為人的童年會亮起許多警示燈，就是發生遺棄、虐待、忽視、不穩定、極度不一致的時候，尤其是對男性行為人而言，這些警示特別重要。

法院下令社工師卡梅塔．阿爾巴魯斯（Carmeta Albarus）找尋任何或許能減輕本案死刑的資訊。阿爾巴魯斯和心理學家強納森．H．麥克（Jonathan H. Mack）合作。阿爾巴魯斯和馬爾沃碰了好多次面，還去他在牙買加的家鄉訪問他的親戚、老師、朋友。

他開始瞭解，瑪爾沃曾經是前途一片光明的年輕人，但雙親不斷施虐又反覆拋棄，造成他與雙親疏離，極度渴求引導與支持。約翰．穆罕默德打過第一次波斯灣戰爭，透過洗腦、射擊訓練、種族仇恨制約了徒弟，徒弟變成易怒、解離的殺手，對受害者沒有半分同理。然而阿爾巴魯斯說，正是因為馬爾沃年紀小才這麼容易受影響，尚可形塑的大腦也成了他的救贖。在諸多有利條件下，他之前有的使命感、尊嚴、關愛他人等特質都可以重新建立。也就是說，他不是天生的心理病態，只在壞的影響和受控環境下，一度成了心理病態。

馬爾沃的狀況好轉許多，開始明白自身罪行的嚴重性。他請求馬里蘭州重新判刑。二〇一二年米勒訴阿拉巴馬案，美國最高法院禁止判青少年罪犯強制終身監禁，除非被認定永遠無法改過自新，但那實屬罕見個案，寥寥無幾。

最高法院認為量刑被告必須考慮發育程度、教育程度、身處困苦環境等不同因素，也要考量青少年心智尚未成熟、行事衝動、容易學壞，而且通常喜歡冒險的事實。換句話說，他們孩子般的舉動未必就是「墮落的鐵證」。儘管美國最高法院在二〇二一年修改了標準，認為永遠無法改過自新不該是必然標準，但馬里蘭法院（Maryland Court）依然裁定馬爾沃有權要求重新審理。

馬爾沃的公設辯護人力爭道，馬爾沃應該適用馬里蘭州新法，在青少年時期被定罪的人可以在服刑二十年後申請釋放。馬里蘭州上訴法院（Maryland Court of Appeals）說馬爾沃要獲釋不大可能，首先他必須在維吉尼亞州獲得假釋（有四個終身監禁），才能開始在馬里蘭州服接續進行刑（consecutive sentences）。

二〇二二年八月三十日，維吉尼亞州假釋委員會（Virginia Parole Board）駁回馬爾沃第一次的假釋申請，委員認為馬爾沃還是「對社會有危害」。然而馬爾沃一離開穆罕默德的掌控，道德觀就轉變了，新的道德觀成了他的行為準則。撇開法律判決不談，不得不說馬爾沃的故事，為心理健康諮商師和受刑人重返社會團體提供了良好範例。

亨利的觀點

就像穆罕默德搭上馬爾沃，柯爾也搞了一連串步驟繞過亨利原本的道德訓練，儘管柯爾不如穆罕默德那麼激烈或專注。亨利成了柯爾的學徒，但也承受心理上的折磨。亨利喝酒又嗑藥，想讓自己興奮一點，才能疏遠一點、麻痺一些。每次遠離柯爾的時候，亨利就會試著重新過上正常生活，希望柯爾會停止殺戮。

亨利理解自己的心理如何獲得補償：「我必須區隔化。我生長在一個基督教家庭。從小受的教育讓我相信家庭價值。我也被養成一位好人、一名南方紳士。我和狄恩在一起時，那一切教養都暫時擱置了。狄恩離開之後，我又能找回原本的我，現在我是天天都在做那個原本的我。說自己是因為年紀太小才無法應付連環殺手，對我而言，其實很困難。客觀來講，我可以說沒有一位十四或十五歲的人有能力好好應對一名年紀大了一倍的連環殺手──一名就連現在的有關當局也無法處理的人。那麼為何他們期望一名十五歲的少年會有更好的應對？但這時問題又浮出來了，我韋恩・亨利被好好養育長大，怎麼可以讓這種事情發生呢？哪怕只是一次？」

好不容易找到方法度過恐慌症發作和未曾停歇的惡夢，亨利進一步理解他和柯爾牽扯在一起的代價。「我必須接受，任何孩子——因為那時的我就是個孩子——只要被按下正確的按鈕，都可能被操縱。狄恩按了我所有按鈕。他說服我背後還有權力更高、更大的聯盟、打手、形態各異的壞人。因為這樣，我覺得他們是威脅。在法律面前，沒有任何藉口或理由。……但他讓我意識到我已經參與了一起我毫不知情的凶殺。我覺得：『我要坐上電椅了。』」

「被逮捕的時候，我沒有可以參照的說法，無法明白我到底怎麼了。我那時候不明白。好長一段時間，我就信了所有媒體炒作，我肯定骨子裡的自己就是邪惡的。但開始可以退一步來觀察時，還有許多人專注研究（誘拐），我可以發現狄恩是怎麼拐我走進了那個過程。他會帶我走幾步，讓我抵達他想要的地方，然後再帶我多走個幾步。他已經帶我走到某個境界，我參與了我認為是迫害白人為奴的罪行，然後當我遠離那罪行，狄恩會再強調問題的嚴重性。他可以看著我的眼睛說：『這是我做過的，這也是你牽扯進來的，而這是即將會發生在你身上的事。你別無選擇。繼續跟著我做，不然就等著警察殺了你……否則換我殺了你。』」

亨利努力講述自己的經歷時受到兩方面影響，一是目前五花八門的研究，二是對青春期可塑性的認識。他正在辨認柯爾使用的情緒觸發點，例如他需要讓父親以他為榮、他需要為自己挺身而出；也在辨認柯爾使用的正向強化、負向強化。「這看似很蠢，但有那麼一次，他想要我對某人做某事，等我做完了，他就會去做藍莓瑪芬給我。」

亨利反覆說著對他而言，柯爾的認可相當重要。

「如果我的舉止是為了繼續存活，那麼狄恩的認可代表我會活下去。」

亨利有的多是軟限制，柯爾可以一步步攻破。就像他社交圈的其他人，亨利年輕、易受影響、有點反叛性格、願意犯點小罪。柯爾看見他有多麼容易受影響。

亨利說：「狄恩一眼就看出了我是可以操控的對象，但我從來不讓自己承認這點。我總是告訴（我自己），不，你是個大人，你會負起責任。你是聰明的人。這些事從不該發生，但還是發生了，因為我是個孩子……狄恩・柯爾給我權力，也給我認可，還有毫無罪惡感的生命意義。我為他做的任何事，或我和他在一起做的任何事，都是獲得認可的。」

沒有一套公式可以說得清楚，每一位獵食者在尋求什麼。一般來說，獵食者看到就知道——殺手雷達。獵食者在青少年間找尋夥伴時，會特別注意那些可以形塑的孩子。獵食者的自戀讓他們相信，他們可以獲得控制；他們的嗜虐又迫使他們出手，而他們的毫無悔恨抹除了他們感受到自己傷害他人的可能。

柯爾拐了一位害羞不安的男孩，如布魯克斯，給予他想要或需要的事物，把他塑造成可以接受性侵害和凶殺。柯爾認為亨利是個社交資產——孩子可以吸引其他孩子——因此漸漸消磨掉亨利的信仰，再進一步利用他的憤怒。

開始意識到這種團隊的互動關係，尤其是那些操縱小孩弱點的團體，可以協助制定保護策略。對那些打算把小孩納入麾下的罪犯而言，孩子很容易受影響這點亙古不變。只不過，現在獵食者的「遊戲場」和「工具箱」，範圍擴大、種類變多了。即使監視、教育、告誡、警世故事多管齊下，這些罪犯還是有許多方法可以危害社群和孩子。

第八章　其實近在眼前

獵食者的世界觀

克里斯多福・懷爾德（Christopher Wilder）覺得大難臨頭。警方正在著手調查多名與佛羅里達州三十九歲承包商有關的失蹤女子。一九八四年，他打包行李往西逃，沿途引誘了幾位小女生，利用常見的青少年期望控制他們。有時候他只是偷女生的車，但其他時候他會先折磨後性侵再殺人滅口。然而，他留著一位女生來協助自己。整整九天，女生都乖乖聽話。

逃亡的時候，懷爾德在大賣場或停車場尾隨年輕女生，告訴他們他是攝影師，正缺模特兒。他開始撒餌，稱讚他們的美貌，保證光鮮亮麗的職業生涯。他說服他們到車子看看作品集——他真的有準備一份照片供人翻閱，趁他們看著照片放下防衛時，強迫他們上車。

一九八四年四月四日，懷爾德在加州一間店看到十六歲的蒂納・R（Tina R）。他再施慣技，蒂納受寵若驚，讓他拍了照，但接著他拿槍脅迫蒂納聽命行事。他強暴他，但沒有殺人滅口，反而覺得可以好好利用蒂納，把可能被人看到和失蹤女生在一起的危險降到最低。

他載著蒂納越過整個國家到達印第安納州，派出蒂納引誘一名正在填寫工作應徵表格的女生，誘餌是保證會有工作面試。蒂納向那位女生自我介紹，說自己叫做蒂納・懷爾德，得知那位求職女生叫唐內特（Dawnette）。

蒂納邀請唐內特到外面和「店經理」說個話，接著懷爾德綁架了唐內特，叫蒂納負責開車，因為他要在車上強暴唐內特。到了飯店，懷爾德折磨唐內特。到了紐約，懷爾德抓著唐內特進了樹林想要悶死他，但唐內特奮力反擊。懷爾德刺傷唐內特，唐內特裝死，懷爾德就離開了。最後，唐內特想盡辦法找到路，獲得幫忙。

到了紐約維克多（Victor）鎮附近，懷爾德利用蒂納再偷一輛車。他朝那名女性駕駛開槍，然後帶著蒂納到機場，給蒂納足夠的錢飛回家。據報導，他叫蒂納吻一下他的臉頰，催促蒂納去寫本書。

蒂納一抵達洛杉磯，就搭計程車到內衣店買衣服。後來蒂納說：「我的腦袋一片空白。」接著他向警方通報自己遭遇的苦難。這時，一名新罕布夏州（New Hampshire）州警認出了懷爾德，上前接近他，卻沒能阻止他舉槍自盡。

懷爾德被稱為「選美皇后殺手」（Beauty Queen Killer），因為他在選美大會現場尋找年輕女生，帶著作品集執行自己的拐人計畫。他顯然看到蒂納的某個特質，才願意放手不掌控並相信蒂納。超過一個禮拜，蒂納都聽命行事；後來才向媒體承認，他認為多虧自己的童年動盪不安，生長在非法摩托車集團之間，才幫助他應付懷爾德，進而倖存下來。

蒂納坦承：「我心裡有數，某些特質讓我知道要怎麼配合他人。」儘管懷爾德專注在預計殺掉的受害者身上，但和蒂納一起行動，他改變了犯案手法，不再殺人，而是管理，因為他感受到蒂納有些特質他可以好好利用，增加自己的利益。

獵食者會評估每個遇見的人，分為潛在障礙、目標、夥伴或推手。通常，獵食者會形塑一個角色，造成誤會，產生信賴。

喬・孔德博士（Dr. Jon Conte）任職芝加哥大學（University of Chicago）社會科學副教授時，執行一項研究，研究結果於一九八九年刊登，該研究邀請某社區治療計畫的二十名男性性罪犯，描述他們是如何鎖定目標、拐騙兒童、維持性虐待兒童的狀況。

大部分受試者認為他們有個特殊能力，可以一眼看出容易受影響的孩子。大部分受試者也會利用系統減敏法，為孩童做好面對虐待的準備。多位受試者深受友善孩童的吸引，但其中有些人會特別尋找「某種缺陷」。

這些性罪犯也會評估那些似乎可以保密的孩童，通常因為那些孩童形單影隻，或看起來迫切渴望成人的指導。那些孩童沒有朋友，願意做些什麼來得到朋友，其中一名性罪犯說道：「用愛作餌。讓那個孩子獲得額外的關注。」

禮物、好話、關注、同情都可以協助他們接近小孩，也可以協助他們維持虐待。多位性罪犯的起手式都是開黃腔（就像柯爾）和言語誘惑。「站在他們的高度，問問他們那天過得如何、喜歡什麼。」

此外，他們也會好好拉攏小孩身邊的人：「有越多受害者身邊親近的人相信你越好」、「把受害者和那些會保護他們的大人分開」。目標是讓小孩相信大人默許這一切發生，這會讓小孩比較不會去告訴其他人。

儘管這幾位性罪犯主要是虐待受害者，但拐騙青年共犯的策略其實大同小異。對獵食者而言，就是透過剝削的眼光來研究人性，然後操縱人類共通的傾向和預期。

一份研究說服的關鍵報告中，社會心理學家羅伯特．席爾迪尼（Robert Cialdini）根據數百份關於順從的研究，摘要出影響他人的核心原則。他指出人性的六個關鍵面向會「吸引人靠近你」。他解釋，好的說服家「會撩動我們所有人內心共有的琴弦。」好說服家的目標是，創造一個準備好回應的心理狀態。獵食者可以撩動心弦，引誘共犯、受害者上鉤。

其中一個策略是擺出權威人士的架子，裝作知識淵博或手握大權。成功的獵食者會偽造人格，活像打了一針強效信心劑，也會實際去獲得有權的位置，來增添特權和信賴的光環。如果獵食者還口齒流利，就有另一個優勢，因為語速比一般人快，看起來對自己講的東西很有自信。獵食者看的是人心的不確定，再帶著清楚明確的指示介入；人感到安全就更有機會配合，尤其會配合說清楚講明白的人。

席爾迪尼說，成功的說服家注意到，人通常會為喜歡的人做事。獵食者利用讚美、共同利益或問題，又或者類似的手勢、衣著、姿勢，增進關係的融洽和諧。獵食者也會送禮物，因為大家通常都覺得需要禮尚往來。獵食者也會試著讓對方開口承諾，因為大部分的人不想打破承諾，想要說到做到。

狄恩．柯爾使用其中幾項策略，確保共犯寸步不離，或在獨自行動時抓到受害者：禮物、資源、愉快的表象、一處可以玩的地方、某種自信、一輛車、順道載一程、保證酒精與毒品源源不絕。為了讓亨利在初次綁架時乖乖順從，柯爾動用了幽默、壓力、金錢、謊言。殺了那名年輕男孩後，柯爾觸發了陷阱：亨利現在是凶殺共犯了。「他帶著我直到那一刻，我願意接受事實的那一刻，事實就是他殺了人，而我參與了一切。」

柯爾為這次共謀添上背景，說在達拉斯還有一個嚇人的性販運組織撐腰，讓亨利相信自己捲入了組織犯罪。這已經超出亨利的能力範圍，無法平安度過這麼危險的情況，畢竟他年紀輕輕，毫無經驗。

看到標記

儘管大部分人認為自己有敏銳的第六感，能識破欺騙和表裡不一，但獵食者知道如何轉移注意力，削弱第六感。警方為柯爾案詢問過那麼多人，沒有一個人說感受到柯爾有一絲險惡。即便柯爾當著同事的面評論殺人的難易，同事也只認為這種知識是柯爾從軍的經驗。

人類的天性是專注、不分心。人類需要看見重要的事情，而非全部事情，因此會選擇性挑重點看。人類的知覺系統會根據有限的知識和經驗打造上、下文，通常會看見預期要看見的，並依照那樣的預期行動。

二〇一五年，愛開玩笑的 YouTube 創作者喬瑟夫．薩拉迪諾（Joseph Saladino）做了一個社會實驗。他取得三名家長同意，拍攝他在紐約市某遊戲場和他們孩子的相遇。每個孩子都耳提面命過了，不要和陌生人講話。接著，薩拉迪諾用一隻幼犬引誘小孩到一處他們容易受傷害的地方，所有孩子很快就上鉤了，甚至牽起薩拉迪諾的手。三名家長很震驚，薩拉迪諾的策略輕輕鬆鬆瓦解了他們的教導，看到一隻可愛狗狗這個念頭蓋過孩子的警鈴。

薩拉迪諾的研究飽受批評。有人說，這些孩子看到他和家長聊天，所以他不算是陌生人，因此孩子覺得自己是安全的。儘管如此，孩子認識他，不必然就會減少他可能是危險的想法。

有個可怕的案子，三十二歲的艾弗瑞德．戴爾（Alfred Dyer）擔任小學交警，接觸原本就認識的三位女生，年齡七歲到九歲不等，問他們想不想獵小兔子。三個女生認出是學校的交警，也想要看看小兔子，所以就跟著戴爾走了。這是日正當中，一座城市公園內。戴爾確保自己一直走在前方，才不會被看成好像要護送他們離開。一到了灌木叢後方，戴爾就開始性侵三個女生，然後一一勒死。

後來他說，他很訝異，說服他們原來這麼容易。下對餌，就算孩子已經收到警告，再加上獵食者可以讓情況看起來安全的話，還是可以成功引誘小孩。

二〇一四年，佛羅里達州進行了另一個實驗，青少年獲得試鏡的機會，通過的話可以參加實境節目，說不定能聲名大噪。有些受試者在進入無窗廂型車前，願意交出自己的手機。「不到一小時，我們接觸了十九名學生，從大一新生到研究生都有，其中六個交出手機，進了我們的迷你廂型車——手機是他們唯一能求救的生命線。」其中一名學生最近甚至還參加了「夜間安全回家計畫」（Safe Walk program）。「他承認自己沒有多想，就坐進那臺廂型車，還說安全測試是很好的提醒。」

孩子很容易沒注意到可能的後果，做出糟糕的決定。

儘管如此，獵食者通常會做出一些令人警惕的行為。你確實可以讀出這些警惕，但必須有人告訴你、提醒你，而且你還得認得出那些徵兆。在一段談話中，可能會用手或手指輕微刺激自我（「率先接觸」），也會和小孩有肢體接觸。

在沒有獲得許可的情形下，觸碰、捏捏肩膀、揉揉背、站得很近等任何形式的親密接觸，都是值得擔心的理由。如果一名年紀較大的成人，言行舉止卻像孩子的同儕，家長應該多加警惕，尤其是該成人進入了孩子的臥室（就像柯爾在亨利家做過的一樣）。

語調是相當強大的武器，可以聽起來兼具支配他人、親暱又誘人的特性，一步步迷住目標。口音可以有其效果，低沉的嗓音也是。輕柔的語調會把人越拉越近，尤其是搭配上精心計算的肢體語言，效果絕佳。

戰略上，現在許多獵食者已經從街頭移往匿名的線上世界。比起家長，孩子通常都很擅長線上社交，但依然沒能意識到，隨意提供個人資訊會引起獵食者注意。這些孩子等同於那二十名治療中性罪犯所說「友善的」孩童，即他們偏好的目標。

有了智慧型手機，孩子現在手中握的東西讓他們變得最容易受影響。智慧型手機提供獵食者一個入口，帶來「按讚」、負面評論，造成孩童焦慮、不安，特別是在孩童缺少健全榜樣的時候，情況特別嚴重。

孩童會看到朋友在哪裡，也會看到他們有沒有被排除在外，還可以看到他們究竟和同齡「網紅」（或年齡更小的網紅）差多少，甚至能看到要是產生這些念頭時，該如何自殘。這讓孩子十分容易受到陌生人影響——尤其是看起來都有答案的成人。而在網路上，獵食者也更容易裝年輕。

二〇二二年十一月，二十八歲的奧斯汀・李・愛德華茲（Austin Lee Edwards）假裝自己是十幾歲的男孩，在線上騙了一名十五歲的女生。想要綁架女生，卻失敗了，愛德華茲殺了女生的媽媽和祖父母。愛德華茲不是一般的獵食者；愛德華茲是副警長。

大部分孩童不明白自己暴露了多少資訊。二〇一九年到二〇二〇年間，美國國家失蹤兒童暨受剝削兒童中心（National Center for Missing and Exploited Children，NCMEC）指出線上性引誘通報數量大幅上升，從一萬九千次通報上升至將近三萬八千次。「我們的『網路線索』（CyberTiplin）接獲的線上引誘通報，出現明確且令人不安的上升幅度。光是二〇二〇年，我們就看到這類型事件發生機率，相較去年而言，增加了百分之九七・五。」有了濾鏡，獵食者可以把自己變得像其他青少年，甚至是異性。獵食者研究青少年特有的用語，學習他們的流行事物，利用機會交談。AI工具或許能增強獵食者假扮的能力。

NCMEC指出，瞄準兒童的性獵食者通常都是男性，年齡介於三十到六十五歲之間。這些人通常是收藏家，收藏兒童色情圖片或影片；閒聊者，只是喜歡和小孩聊性；「旅行家」，鼓勵實際碰上一面，面對面接觸。不論是線上還是街頭，大部分的性獵食者都會觀察幾個關鍵行為，找出容易受影響的孩子：

- 不受歡迎或被大家捉弄的對象
- 被孤立
- 表達被忽視或沒有人愛的感受
- 尋求關注
- 低自尊、缺乏自信
- 缺少資源
- 缺乏家長監管
- 經歷嚴重家庭問題，如離婚、物質濫用、犯罪
- 不大確定自己的性傾向
- 想要金錢、毒品、冒險
- 道德界線模糊（軟限制）
- 家長輕易就讓他人照顧孩子

柯爾注意到，布魯克斯沒有家庭牽絆。雙親離婚，不論爸爸、媽媽都不大關心他，所以布魯克斯是容易下手的目標。柯爾發現亨利對父親的虐待感到憤怒——這是瓦解柯爾家庭的原因，也是搞砸柯爾自我感的原因。

柯爾利用兩人相似的背景，知道要怎麼給予布魯克斯需要的有禮關注，也知道如何操縱亨利的隱隱怒火。有些獵食者會建立「指導」關係，柯爾就是這種；其他獵食者會改變言行舉止，彷彿他們和下手目標年齡相仿。柯爾也會這麼做，他會假裝自己是有年輕人態度的酷酷成年人。因此，獵食者看起來在青年的疑慮和成人的穩定之間，架起了橋梁。亨利形容柯爾這方面的行為時，說是特別吸引人。許多人說，柯爾知道如何讓他們覺得自己是特別的，好似他們真的那麼重要，這種感覺令人神魂顛倒。

孩子也喜歡嘗試新鮮事物（實驗）。那些回報遭遇性獵食者的人，都有一些特定的行為。一項研究顯示，若下列行為中，年輕人有四項以上的話，極有可能成為受害者：

1. 在五花八門的線上場合與人互動
2. 和陌生人隨意談論性話題
3. 允許陌生人成為好友名單的一員或加入他們的社群
4. 發表無禮低俗的線上言論
5. 瀏覽色情網站

一旦開始和目標互動，獵食者就會再三強調要保密，還會獎勵忠誠。他們可能讓孩子相信，如果說了就完蛋了，或相信如果說了家人會避而不見，又或者相信如果說了會毀掉這段與獵食者的「特別」關係。他們甚至可能會威脅，說要傷害孩子的家人。

獵食者接觸孩子的時候，確實會露出許多馬腳。可能是陌生人送的禮物或來電，又或者是手機或電腦上更加祕密的行為。孩子開始舉止大變時，尤其是變得更具攻擊性、更加孤僻寡言、物質濫用加劇，家長就應該調查是受了誰的影響。

任何吐露出壓力增加的言行舉止，例如睡不好、吃不下、焦慮、易怒、攻擊，都應該被視為可能不只是發育期的行為而已。亨利展示了上述所有行為，導致親朋好友擔心不已，媽媽為此幫亨利約了精神科醫生。媽媽有看到這些徵兆，但等到行動的時候，卻為時已晚，令人不勝唏噓。

就像柯爾用來威脅他的青少年皮條客而提到的達拉斯販運組織，網際網路創造了兒童色情和性販運的交易，執法單位和立法規範都還跟不上該貿易的發展。二〇一九年，梅蘭尼・韋佛（Melanie Weaver）在亞利桑那州立大學（Arizona State University）的博士研究指出，今日蓬勃發展的兒童色情數位產業，產業根基在先前建立的網絡。

韋佛展示今天大量的兒童色情影片，可以追溯到約翰・大衛・諾曼產生的那些主要清單。網際網路，尤其是暗網，只是助長了兒童猥褻犯的社交網絡，否則這些罪犯還會是孤獨之狼。他們互相分享製作策略，講述新的機會，相互支持犯罪活動。有利可圖的兒童色情片網絡大幅成長，擴張國際，直接交易受害者或受害者圖片來賠償彼此。

要確保兒童安全，家長和監護人是第一道防線，必須制定清楚網際網路使用規則，並且堅定立場，定期監視、保持溝通開放、討論獵食者實際上使用的線上和手機誘餌。有些孩子還是會跟著引誘走，但其他孩子教育之後，可能就會收斂，不再亂跑。

市面上有「識人」自助指南，有些提供了危險行為列表，另外還有優良讀物可以供參考：

- 羅伯特．海爾的《毫無良知的病態人格》（遠流出版）
- 大衛．吉文斯（David Givens）的《犯罪信號》（*Crime Signals*，暫譯）
- 蓋文．德．貝克（Gavin de Becker）的《恐懼，是保護你的天賦》（臺灣商務）
- 《守護天賦》（*Protecting the Gift*，暫譯）

指引

需要考量的事百百種。根據目前知道的共犯經驗，包含了加入犯罪團體前的他們，以及離開犯罪團體後的他們，完全可以列出一套正式建議：

1. 注意大部分時間都在和孩童相處的成人，尤其從未邀請任何家長一道郊遊或聚會的人。
2. 教導孩子認識誘拐行為，瞭解遇到誘拐行為時一定要告訴他人，求救很重要。好好傾聽那些說自己遇到麻煩的人，他們或許不太知道該怎麼說，或者他們講出來的情況令人難以置信，要認真看待他們說的每字每句，非常重要。
3. 和孩子聊聊為什麼不要守著傷人的祕密，說明負責任的大人絕對不會要求小孩子這麼做。確保孩子知道如果有人——甚至是信賴的朋友——要求他們做不舒服的事情時，他們隨時可以向家長或監護人傾訴。
4. 討論尊重、同意、直覺等概念，讓孩子清楚明白有人越線是什麼狀況。家長能利用電影或小說中的情境來開頭，然後繼續討論。孩子也應該被教導「同意」究竟是什麼意思，也應該被告知他們隨時可以收回同意。
5. 參與孩子的生活。明確告知哪些是安全的地方。注意他們的感受，尤其是他們行為舉止異於平常的時候，小心不要認為只不過是「青少年時期」，不要忽視這種行為轉變，因為他們可能真的身陷麻煩。要支持孩子，但不要全面控制或妄加批評。羞恥不應該是他們保持沉默的原因。
6. 知道小孩和誰互動。注意「朋友的朋友」身分，不論較年長的成人看似多麼值得信賴都要小心謹慎，瞭解你的孩子和他們的互動方式。也要和鄰居聊聊他們還知道什麼（很可能休士頓高地居民有更好的溝通，說不定就能幫助失蹤孩童的家長拼湊線索，找出布魯克斯和柯爾的連結）。現在，使用網際網路資源檢查一個人的身分比以前更容易了，大家都應該要先檢查背景資料。

7. 在家外場合，例如營地、團體旅行、社區中心等，請檢查該處工作人員的資格證書。不只一位獵食者利用這些組織接近孩童，因為他們可以擺脫家長的直接監督。事實上，擁有權威人物等身分地位，反而會幫助這些性罪犯下手，因為家長有偏見，認為獵食者不會取得這種職位。

8. 或許你會心生畏懼，但花時間瞭解你孩子在互動的線上世界。獵食者預期家長會太忙碌或毫無頭緒，頂多只是偶爾檢查一下（他們沒有猜錯）。

9. 小心在社群媒體、車輛，或與其他類跡象展示的家庭資訊。首先，身教作為孩子的模範。再來，獵食者是技巧高超的資料探勘大師，他們為達目的會使用任何到手的資訊。

10. 務必核實之後可能會監督或照顧孩子的人所說的話。打電話給他們的推薦人，下手最多的虐待狂，來自看似最安全的社區。

11. 明白誘拐通常始於大人在場的時候，目的是讓目標兒童覺得一切都很正常。心理學家卡米特．卡茨（Carmit Katz）和席安．巴內茲（Zion Barnetz）調查誘拐行為，採樣年齡介於五到十三歲的九十五名兒童。兩人發現百分之六八．四的受害者說，施虐的人也同時操縱了他們家人。

12. 千萬別相信自己可以從外觀或直覺反應揪出獵食者。最善良、溫柔的表面可以掩飾最邪惡的意圖。你必須注意反覆出現的模式、不一致的言語行為、欺騙的證據等，並記錄下來，這不只留存證據，還可以當作提醒。

13. 明白性獵食者也可能是女性。認為遭受性猥褻的男孩不是受害者是應該破除的迷思。那些受女老師操縱的許多孩童都闡述後來好多年難以相信任何關係，也飽受個人情感問題的困擾。

14. 永遠不要假定某某孩童可以抵禦得了經驗老道、技巧熟練的獵食者。兒童決定的方式和大人不同，因為衡量事物價值的方式不同。即使兒童很聰明，也認為自己知道要做什麼，面臨特定類型的壓力，兒童或許會做出糟糕的選擇。

15. 如果地方執法單位提供獵食者相關課程，請報名參加，至少可以熟悉警方人力與資源。

亨利認為第二點建議尤為重要。

「拜託傾聽任何懷著問題或尋求建議前來的人。即便修正事情超出你的認知範圍，你還可以傾聽。聽聽他們的話，放在心上，花時間調查。我們必須瞭解，年輕人有非常真實的問題，需要成熟的大人採取行動。年輕人或許把話講得不清不楚，覺得既羞愧又尷尬，但如果他們試著提出這個話題卻遭到拒絕，他們很可能永遠不會再提起了。他們可能要鼓起好幾個月的勇氣才能告訴媽媽或爸爸，或他們心中的任何權威人物，說出這個男人性猥褻我。許多年輕人都覺得好像自己有錯。如果他們終於決定說出口，但對方卻沒有立刻讓他們知道『我明白了，我相信你。』那他們就不會再回頭了。」

只要有一位大人查證亨利告訴他們的事，或許當初就能夠阻止柯爾。他們可以查查看亨利知道的那些名字，看看那些男孩是否都失蹤了；他們也可以和亨利一起去看看其中一處墳墓；他們還可以幫助亨利制定臥底行動。

但沒有，他們決定認為這孩子瘋了或醉了。

全面適用

這些案件就像缺了幾片的拼圖，但足以拼湊出整幅圖畫的大致樣貌，可以看到完成大概會是什麼樣子，不過那些洞——缺失的資訊——讓我們看不到全貌。許多刑事案件的成立都整合了各個情況，包括每一件可用的線索。通常這些並非全部事物，但證據還是足夠有力的暗示，可以證實罪犯與他們罪行之間的連結。

本書目的有二，一要展示獵食者網絡無孔不入，二要探索一名小男孩容易受影響的特質可以多麼廣泛地適用現在的孩子。柯爾用無傷大雅的小罪測試亨利的軟限制，然後向亨利提出更加有利可圖的活動。一旦成功讓亨利行動，柯爾就有足夠的籌碼，侵蝕亨利的道德規範——硬限制。一點一點，亨利上鉤，服從柯爾。

不過，亨利還是拒絕某些行為，例如拿劍砍人或性侵綑綁的受害者。另一個硬限制是亨利原本沒意識到，直到柯爾測試了才發現，那就是他對女性的責任。看到女生即將被殺，喚醒他的生長經歷、身為保護者的自覺、他對媽媽和祖母的尊敬。他天真無邪的理想主義，混合了暴力父親的殘酷現實；只要下了對的餌，他輕易就會上鉤。他渴望一名權威人物也是同理可證。柯爾，年紀大了他一倍，有工作、有車，有地方可以讓大家玩耍，對亨利而言簡直是成年男子的模範。

柯爾先粉碎亨利對於神的各種想法，再一腳踏入其中，取代了亨利心中神的地位。柯爾也會一下殘酷、一下親切，這兩種反應輪流會令人上癮，讓亨利一再回頭，就是為了想要更多。一旦柯爾的影響力消失，亨利就會逐漸恢復成原本的樣子。在那段柯爾支配亨利的期間，小男孩亨利變得和柯爾一樣心理病態。亨利認為加入聯盟，成為其中的一份子，非常帥氣，但是他協助警方尋找屍體的時候，柯爾的影響力逐漸退去。亨利曾經很疑惑，自己怎麼會參與如此卑鄙齷齪的骯髒事。

現在，亨利希望能幫上忙，防止他人不知不覺成為共犯。他現在更加理解創傷如何體現在生活中，讓當事人變得容易受到影響。儘管家長可能相信已經訓練過孩子了，要孩子小心謹慎保護自己，但研究顯示，獵食者的手法也與時俱進了。孩子依然出乎意料地易受影響。

亨利說：「遇到狄恩．柯爾之前，我渾然不知世上還有如此邪惡的存在。他把我拖進他的世界；那是一個瘋狂世界，那是一個嚇人的世界，我應付得很糟糕。現在，服刑了五十年，我無法不視自己為狄恩的最後一位受害者。我明白，世人肯定會說我不是受害者，我是加害人。但就我自己而言，我以前認真工作、上教堂、帶弟弟看電影。我對自己負責，還有罪惡感——而我盡力承擔一切——與此同時，我成了狄恩下手的目標。現在我每天早上醒來，依然被壓在狄恩的拇指下，還是過著狄恩的生活。我明白為什麼有人對我很生氣。不過，請對我做的那些事生氣。請對我曾經的軟弱生氣。請對我當時年紀輕輕做了糟糕決定而生氣。但千萬不要因為狄恩犯下的罪行而對我生氣。」

致謝

凱瑟琳・朗斯蘭

首先，我要感謝共同作者崔西・烏爾曼。他和韋恩・亨利已經建立了信任，非常樂意居中介紹。亨利很相信烏爾曼，相信這番轉介。我合作過的研究員之中，烏爾曼是最勤勤懇懇的，很快就獲得了我們需要的資料。和烏爾曼一起討論各個點子，獲得即時的意見回饋，都是很棒的體驗。我們花了許許多多的早晨講電話，掙扎討論艱困的主題。

再來，我想要感謝韋恩・亨利。儘管重溫七二年到七三年間的恐怖經歷會為亨利帶來情感困難，亨利還是願意描述、探尋自己身為凶殺共犯的經歷。他對本書的貢獻，價值之高，無可匹敵。

此外我要感謝瑪麗・亨利和布莉塔尼・伯恩斯（Brittany Burns）分享他們眼中韋恩的經歷。當然，我很感激迪西爾斯大學（DeSales University）同事的大力支持，尤其是丹・維斯尼夫司基弟兄（Brother Dan Wisniewski）和艾美・詹金斯（Amy Jenkins）。

我們的編輯湯姆・威克夏曼（Tom Wickersham）給予我們改善本書內容極其可貴的建議與指引。謝謝威克夏曼對本計畫的熱情，還有他敏銳的方向感。

我很幸運，能擁有好的讀者幫忙閱讀初期草稿：蘇珊・李賽克（Susan Lysek）、莎莉・凱格洛維茨、丹納・德維托（Dana DeVito）、布莉塔尼・伯恩斯。他們和我一起腦力激盪、抓錯，幫忙改善本書手稿。尤其是莎莉・凱格洛維茨，提供了楚門・卡波提的關鍵指引。

我的好友和文學經紀人約翰・西爾伯薩克（John Silbersack）一直以來都是我在出版業最堅強的支柱。三十多年前，他成了我的第一位商業編輯，接著當了我的經紀人，不離不棄。他看到本書的價值，為本書找到合適的家。

崔西・烏爾曼

除了朗斯蘭博士的致謝——我對朗斯蘭博士也是充滿感激——作為犯罪學家的精湛工作能力，真實地傳達了本書的訊息，我還想要感謝雪倫・德瑞克博士和珍妮佛・樂芙博士（Jennifer Love）兩位前哈里斯郡法醫科學機構人員，謝謝兩位的談話讓我知道了遺體挖掘歷程的更多故事；謝謝哈里斯郡法醫科學機構的米歇爾・阿諾德（Michele Arnold）提供的資訊，補強我的知識；謝謝休士頓警察局克勞迪雅·傑爾曼（Claudia German）認真負責幫我填寫資訊自由法申請單；謝謝藍迪·懷特分享他龐大的約翰·大衛·諾曼資料庫；謝謝肯·伍登描述第一手與兒童性販運交手的悲慘災難；謝謝梅雷迪思·曼恩（Meredith Mann）幫我拿到紐約公共圖書館的楚門·卡波提檔案；謝謝努埃塞斯郡地區法院書記官辦公室（Nueces County District Clerk）職員塞爾吉歐·蒙特馬約爾（Sergio Montemayor），幫忙取得所有原始法院檔案，並加以數位化。

我也要感謝艾莉森·褚和史蒂夫·貝克，與我攜手揭露販運集團和其目前的關聯。

最後，丹·格洛姆斯基（Dan Glomski），謝謝你總是在身邊。

附件一　照片

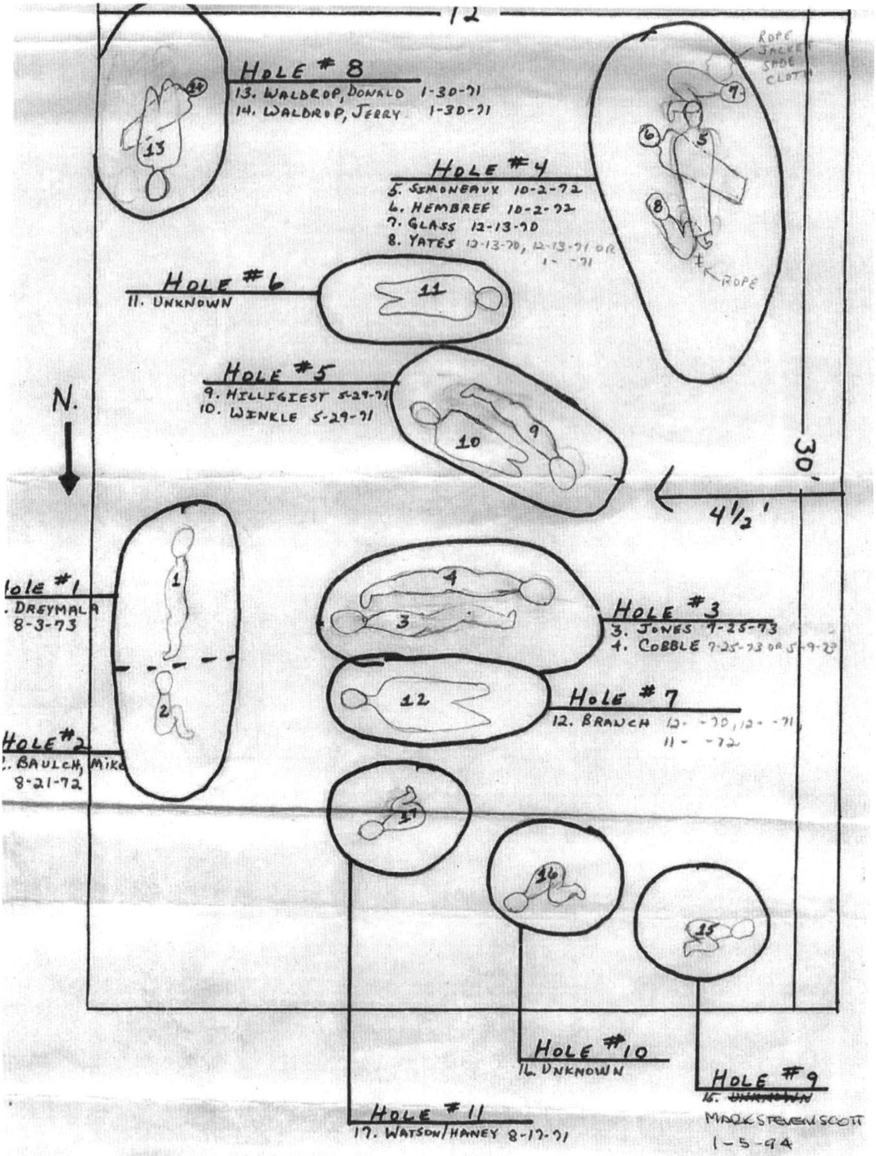

某員警繪圖，休士頓希爾維貝爾街那間船隻倉庫，詳細標出受害者屍體埋在哪些地方，還修訂了錯誤的九號洞受害者身分

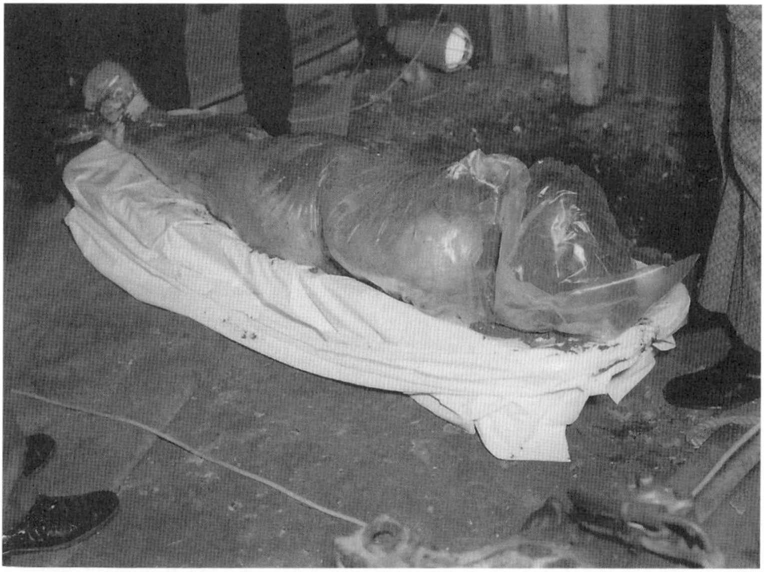

證據照，休士頓警方在柯爾船隻倉庫挖出的一具遺體

一九七三年嫌犯大頭照，大衛．歐文．布魯克斯

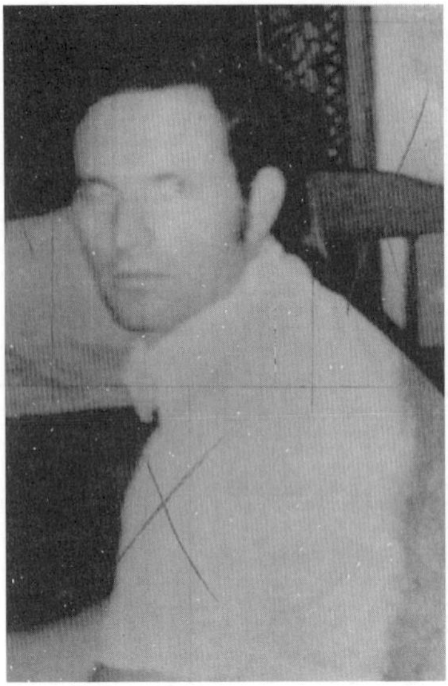

現有少數幾張狄恩・柯爾的照片之一

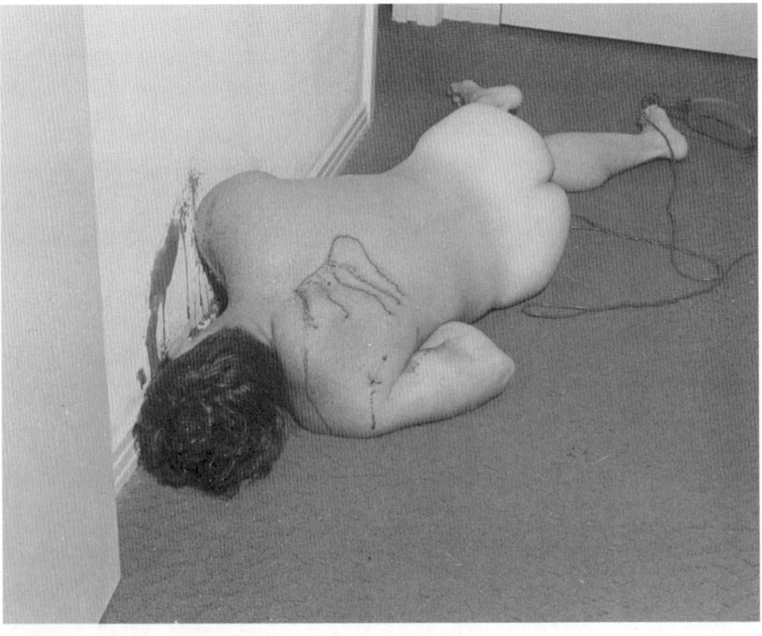

證據照，狄恩・柯爾在德州帕沙第納家中遭射殺
拍攝日期：一九七三年八月八日

員警挖掘薩姆雷本水庫區的屍體

一九七三年嫌犯大頭照，小埃爾莫・韋恩・亨利

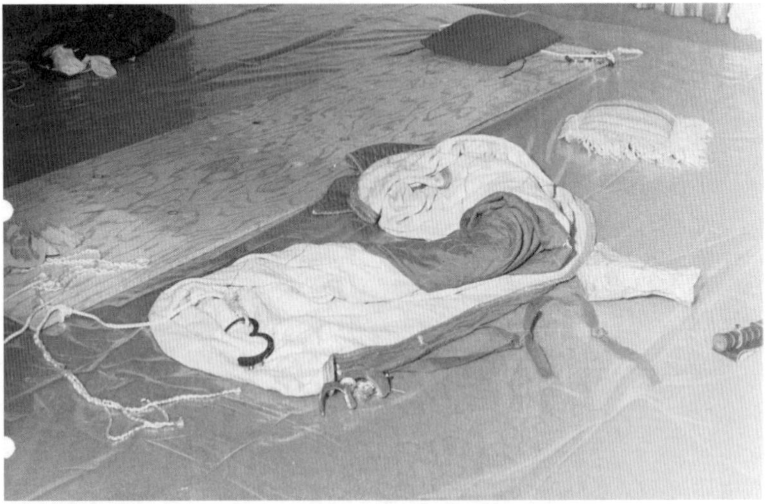

狄恩・柯爾發明的折磨板。注意板子一旁的手銬以及下方的塑膠布，是為了方便處理而鋪

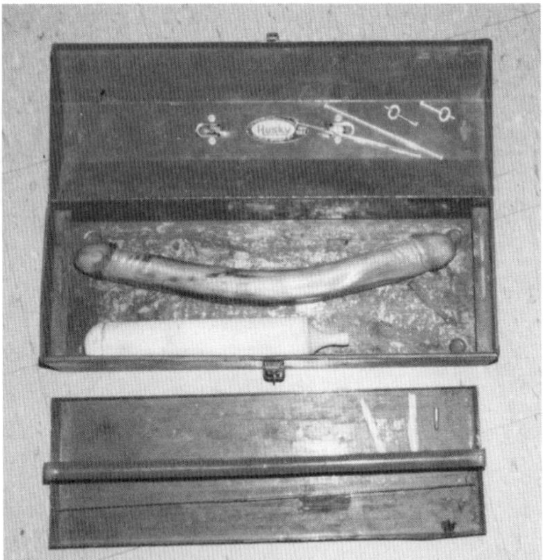

證據照，柯爾性虐待時使用的雙頭陽具和潤滑液

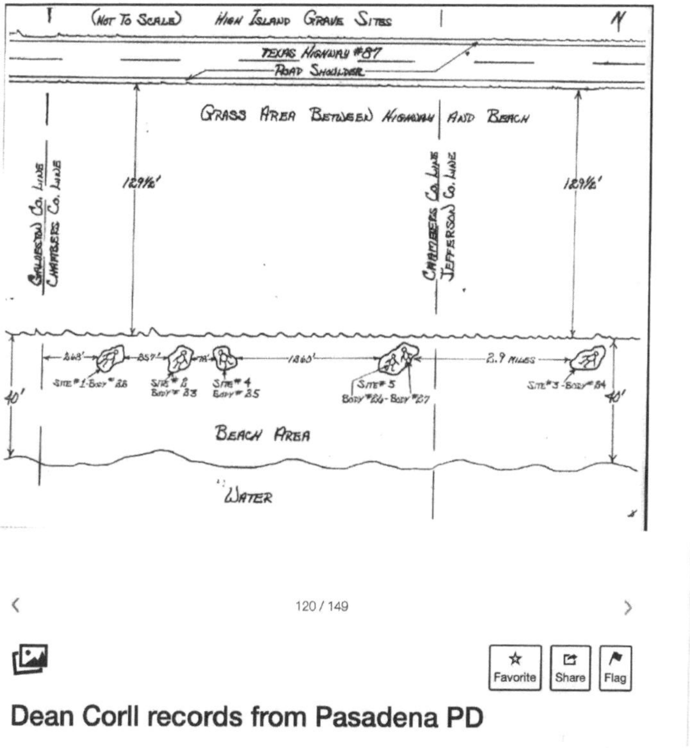

亨利和布魯克斯告訴警方德州高島沙灘的受害者遺骸埋葬位置

亨利在監獄中上了藝術課後，開始創作並販售這類畫作，直到他被禁止才不得不停止創作（經小埃爾莫・韋恩・亨利許可）

失蹤人口海報，十五歲的詹姆士・尤金・格拉斯，海報還標明失蹤人特徵

一九七三年嫌犯大頭照
約翰・大衛・諾曼為多項指控交保，就立刻逃離達拉斯，後來又被逮住

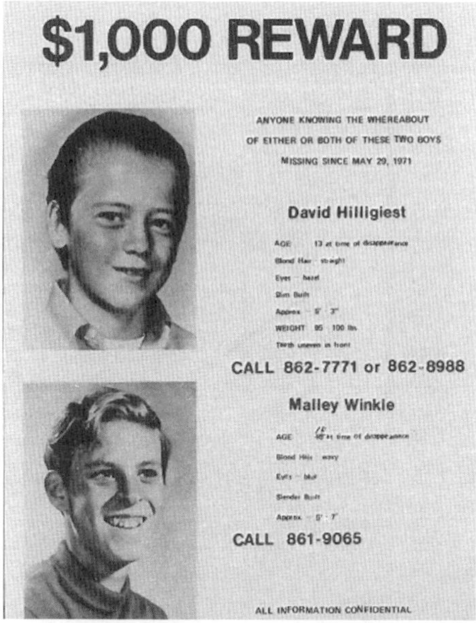

休士頓高地頭幾位失蹤受害者，馬利．溫克爾和大衛．海勒吉斯特
大衛是韋恩．亨利的朋友，亨利曾協助搜尋

一九七〇年代早期的快照，瑪麗．亨利和四位兒子羅尼、埃爾莫．韋恩、保羅、維農（經瑪麗．亨利許可）

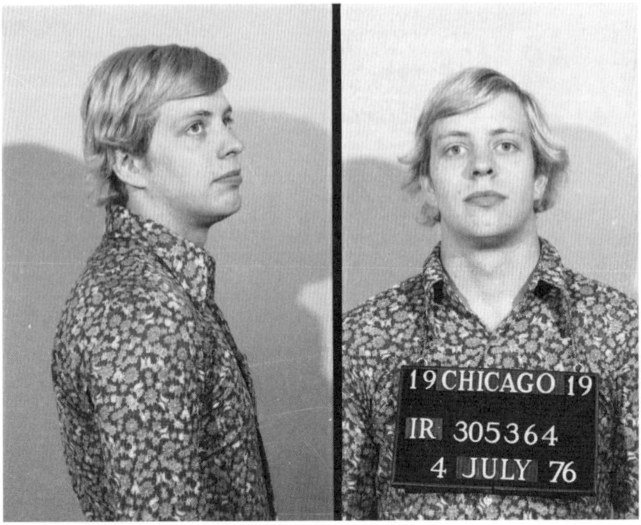

一九七六年嫌犯大頭照，菲利浦・帕斯克，約翰・大衛・諾曼親近的左右手

一九七七年嫌犯大頭照，羅伊・克利夫頓・阿姆斯，警方突襲他的倉庫查緝兒童色情收藏

警方從薩姆雷本水庫附近的洞搬走裝袋的受害者遺骸

警方在高島沙灘搜尋受害者遺骸時，亨利和布魯克斯在一旁告知位置

由於受害者數量持續上升，休士頓成了美國大謀殺首都，警方嚴密審查亨利和布魯克斯扮演的角色

附件二　受害者位置和身分

已知受害者、位置、編號、年齡、失蹤年份：

區域	編號	姓名、年齡	年份
船隻倉庫	01	詹姆士·德雷馬拉（13）	1973
船隻倉庫	02	羅伊·邦頓（19）	1972
船隻倉庫	03	馬蒂·雷·瓊斯（18）	1973
船隻倉庫	04	查爾斯·考伯（17）	1973
船隻倉庫	05	沃力·西蒙諾（15）	1972
船隻倉庫	06	理查·亨布里（13）	1972
高島區域	18	傑弗瑞·柯寧（18）	1970
高島區域	19	理查·凱普納（19）	1972
高島區域	23	約翰·賽勒斯（17）（或許要被排除）	1972
高島區域	24	法蘭克·艾吉雷（19）	1972
高島區域	25	強尼·德洛梅（16）	1972
高島區域	26	比利·鮑爾奇（17）	1972
薩姆雷本水庫	20	雷蒙德·布萊克本（20）	1973
薩姆雷本水庫	21	霍莫·賈西亞（15）	1973
薩姆雷本水庫	22	人稱東尼的麥可·鮑爾奇（15）	1973
薩姆雷本水庫	27	比利·勞倫斯（15）	1973
薩姆雷本水庫			
薩姆雷本水庫			

船隻倉庫			高島區域			薩姆雷本水庫		
編號	姓名、年齡	年份	編號	姓名、年齡	年份	編號	姓名、年齡	年份
07	詹姆士·格拉斯（14）	1970	28	喬瑟夫·萊爾斯（17）（一九八三年在傑佛遜郡海灘找到遺骸）	1973			
08	丹尼·葉慈（14）	1970						
09	大衛·海勒吉斯特（13）	1971	無	馬克·史考特（17）（無編號；無確認身分）	1972			
10	格雷戈里·馬利·溫克爾（16）	1971						
11	蘭德爾·哈維（15）	1971						
12	小威拉德·布蘭奇（17）	1972						

船隻倉庫			高島區域			薩姆雷本水庫		
編號	姓名、年齡	年份	編號	姓名、年齡	年份	編號	姓名、年齡	年份
13	唐納・沃德羅普（15）	1971						
14	傑瑞・沃德羅普（13）	1971						
15	史蒂夫・席克曼（17）	1972						
16	身分不詳	無						
17	魯本・華生・海尼（17）	1971						

附件三 大衛・布魯克斯陳述書

STATE OF TEXAS: #1 HOUSTON,TEXAS
COUNTY OF HARRIS August 9,1973.

Before me, the undersigned authority, this date appeared David Brooks, who is a credible person and who,after being duly sworn did depose and say:

My name is David Brooks. I am a White Male 18 years old,having been born 2-12-55. I live at 1445 Pech #6 with my wife, Bridget. I now work for the Alton Brooks Paving Company,which is owned by my father.

I first met Dean Corll when I was in the 6th grade at Helms Elementary school. He was working at the Candy Kitchen on W.22nd street, which was owned by his mother. This was approx 6 years ago. The reason that I knew him was that he would give candy to the kids leaving school, which was located across the steeet from the store. Also he owned a motorcycle and would give the kids rides and take some of the kids to the movie.

I moved to Beaumont shortly after I met him and lived in Beaumont for about 3 years, during which time I had contact with Dean only on Holidays and during the summer when I would visit Houston.

My first Homosexual contact with Dean was during the time I was living in Beaumont. I was visiting houston and I had called Dean and told him that I was in town and he came and picked me up at my Grandmothers house and took me to his house on 22nd street in about the 900 or 1000 block. He gave me a 4 foot black light at that time. At that time he sucked my dick. After that I just sat around and watched TV for a little while and then he took me back to my grandmothers. This has been approx 4 years ago.

During the next four years I visited Deans house on many occasions. Sometime I went overthere just to visit and sometimes he would suck me when I went over. He started out by giving me $5 when he sucked me off and then later he raised that to $10 a time. Also during this time I knew of several other people who were involved with him both sexually and as just friends. It appeared that not all of his friends were involved with him sexually.

Approx. 3 years ago, I went to Dean's apartment, when he was living in the Yorktown Townhouses. I just walked into the apartment without knocking and when I got inside I saw that he had two boys strapped down on his bed. Their hands were tied to the bed stead. Both of the boys were nude. When Dean had heard me open the door he came out of the bedroom and he was nude and I just walked into the bedroom to dee what was going on and that is when I saw the boys. Dean asked, " WHAT ARE YOU DOING HERE,?" I just told him I had just come by and I wanted to know what was going on and he told me that he was just having some fun. We sat and talked for a little while and during that talk he promised me a car if I wouldn't say anything about what I had seen and so I left and hitch hiked back home, and didn't mention what I had seen. I did not know either of the boys involved at this time.

Shortly after this incident Dean moved to the Place one Apartments on Magnum I also visited that Location. It was just before he moved over to this location that Dean first told me that he had killed some boys. I just can't remember what the entire conversation was but I do remember him telling me about Killing someone.

Next Dean moved to a house at 915 Columbia and it was while he was living here that I introduced Wayne Hennley to Dean. This was about 2 or 2½ years ago. I don't know how involved with Dean Hennly immediatly became but eventually they became close friends and Hennly became involved with Dean sexually to some extent, but I don't know how much. Also during the time Dean was living on Columbia he gave me a car,it was a Corvette,1969, which he had bought for me! He reminded me that the car was for keeping my mouth shut about what I had seen at the Yorktown apartments. DAB page #2 of statement of David Brooks.

There were several time that Dean told me about killing people. One time he told me about a Mexican boy who he had killed while he was living on Belfontain. He told me that this mexican boy had been coming at him and he shot the boy one time in the head and it didn't seem to do anything son he shot him again and that killed the boy. He didn't mention what he had done with the body.

Another time he told me about killing a boy in a bath tub and mentioned that broken a piece of glass offof the tub.

Sometime when we were talking he would say how hard it was strangle someone and that the way that they did it on TVwasn't realistic,because it took quite a while to do it.

All during the period of ti e that Dean talked to me about the killings I got the impression that he had killed perhaps as many as 25 or 30 people,over about a three year period. I can't remember exactally how many he said ware buried at the boat house but it seems like it was 19 that had buried at that one location. Also at one time he mentioned burying some on a beach somewhere but he never showed me that location.

I am not sure when the first time Dean took me to the boat house was,but it has been over a year ago. At that time he told me that he had buried bodies in the boat house,at the time he was telling me this Wayne Henley was also with us.He told me that there were rows of bodies buried and pointed out the fuffled ground. The reason we had gone to the boat house was to pick up something but I don't remember exactally what it was. I went out to the boathouse several times and one time I noticed what appeared to be a fresh grave but I didn't even mention this to Dean.

During one of our conversations Dean mentioned that there was a group of people in Dallas which had similar activities to his. He mentioned a man by the name of Art who he said had also killed some boys in Dallas. One day while I was at his house I picked up a piece of paper with the name Art on it and all of a phone number but the last number and the area code was 214. Dean also mentioned that Art has a wife. Lately Dean has been wanting to go to Dallas and I believe was supose to go at the end of this month.

About a year and a half ago I was living with Dean and I came home one night and Henly came with me, we had been over to some girls house. When we went in the house, at about 11:30PM,we walked back to Deans bedroom and when we walked through the door Henley hit me in the head with a hydroli jack handle and I fell across the bed, and then Dean jumped on me. They handcuffed me to a board with Eye rings in it. Dean made me suck him then and suck his ass hole and then he wanted me to kiss him and he fucked me in the ass and this went on all night long. Henley did not participate in this but he was in the other room. When he first took me down he told me that he was going to kill me but that it had to be a joint dicision between him and wayne Henley and that he would try to talk Wayne out of killing me. I beg ed and pleaded with him all night and the next day and about 5PM he let me go. I got up and took a bath and cleaned up. I continued to live with Dean for about 4 or 5 months after that. This inciden happened when he was living on Schuler and then we moved to the Westcott apartments and we changed apartments at Westcott and moved into a two bedroo apartment and shortly after that is when I left. Wayne had told me that Dean was talking about getting me again and so I just packed up and left. When I moved out Dean got all excited because he didn't know what I was goin to do so I moved back in with him and stayed for about a month and a half and this was the last time that I lived with at Westcott. Shortly after I left this time he moved to the Francessa Apartments on Wirt Rd. and I lived with there for about 2 months and then I moved in with my Grandmother.

DOB

page #3 of statement of David Brooks.

Dean moved to the house in Pasadena about 6 months ago and he lived with his folks in the house for a while and I didn't visit him while they were living there. After they moved out I visited Dean Several times.

One time ,when we were living on Schuler, Wayne and Dean planned to get a boy that I know by the name of Billy ~~Kux~~ Ridinger. I was there when he came over to the house with Dean and when they got there we sat and watched TV for a while and then they were pretending to show him a handcuff trick and that is when they got him down. I told him to just be quite or I though they would kill him. Then Dean fucked him in the ass and I don't know what all else that he did. Wayne said that he wanted to Kill Billy but Dean talk him in to letting Billy go. Billy works for INTERNATIONAL HARVESTER on Washington and lives on either Autumnforrest or Spruce Forrest.

I knowof two boys that were involved with Dean who are now missing one is a Ruben Haney who was about 18 years old, and I know that the last time he was seen was at 6363 San Felipe where Dean was living. I was at the house when he came in and then I left. That was the last time that I know that anyone saw him.

I also know a Mark Scott who is 17 or 18 years old and he came to the hous on Schuler with Wayne. I was there when Mark got there and I stayed for a short time. When it looked like they were going to take Mark down I left the house and that is the last time that I know of anyone seeing him.

I can remember something about a boy by the name of Glass. I don't remember which one of them ~~xxxxxxxxxxx~~ mentioned his name but I remember the name.

I can read and write the English Language and I have read this statement and it is true and correct. I have made this statement of my own free will and was not threatened or mistreated in any way in order to make me give this statement.

SIGNED: David Owen Brooks

SWORN AND SUBSCRIBED TO BEFORE ME THIS THE 9th DAY OF AUGUST, 1973

J.D.TUCKER 8-9-73 1:20PM

SIGNED: [illegible signature]
Notary Public in and for Harris Co.Texas

下列是布魯克斯分別在八月八、九、十日告訴警方的陳述。錯誤刻意保留，未修改。

大衛・布魯克斯

（第一份）目擊證詞，一九七三年八月九日

我是大衛・布魯克斯。白人男性，今年十八歲，生日是一九五五年二月十二日。我和太太布莉琪一起住在一四四五佩克（Pech）路六號。我現在在奧爾頓・布魯克斯鋪路公司工作，公司老闆是我父親。

我第一次遇到狄恩・柯爾的時候，正在就讀國小六年級。他在西二二街的糖果廚房（Candy Kitchen）工作，他媽媽是老闆。這大概是六年前的事。我認識他是因為他會發糖果給走出校門的孩子，學校就在糖果店的對面，過個馬路就到了。他還有一臺摩托車，會順便載小孩兜風，也會載其中幾位去看電影。

我遇到他之後沒多久，就搬進博蒙特，住在博蒙特三年左右，那段時間我只在假日和夏天到休士頓的時候，聯繫狄恩。

我第一次和狄恩發生同性性行為，是我住在博蒙特的期間。我到休士頓玩，打電話給狄恩，告訴他我進城了，然後他就來祖母家接我，帶我去他在二二街的家，大概九百還是一千號那邊。他那時給了我一個四呎長的紫外光燈。那時他也吸我老二。之後，我只是坐著看了一下電視，然後他就帶我回祖母家。這大概是四年前了。

接下來四年，我常常到狄恩家。有時候我就只是去找他，有時候我過去的時候他會吸我老二。他一開始給我五美元，讓他吸我老二，後來他抬高價格，每次十美元。那段期間，我也知道其他好多人都和他有關係，有的是性關係，有的只是朋友。看起來不是所有朋友都和他有性關係。

大概三年前，我到狄恩當時住在約克鎮的公寓。我連門都沒敲就這樣走進公寓，當我進到裡面，就看到綁在床上的兩名男孩。他們的手被綁在床頭。兩個男孩都是裸體。狄恩聽到我開門，就走出臥室，他也是裸體，我就走進去臥室想看看發生什麼事，就是那時，我看到那兩位男孩。狄恩問：「你在這裡幹嘛？」我就告訴他只是來拜訪一下，我想要知道發生了什麼事，他跟我說就是在找樂子玩。我們坐著聊了一下，那次聊天他答應，如果我不說看到的事情，就會給我一臺車，然後我就離開了，搭便車回家，看到的事情，半個字都沒說。到這時我還不認識那兩個男孩。

這次事件後沒多久，狄恩搬到麥格農路的首席公寓。我也會去那邊找他。就在他正要搬到麥格農路前，狄恩第一次告訴我他殺了幾位男孩。我就是沒辦法記得整段對話，但還記得他告訴我他殺了人。

接著狄恩搬到九一五哥倫比亞街（915 Columbia），就是他住那裡的時候，我介紹韋恩・亨利給他認識。這大概是兩年、兩年半前的事了。我不知道亨利短短時間究竟和狄恩牽扯了多深，但最後他們變成很好的朋友，亨利和狄恩有某種程度上的性關係，但我不知道到哪一步了。對了，狄恩住在哥倫比亞街那段時間給了我一臺車，是臺一九六九年款克爾維特，他買給我的。他提醒我，那臺車是讓我閉緊嘴巴，不要把我在約克鎮公寓看到的事說出去。

布魯克斯目擊證詞第二頁：

狄恩多次告訴我他殺人的事，有一次他說住在貝爾方丹街（Belfontain）時，他殺了一位墨西哥男孩。他告訴我這位墨西哥男孩向他衝來，他朝男孩的頭射了一槍，可是看起來好像沒事，所以又朝男孩射了一槍，那發子彈殺了那男孩。他沒有說他怎麼處理那具屍體。

還有一次，他跟我說，他在浴缸裡殺了一個男孩，還說過程中打壞了浴缸一角（原文有劃掉痕跡）。有時候聊天，他會說勒死人有多困難，電視上演的一點都不真實，實際上要花好一段時間，人才會死掉。

每次狄恩告訴我殺人的時候，我的印象都是狄恩可能殺了二十五到三十個人，前後橫跨三年左右。我不記得實際上他說在船隻倉庫埋了多少屍體，但那個倉庫好像是埋了十九具。有次他提到在某片沙灘的某處埋了幾具屍體，但從來沒有跟我說明具體位置。

我不太確定狄恩第一次帶我去那間船隻倉庫是什麼時候，但肯定已經超過一年了。那時他跟我說他在船隻倉庫埋了屍體，他跟我說的時候，韋恩．亨利也在旁邊。他告訴我那裡有成排的屍體，還指出那片凹凸不平的地面。為什麼我們會去船隻倉庫，是為了要去拿東西，但現在記不起來要拿什麼了。我去了船隻倉庫好幾次，有次我注意到剛挖的墓，但我根本沒有跟狄恩提這件事。

有次我們談話，狄恩提到在達拉斯有一群人也做著和他類似的活動。他提到一個男的叫阿爾特，他說阿爾特在達拉斯也殺了幾個男孩。有天在他家，我撿起一張紙，上面有阿爾特的名字，還有電話號碼的最後一碼和區碼二一四。狄恩也提到阿爾特有太太。那陣子狄恩一直想去達拉斯，我認為他打算在這個月底去。

大概一年半前，我和狄恩住在一起的時候，有天我和亨利一起回家，我們前幾天都待在一個女生家過夜。我們進門的時候，大概晚上十一點半，我們要走去狄恩的臥室，走過門的時候，亨利用液壓千斤頂手柄打我的頭，我倒在床上，然後狄恩跳到我身上。

他們把我的手銬在板子上，板子還有扣環。狄恩要我吸他，再吸他屁眼，然後他想要我親他，他再從後面上我，整晚都這樣。亨利沒有參與，但他就在另一個房間。他第一次上我的時候，他說亨利要殺了我和他，但那肯定是他和韋恩的共同決定，他還說他會再跟韋恩說說看不要殺了我。

我求了又求，求了整個晚上還有隔天，大概隔天下午五點左右，他讓我走了。我起身洗澡，清理乾淨。那之後，我又繼續和狄恩一起住了四、五個月。事件發生的時候，他住在舒勒街，然後我們搬到威斯克特公寓，我們在威斯克特又搬了幾次，搬到一間兩房公寓，那之後沒多久我就離開了。

韋恩跟我說，狄恩又開始講要再弄我一次，所以我就打包走人了。我搬走的時候，狄恩太激動，因為他不知道我有什麼打算，所以我又搬回去和他一起住了一個半月，那次就是我最後一次和他一起住在威斯克特。後來這次我離開沒多久，他就搬到沃特路上的法蘭西莎公寓（Francessa Apartment），我在那邊住了兩個月左右，就搬回去和祖母一起住了。

布魯克斯目擊證詞第三頁：

大概六個月前，狄恩搬到帕沙第納的房子，他和他家人一起住了一陣子，那陣子我都沒有去找他。家人搬走之後，我去找了狄恩許多次。

有次，我們住在舒勒街的時候，韋恩和狄恩打算帶一位我認識的男孩來，那個男孩叫比利．李丁格。李丁格和狄恩一起到家的時候，我也在屋裡，我們一起坐著看了一下電視，然後他們假裝要給他看手銬把戲，就是那時，他們制伏了李丁格。

我告訴他閉嘴安靜，不然我覺得他們會殺了他。然後狄恩操他屁眼，我不知道狄恩還做了哪些事。韋恩說他想要殺了比利，但狄恩叫他放走比利。比利在華盛頓大道上的萬國農機公司（INTERNATIONAL HARVESTER）工作，不是住在奧頓弗雷斯特（Autumforrest），就是史普魯斯弗雷斯特（Spruce Forrest）。

我知道兩名和狄恩有牽扯的男孩現在都失蹤了，一位是魯本．海尼，大概十八歲，最後一次有人看到他是在六三六三聖非利佩，狄恩那時的住處。他走進來的時候，我在屋內，然後我就離開了。那是我知道最後一次有人看到他。

我也認識一位馬克．史考特，十七還是十八歲，他跟著韋恩一起到舒勒街的房子。馬克到的時候，我人在屋裡，我待了一下下就離開了。情況看起來像是他們打算制伏馬克的時候，我就離開房子了，那是我所知最後一次有人看到馬克。

我記得有個男孩叫格拉斯。我不記得他們兩位哪個提到格拉斯的名字，但我記得這個名字。

我會讀寫英文，我已經讀過本陳述，陳述內容真實不假，正確無誤。我自願陳述這份口供，不是出於任何威脅或虐待。

#2

CONFESSION WITH MAGISTRATE'S WARNING

Date August 10,1973
Time 9AM

Statement of David Owen Brooks taken at #61 Wiesner Police Administration Building Harris County, Texas,

On the 9th Day of August, 1973, at 5:28 o'clock P M.

I, David Owen Brooks was taken before Michael Gordon a Magistrate at his office in Houston Harris County, Texas, who informed me:

(1) Of the accusations made against me and of any affidavit filed; (2) That I have the right to retain counsel; (3) That I have the right to have an attorney present during my interview with peace officers or attorneys representing the State; (4) That I have the right to terminate the interview at any time; (5) That I have the right to request appointment of counsel if I cannot afford counsel; (6) That I have the right to an examining trial; (7) That I have the right to remain silent and that I am not required to make any statement, and any statement I make may be and probably will be used against me.

I fully understand all of these rights; and, desiring to waive all of them, I hereby make the following voluntary statement to JIM D. TUCKER.

My name is David Owen Brooks. I am a white male 18 years old. I was born Febrnary 12,1955. I live at 1445 Pech #6 with my wife Bridget. I went to the 10th grade inschool and I read and write the English language.

I came to the police station on August 9th in order to made a witness statement about what I know about Dean Corll. Icame down of my own fre will and I gave that statement to Det. Tucker. In the statement what I said was partially the truth but I left out the fact that I was pres when most of the killings happened. I never actually killed anyone but I was in the room when they happened and was supose to help if somethi went wrong.

The first killing that I remember happened when Dean was living at the Yorktown Town houses. There were two boys there and I left before they were killed but Dean told me that he had killed them afterwards. I don know where they were buried or what their names were. The first few that Dean killed were supose to have been sent off somewhere in califor

The first killing that I remember being present at was on 6363 San Fel That boy was Ruben Haney. Dean and I were the only people involved in one but Dean did the Killing and I just was present when it happened.

I also remember two boys who were killed at the Place One Apartments o Mangum. They were brothers and their father worked next door where the were building some more apartments. I was present when Dean Killed ther by strangling them but again I didn't participate. I believe that I wa present when they were buried but I don't remember where they were bur The youngest of these two boys is the youngest that was killed I think.

I remember one boy who was killed on Columbia at Deans house. This was Just before Wayne [illegible]

Page #2 of Confession of Davi

Most of the killings that occured after Wayne came into the picture involved all three of us. I still did not take part in the actual kill but nearly always all three of us were there.

I was present when Mark Scott was killed at the schuler street address I had told yesterday in my witness statement about Mark Scott being at the Schuler house but I did not say that I was present, which I was. Mark had a knife and he tried to get Dean. He swung at him with a kni and caught deans shirt, and barely broke the skin. He still had one har tied and Dean grabbed the hand with the knife. Wayne ran out of the r and got a pistol and Mark just gave up. Wayne killed Mark Scott and I think that he strangled him. Mark was either buried at the beach or th boat house.

There was another boy killed at the Schuller house, actually there wer two at this time. A boy named Billy Balsch and one named Johnny and I think that his last name was Malone. Wayne strangled Billy and he sai "HEY JOHNNY" and when johnny looked up Wayne shot him in the forehead with a .25 automatic. The bullet came out of his ear and he raised up and about three minutes later he said," WAYNE PLEASE DON'T". Then Wayr strangled him, and Dean helped.

It was while we were living on Schuler that Wayne and Dean got me dow and started to kill me. I begged them Dean not to kill me and he final let me go. I told about this in my witness statement and that part of my statement was absolutly true. It was also at this address that the got Billy Ridinger and what I said in my witness statement was true ab him. I took care of him while he was there and I believe the only rea he is alive now is because I begged them not to kill him.

Wayne and Dean got one boy by themselves while we were on schuler. It a tall skinny guy. I just happened to walk in the house and there he w I left before they killed this one.

In the first apartment we lived in at Westcott Towers I think that th were two boys killed. These were both young boys from the heights are but I don't know there names. Wayne accidentally shot one of them. T was about 7AM. I was in the other room asleep when this happened. Dea told me that Wayne had just come in waving the .22 and accidently sh one of the boys in the jaw. The bullet just went in a little and then it was just under the skin. The didn't kill the boy right them. They killed these two boys later on that day.

Dean moved to the Prencesa Apartments on Wirt and I remember him gett one boy there by himself. He wanted me to help him but I wouldn't do I didn't want to mess with this one because I had someplace I wanted go so I tried to get him mad so he would leave but he wanted to stay. Dean Grabbed the boy and within 3 minutes of when he grabbed him I wa gone. At that time I was using Deans car so I was in and out all of time.

After the Prencesa apartments Dean moved to Pasadena. I know of two that were killed there. One was from Baton Rouge and one was a small blond boy from South Houston. I saw the boy from South Houston for ab 45 minutes. I took him a Piazza and then I left and he wanted me to come back. I wasn't there when either of these boys were killed. I d come in just after Dean had killed the boy from Baton Rouge, that was on a different day from the blond boy.

In all I guess there were between 25 and thirty boys killed and they were buried in three different places. I was present and helped bury many of them but not all of them. Most of them were buried at the

page 3 of Confession of David Brooks

bodys at the beach of in a row down the beach for perhaps a half a mile or so. I am willing to showoffiesss where this location is and will try to locate as many of the graves as possible.

I regret that this happened and I'm sorry for the kids familys.

I am making this statementof my own free will and I have not been mistreated or abus ed in any way. I understand my rights and I have waived them to make this statement. I have not been promised anything to get me to make this statement.

I have read this statement and it is true and correct.

SIGNED: David O. Brooks

WITNESSES: Alton Brooks

WITNESSES: [illegible]

taken by JD tucker 8-10-73 10:30AM

大衛・布魯克斯

第二份目擊證詞，一九七三年八月十日

我是大衛・歐文・布魯克斯。白人男性，今年十八歲。我的生日是一九五五年二月十二日。我住在一四四五佩克路六號，太太布莉琪和我一起住。我讀到十年級，會讀寫英語。

我在八月九日來到警察局提供目擊證詞，陳述我知道的狄恩・柯爾。我自願來到警察局，向塔克警探提供證詞。那份證詞我說的是部分事實，我漏了一部分事實沒講，也就是大部分殺害發生時我都在場。殺害發生時，我在房間裡，而且如果出了差錯，我應該要幫忙處理。

我記得的第一次殺害，發生在狄恩還住在約克鎮公寓的時候。屋內有兩個男孩，我在他們被殺之前就離開了，但事後狄恩告訴我，他殺了他們。我不知道他們埋在哪裡，也不知道他們的姓名。狄恩頭幾次殺害的男孩，原本應該是要送到加州某處處理。

我記得我第一次在場的殺害是在六三六三聖非利佩。死掉的男孩是魯本・海尼。狄恩和我是唯二參與的人，但下手殺人的是狄恩，我只是發生的時候在場。

我也記得在麥格農路的首席公寓，有兩名男孩被殺。他們是親兄弟，父親就在隔壁工作，隔壁正在蓋更多公寓。狄恩勒死他們的時候我在場，但我一樣沒有出手。我相信他們被埋的時候我也在場，但我不記得他們埋在哪裡。兩兄弟的弟弟，我想是狄恩殺過年紀最小的。

我記得，狄恩在哥倫比亞街的家殺了一個男孩。那正好在韋恩出現之前。狄恩把那位男孩留在屋裡四天左右才殺了他。我不記得他的名字，但記得我們在第十一街和拉特蘭街（Rutland）路口載他；我想我也幫忙埋了他，但不記得埋在哪裡了。這大概是兩年前的事。必須殺了這男孩真的讓狄恩很不開心，因為他真的很喜歡這男孩。

有位叫格拉斯的男孩也是在哥倫比亞街的房子被殺死。我帶他回家一次，但他不願意下車，因為他想要去狄恩家。我帶他回去，狄恩最後殺了他。現在想想，我不大確定帶回家的是格拉斯，還是另一個男孩，但我覺得是格拉斯。

就是我們住在哥倫比亞街的那時候，韋恩．亨利加入了我們。韋恩一開始參與的是帶小男孩回來，然後積極主動參加殺人。韋恩似乎很享受傷害他人，在舒勒街的時候他特別嗜虐。

布魯克斯第二份目擊證詞第二頁：

大部分殺害都發生在韋恩加入我們成為三人組之後。我還是沒有參與實際的殺人，但現場幾乎總是會有我們三個人。

馬克・史考特在舒勒街被殺的時候我在現場。昨天我的目擊證詞已經說過馬克・史考特到舒勒街的房子，但我沒說的是我人也在，而我確實在場。馬克有一把刀，試圖傷害狄恩：他朝他揮舞那把刀，劃破狄恩的衣服，但根本沒傷到皮膚。一隻手還被綁著，狄恩抓住握刀的那隻手。韋恩跑出房間，拿了一把手槍，馬克只好放棄了。韋恩殺了馬克・史考特，我想馬克是被勒死的。馬克要麼被埋在沙灘，不然就是那間船隻倉庫。

還有一位男孩在舒勒街的房子被殺死，實際上這次是兩位。一位叫比利・鮑爾奇的男孩，還有一位叫強尼，我想他姓馬龍（Malone）。韋恩勒死了比利，然後說：「嘿，強尼。」強尼一抬頭看，韋恩就拿著一把.25自動手槍朝他額頭開槍。子彈從耳朵穿出來，他站起身，大概三分鐘後說：「韋恩，拜託不要。」然後韋恩勒死他，狄恩有出手幫忙。

是在我們住在舒勒街的時候，韋恩和狄恩偷襲我，要殺了我。我求狄恩不要殺我，他才終於放了我。昨天我的目擊證詞也有提過這件事，那一部分的陳述千真萬確，絕無虛假。也是在舒勒街的時候，他們帶了比利・李丁格回來，我在目擊證詞中關於李丁格的陳述也都是真的。他在舒勒街的時候，我有照顧他，我相信他現在還活著的唯一理由就是，我求他們不要殺他。

韋恩和狄恩兩個人自己去帶了一位男孩回來舒勒街。是位高高瘦瘦的男孩。我剛好走進屋裡，那男孩就在裡面。我先離開，他們才殺了這個男孩。

在我們一起住的威斯克特大廈第一間公寓裡，我想有兩個男孩被殺害。兩位男孩都來自休士頓高地，但我不知道名字。韋恩不小心射中其中一名。那時候大概早上七點。事發的時候，我在另一間房睡覺。狄恩告訴我，韋恩剛進來晃著一把.22，不小心射到了一名男孩的下巴。子彈沒入一點點，就在皮膚底下。他們當下沒有立刻殺了他；那天稍晚他們才殺了兩位男孩。

狄恩搬到沃特路的法蘭西莎公寓，我記得他自己帶了一位男孩回家。他要我幫忙，但是我不願意。這次我不想要蹚渾水，因為我有其他事要做，所以我打算惹怒男孩，讓他離開，但他想要留下。狄恩抓住那男孩，不到三分鐘，我就離開了。那時我都是開狄恩的車，所以我經常進進出出。

狄恩搬離法蘭西莎公寓，住到帕沙第納。我知道在那裡有兩位男孩被殺：一位是巴頓魯治來的，一位是休士頓南方來的嬌小金髮男孩。我看到那休士頓南方男孩的時間，前前後後大概四十五分鐘。我帶了披薩給他，然後就離開，他想要我回來。兩個男孩被殺的時候我都不在。狄恩剛殺了巴頓魯治男孩之後，我確實有回去，和金髮男孩死的時候不是同一天。

我猜總共二十五到三十名男孩被殺害，被埋在三個不同地點。多數時候我都在場幫忙埋屍體，但不是所有屍體。大部分屍體都埋在那間船隻倉庫。我想有三、四具埋在薩姆雷本。我很肯定有兩具埋在那上面。第一具在薩姆雷本的時候，我有幫忙他們埋葬，接著我們帶下一具到薩姆雷本，到的時候狄恩和韋恩發現第一具冒上來了，有隻腳還是手露在地面上。他們再埋一次第一具的時候，在上方鋪了某種塑膠布，保持屍體固定在下方。

第三個埋葬地點是高島的沙灘。從維尼路（Winnie）一下來，那條路就會接到的那片沙灘。往東轉上沙灘路，一直走到人行道鋪面變了的地方，大概是四分之一哩或二分之一哩處，屍體就埋在高速公路右側，離路十五到二十碼附近。我從來沒有真正在沙灘埋屍體，但我每次都負責開車。我知道有一處墳墓，放了一塊大岩石。我想沙灘大概埋了五具或更多屍體。

布魯克斯第二份目擊證詞第三頁：

沙灘的屍體是埋成一列的，可能在走下沙灘的半哩附近。我願意告訴警官地點在哪裡，也會幫忙盡可能找到越多墳墓越好。

我很後悔發生這種事，我為那些孩子的家人感到遺憾。

#3

CONFESSION WITH MAGISTRATE'S WARNING

Date August 10,1973
Time 10:07PM

Statement of DAVID OWEN BROOKS taken at #61 RIESNER POLICE ADMINISTRATION BUILDING Harris County, Texas,

On the 9th Day of August, 1973, at 5:20PM o'clock P M.

I, DAVID OWEN BROOKS was taken before MICHAEL GORDON a Magistrate at his office in HOUSTON Harris County, Texas, who informed me:

(1) Of the accusations made against me and of any affidavit filed; (2) That I have the right to retain counsel; (3) That I have the right to have an attorney present during my interview with peace officers or attorneys representing the State; (4) That I have the right to terminate the interview at any time; (5) That I have the right to request appointment of counsel if I cannot afford counsel; (6) That I have the right to an examining trial; (7) That I have the right to remain silent and that I am not required to make any statement, and any statement I make may be and probably will be used against me.

I fully understand all of these rights; and, desiring to waive all of them, I hereby make the following voluntary statement to JIM D. [illegible] I was also warned by Mike Hinton of the District Attorneys Office, and I understand this and I want to give this statement about Billy Ray Lawrence.

About July 10th, 1973 I tried to call Dean's house, Dean Croll, and it was a long time before I could get him or anyone to answer. Finally, Wayne answered and I asked him if they had anyone there and he said yes. I asked him "It's not a friend, is it?" and he said "sort of". He wouldn't tell me who it was so I went over there just to see who it was. He was still alive when I got there but he was tied to the bed. I recognized him only as a friend of Wayne's.

The boy wasn't doing anything but lying there when I got there. He didn't have any clothes on. I don't remember them calling him by name but I have just now been shown a picture of him which I will initial with this date and time and it is the same boy I have been talking about. In fact, I have seen this same piture before at Dean's house.

I was tired so I went to bed in the opposite bedroom. Before I did go to bed I ~~than~~ took Wayne home. Then I went back to Dean's house and went to bed. The boy was still alive but Dean was awake because I remember he let me in. The next morning I went back to get Wayne and Dean was supposed to pay me $10.00 for doing this but he never did. That is, the 10.00 was for taking Wayne home th night before.

I'm not sure about the time but I think it was the next evening when Wayne's mother called. She was drunk and insisting Wayne come home but he told her no, that he was going to the lake for a couple of days. The boy was still alive. We left about 6:00 p.m. to go to the lake and I know he was dead and in a box when we left so I must have been there when he was killed because I didn't leave to go anywhere before we left for the lake. However, I do not remember

Page Two-- Statement of David Owen Brooks. August 10, 1973, 11:15 P.M.

When Wayne and I got back from fishing, we ate and I went to sleep. I slept until about 5:00 p.m. and then Dean and I dug the grave. Wayne was keeping lookout in the van. The spot was by a trench near a dirt road. It was probably a few miles from Lake Sam Rayburn itself.

We took the body out of the box, that is, Dean did, and I held the boy's feet about half way to the grave. The body was already wrapped in plastic. I went back to the van to get the carpet and a flashlight. The carpet is to shovel extra dirt on and take it some place else so there wouldn't be a mound showing.

I almost took too much dirt off and Dean griped at me for it.

This is the second page of a two page statement, I have read it completely and understand it. It is true and correct and it is completely voluntary on my part. It took a pretty long time but it is because I wanted to be sure of everything I am saying.

David Owen Brooks
David Owen Brooks

August 10,1973, 11:30 P.M.
D.O.B.

Witnessed by:

Larry E. Cooper (HOUSTON CHRONICLE)

Dave O M Mullen

大衛・布魯克斯

第三份目擊證詞，一九七三年八月十日

我想要講比利・雷・勞倫斯的事。

大概在一九七三年七月十日，我試著打電話到狄恩家，狄恩・柯爾。電話響了非常久都沒有人接電話。終於，韋恩接起電話，我問他們是不是有帶人回去，他說是。我問他說：「那不是朋友吧？」他說：「算是。」他不願意告訴我是誰，所以我過去看看到底是誰。我到的時候他還活著，但他被綁在床上。我認出來了，他是韋恩的朋友。

我到的時候，那男孩沒做任何事，就只是躺在那裡。他身上什麼都沒穿。我不記得他們有喊他的名字，但剛剛有人給我看了他的照片，我會在照片上簽下姓名首字母並留下日期和時間，這就是我說的那位男孩。事實上，我之前在狄恩家看過同一張照片。

我累了，所以在對面的房間睡覺。去睡覺之前，我先開車載韋恩回家。然後我回到狄恩家，上床睡覺。那男孩還活著，只是狄恩醒著，因為我記得他開門讓我進去。隔天早上，我去接韋恩，狄恩應該要付我十美元的跑腿費，但他從來沒有給。也就是說，昨天晚上載韋恩回家，應該要付我十美元。

我不大確定時間，但我想是隔天傍晚左右韋恩的媽媽打電話來。韋恩媽媽喝醉了，堅持韋恩要回家，但韋恩說不要，說他要去湖區幾天。那男孩還活著。我們大概在晚上六點離開前往湖邊，出門的時候我知道他死了，裝在箱子裡，所以他被殺的時候我肯定在場，因為在我們去湖區之前，我沒有去任何地方，但我不記得他是怎麼被殺的。我不知道我有沒有看到。就算有看到，我也不介意。

我看過好幾次了。我只是不願意動手殺人。我也從來沒有下過殺手。

我們大概晚上六點前往湖區，九點半或九點四十五左右抵達。然後我們去釣魚。韋恩和我。我們先睡了才去釣魚。從早上六點半釣到十點。狄恩告訴我們他已經選好位置開挖了，但他其實沒挖多少。

布魯克斯第三份目擊證詞第二頁：

韋恩和我釣完魚回去，吃了飯，我就去睡了。我一直睡到下午五點左右，然後狄恩和我一起挖墓。韋恩一直在廂型車裡把風。那個位置在一條泥土路旁的溝邊。可能離薩姆雷本水庫幾哩遠而已。

我們把屍體搬出箱子，應該說狄恩搬了，走到一半我才扶住男孩的腳。屍體已經包裹著塑膠布了。我回到廂型車拿地毯和手電筒。地毯是為了放多餘的泥土，再拿到別的地方倒，才不會有顯眼的土堆。

我總是拿了太多土，狄恩老是抱怨我這點。這是兩頁目擊證詞的第二頁。我從頭到尾讀過一遍，完全明白內容。證詞真實無誤，全是我自願說的。這花了相當長的時間，但是因為我想要確認我說的每件事。

附件四　小埃爾莫・韋恩・亨利陳述書

A F F I D A V I T

THE STATE OF TEXAS

COUNTY OF HARRIS

BEFORE ME, the undersigned authority, a Notary Public in and for the County of Harris, State of Texas, on this day personally appeared Elmer Wayne Henley

White male 17 years old, to me well known, and who, after being by

me duly sworn, deposes and says:

Wrt

My name is Elmer Wayne Henley Jr, I am a white male 17 years old and was born on 5-9-56 in Houston Texas. I have completed the 8th grade in school and can read and write the English language. I am unemployed at the time and presently reside at 325 West 27th Street in Houston. I live there with my Mother and my Grandmother.

I have been knowing Dean Corll for about 2 or maybe three years. I have known him real well for about 2 years. I met Dean through a friend of mine by the name of David Brooks. After I met him, Dean would come by my house and pick me up and we would go riding and he would buy beer for us and stuff like that. After I knew him for awhile, I began to figure that he was queer, homosexual. Then after awhile, I just came out and asked him if he was queer and he said yes, that he liked to have sex with boys by going down on them, and then he asked me if he could do it to me and offered me ten dollars to let him do it. I told him no. Then he asked me several more times after that, but I never would let him. At the time, he was living in some apts on Yorktown street and since then has lived in several different Apts. About three months ago , he moved into a house on Lamar Street in Pasadena. I have another friend by the name of Tim Kerley that I introduced to Dean several months ago and right after Dean met Tim, he started talking about he would like to have sex with him and asked me to get Tim to come over to his (Dean's) place so that he could do unnatural sex acts with him. Also during this time, Dean told me about a Warehouse that he had over on Hiram Clarke where he had killed some boys and buried them after he had had sex with them. His reason for killing them was that he couldn't afford to let them know that (that is everybody else) that he was a queer and what he had done to the boys. I thought that he was just kidding me about that part of it, but he took me over to the warehouse several times and the only thing that I ever saw in there was a car that he said was stolen. It was all stripped out, and I don't remember what color it was. We went on just being friends and fooling around for quite a while and then about 2 months ago, we started talking about him quiting his job and we would go traveling. We decided to do this about the first of September. I knew a girl by the name [redacted] who was having a big hassle with her parents and wanted to leave home so we were going to take her with us. Then yesterday, when Dean got off work, he picked me up at the corner of 15th and Shepherd Drive, and we rode around for awhile and drank a couple of beers, then he wanted me to get Tim to come over to his house so that he could have sex with him. I told him I didn't want to, but we went by Tim's house anyway. Dean said he was going to fill his van up with gas, and I stayed there at Tim's house. I guess I stayed there until after midnight, then me and TIM went over to Dean's house in Tim's car. We stayed there for about an hour bagging, then me and Tim went over and met [redacted] at a washateria down the street from her house. [redacted] brought her overnight bag and some stuff becaude she wasn't planning on going back home. Then we all three went over to Dean's house. I don't remember if he got up and let us in or if I just used my key, but when we got there, we all sat arpund and bagged for awhile..End of page one.

I am aware of Article 310 of the Penal Code of Texas, which that any person who shall, deliberately or willfully, under oath or affirmation legally administered, make a false statement by a voluntary declaration or affidavit, which is not required by law or made in the course of a judicial proceeding, is guilty of false swearing, and shall be punished, if found guilty, by confinement in the

A F F I D A V I T

THE STATE OF TEXAS

COUNTY OF HARRIS

BEFORE ME, the undersigned authority, a Notary Public in and for the County of Harris, State of Texas, on this day personally appeared ____________________

______________________________, to me well known, and who, after being by

me duly sworn, deposes and says:

" Page two of Affidavit:
The three of us, me [redacted], and Tim sat around in the living room bagging on some acrylic, and we got pretty high, and then it must have been just before daylight, I woke up and Dean was in the process of putting a pair of hand-cuffs on me, with my hands behind my back, and I said hey, what are you doing, and Dean said you just pissed me off by bringing [redacted] over here this early. I guess he was mad because I wasn't supposed to bring her over for several more days so she could go on the trip with us. Then I noticed that both [redacted] and Tim were both on their stomachs, with their hands cuffed and their feet tied. Also, they had tape over their mouths. The/Dean brought a transistor radio in and turned it up real loud by [redacted] and Tim. Then he picked me up and took me in the kitchen and told me again that he didn't appreciate me bringing [redacted] over there because it interfered with his plans. I started talking to him and begging him to take the hand cuffs off of me because I was afraid that he was going to kill me. I told him that I would do anything he wanted me to if he would just take the cuffs off of me. Then he said I ought to just keep you tied down like the rest of them, but I'm going to let you loose, but I'll keep the gun and knife. Then he let me loose, and went back in the living room and chained and tied them to a long board that he had there in the bed room. (He picked both of them up and carried them into the room where the board was). Then he took Tim's clothes off, and told me to take [redacted] clothes off. I cut [redacted] pants and panties off with a knife. At first he wanted Tim to have sex with [redacted], and Tim said he couldn't, then he told me to have sex with her, and he (Dean) would have sex with Tim. Dean had stripped himself completely naked. Then I got up and went to the bathroom, and came back and was just sort of walking around. I don't remember then whether Dean left the room or not, but he was down on top of Tim rubbing his penis on Tim's rear and I reached over on a little table on one side of the room and got the pistol that Dean had laid there. This was the pistol that he had had for quite a while and he had been pointing it at us earlier. I told Dean to stop what he was doing that I wasn't going to let him do anymore to Tim and [redacted] and to get away from them. I was pointing the pistol at him and told him I would kill him if he didn't stop. Then he said, you wont kill me, and started towards me. That is when I started shooting him. I don't remember exactly how it happened, but I just kept pulling the trigger and Dean fell through the door into the hall. Then I let [redacted] and Tim loose and they got dressed, and we talked about what we should do, and we decided to call the Police Dept, so I called them, and the Police came out to the house.

I am aware of Article 310 of the Penal Code of Texas, which that any person who shall, deliberately or willfully, under oath or affirmation legally administered, make a false statement by a voluntary declaration or affidavit, which is not required by law or made in the course of a judicial proceeding, is guilty of false swearing, and shall be punished, if found guilty, by confinement in the penitentiary for not less than two, nor more than five years."

小埃爾莫・韋恩・亨利

宣誓陳述書（逮補當下），一九七三年八月八日

我叫小埃爾莫・韋恩・亨利。白人男性，十七歲，生日是一九五六年五月九日，出生地為德克薩斯州休士頓。我讀完八年級，會讀寫英語。無業，住在休士頓三二五西二七街。我和媽媽、祖母一起住。

我認識狄恩・柯爾大概兩年，也可能三年了。我真的跟他比較熟是這兩年的事。我和狄恩相遇是透過我朋友介紹，朋友叫大衛・布魯克斯。遇到他之後，狄恩會開車到我家接我，我們會去兜風，他會買啤酒那些，我們一起吃吃喝喝。認識他一陣子後，我開始覺得他是酷兒、同性戀。隔了一陣子，我就直接問他是不是酷兒，他說沒錯，他喜歡和男孩做愛，幫男孩口交，然後問我他可不可以對我做，讓他做的話，會給我十美元。我跟他說不可以。之後他又問了好幾次，但我從來沒有答應。那時，他住在約克鎮街的公寓，之後搬過很多地方。大概三個月前，他搬到帕沙第納拉瑪爾街的房子。我有另外一位朋友提姆・克利，好幾個月前我介紹給狄恩，兩人見面沒多久，狄恩開始說想要和提姆做愛，要我帶提姆來他家（狄恩家），好讓他對提姆做一些反社會常規的性行為。

那段時間，狄恩跟我說他在海蘭姆克拉克有間倉庫，在那裡他強暴了幾位男孩，然

後殺了埋在裡面。他殺人的理由是他們（也就是其他所有人）如果知道他是酷兒，知道他對這些男孩做了什麼，後果他承擔不起。

我以為他是在開玩笑，但他帶我去倉庫好幾次，裡面我只看到一輛他說偷來的車。車皮都扒光了，不記得是什麼顏色。我們就只是朋友，瞎混一段時間。大概兩個月前，我們開始討論他辭掉工作，我們就可以去旅行。我們決定要在九月一日左右出去玩。

我認識了一個女生叫（已編輯），他和父母鬧翻，想要離家出走，我們會帶他一起出遊。然後昨天，狄恩下班來第十五街和薛帕德路的轉角接我，我們兜了一會兒風，喝了幾罐啤酒，然後他想要我帶提姆到他家，好讓他上提姆。

我告訴他我不想，但我們還是開到提姆家。狄恩說他要去加油，我就待在提姆家。我猜我在那裡待到半夜，接著提姆開車，我們前往狄恩家。我們在那裡待了大概一小時都在吸食物質，然後我和提姆到他家附近的自助洗衣店和（已編輯）碰面。

（已編輯）帶著過夜包和其他東西，因為他不打算回家了。然後我們三個人前往狄恩家。我不記得是他起床幫我們開門，還是我用自己的鑰匙，但我們到的時候，三個人就坐在那裡吸食物質好一陣子。

第一頁結束。

亨利宣誓陳述書第二頁：

我們三人，我、（已編輯）、提姆坐在客廳吸食漢聲（John Sone）壓克力顏料，我們吸到非常興奮，然後肯定就在天亮前，我醒來了，狄恩正在用手銬銬住我，把我雙手銬在背後，我說嘿，你在幹嘛。狄恩說你這麼早帶（已編輯）來這裡，氣死我了。

我猜他會這麼生氣是因為我應該要再晚幾天才帶他來和我們一起出遊。然後我注意到（已編輯）和提姆兩個都趴在地上，雙手上了手銬，雙腳被綁著，而且他們嘴上都貼著膠帶。然後狄恩拿了一臺電晶體收音機進來，聲音開得特別大聲，就放在（已編輯）和提姆旁邊。

然後他抓起我帶我進廚房，又跟我說一次，他很不樂見我帶（已編輯）來，因為這打亂了他的計畫。我開始和他講話，求他拆下手銬，因為我怕他要殺了我。我告訴他，如果解開手銬，他要我做什麼事我都願意。然後他說我應該把你綁著就像他們一樣，但我會鬆綁你，但我有槍和刀。然後他鬆綁了我，回到客廳，把他們鏈在、綁在臥室的長板上（他抓起他們帶到有長板的房間）。然後他脫下提姆的衣服，叫我脫下（已編輯）的衣服。

我用一把刀子劃破了（已編輯）的褲子和內褲。一開始，他想要提姆和（已編輯）做愛，提姆說不願意。然後他叫我和他做愛，他（狄恩）會和提姆做。狄恩脫光光，一絲不掛。然後我起身去臥室又回來，就在那走來走去。

我不記得狄恩有沒有離開房間，但他壓在提姆身上，在提姆後方摩擦自己的陰莖，我靠近了一點，靠在房間一側的小桌上，拿到狄恩放在那裡的手槍。這把手槍他擁有好一陣子了，之前他曾經用這把槍指著我們。

我叫狄恩停手別再做了，我不會讓他再對提姆和（已編輯）做任何事，叫他離他們遠一點。我用那把手槍指著他，跟他說如果他不停手，我會殺了他。然後他說，你不會殺了我，開始朝我前進。就是那時我開槍射他。我記不清楚究竟是怎麼發生的，但我只是一直扣扳機，狄恩越過門跌到門廊上。然後我鬆綁（已編輯）和提姆，他們穿上衣服，我們討論該怎麼辦，決定打給警察局，所以我打了電話，警方就來到狄恩家。

DATE: August 9th, 1973

TIME: 11:55 AM

Statement of Elmer Wayne Henley, Taken at 1114 Davis, Pasadena Police Dept Harris County, Texas.
(Building)

On the 8th day of August, 19 73, at 10:55 o'clock A. M, I Elmer Wayne Henley, was taken before Judge Russell Drake, a Magistrate at his office Pasadena, Harris County, Harris County, Texas, who informed me:

Of the accusations made against me;
That I had a right to retain counsel;
That I had a right to remain silent;
That I had a right to have an attorney present during my interview with peace officer or attorneys representing the state;
That I have a right to terminate an interview at any time;
That I have a right to request appointment of counsel if I cannot afford counsel;
That I have a right to an examining trial;
That I am not required to make any statement, and any statement I make may be used against me.

I have now been warned by Detective D.M.Mullican, the person to whom I am making this statement, and was so warned by Detective D.M.Mullican prior to any questioning of me by police while I was under arrest:

(1) that I have the right to have a lawyer present to advise me either prior to any questioning or during any questioning; (2) that if I am unable to employ a lawyer I have the right to have a lawyer appointed to counsel with me prior to or during any questioning, and (3) I have the right to remain silent and not make any statement at all and that any statement I make may and probably will be used in evidence against me at my trial, and (4) I have the right to terminate the interview at any time.

I do not want to consult with a lawyer before I make this statement, and I do not want to remain silent, and I now freely and voluntarily waive my right to a lawyer and to remain silent and make the following voluntary statement.

XXX My name is Elmer Wayne Henley, I am a white male 17 years old and was born on 5-9-56 in Houston, Texas. I have completed the 8th grade in school and can read and write the English Language. I presently live with my Mother at 325 West 27th Street in Houston, Texas.

About 3 years ago, I met a guy by the name of Dean Corll. Dean was a lot older than me and a school friend by the name of David Brooks introduced me to him. David was always riding around in Dean's car and everything. I was only about 14 at the time and I thought this was great. David Brooks told me that he could get me in on a daI deal where I could make some money, and he took me to Dean Corll. Dean told me that he belonged to an organization out of Dallas that bought and sold boys, ran whores and dope and stuff like that. Dean told me that he would pay me $200.00 at least for every boy that I could bring him and maybe more if they were real good looking boys. I didn't try to find any for him until about a year later, and I decided that I could use the money to get better things for my people so one day I went over to Dean's Apt on Schuler street and told him that I would find a boy for him. Dean had a GTX at the time, and we got in it, Dean and me and started driving around. We picked up a boy at 11th and Studewood, and I talked to him since I had long hair and all and it was easier for me to talk to him. I talked him into going to Dean's Apt to smoke some marijuana, so we went over to Dean's Apt. Dean left some handcuffs laying out where they could be seen, and we had this little deal set up where I would put the handcuffs on and then could get out of them. Then we talked this boy(I don't remember his name) into trying to get out of them. The only thing was we put them on where the locks were turned in where he couldn;t get the key into them. Then Dean took the boy down and tied his feet and put tape over his mouth. I thought Dean was going to sell him to this organization that he belonged to, so I left. Then the next day, Dean paid me $200.00. Then a day or so later I found out that dean had killed the boy. Then I found out that Dean screwed him in the ass before killing him. This was the start of the whole thing, and since then, I have helped Dean get 8 or 10 other boys, I don't remember exactly how many. Dean would screw all of them and sometimes suck them and make them suck him. Then he would kill them. I killed several of them myself with Dean's gun and helped him choke some others. Then we would take them and bury them in different places. David Brooks was with us on most of them.

Witness ______

Witness ______ Person Giving Statement Wayne Henley

CONTINUED PAGE 2 OF VOLUNTARY STATEMENT

I think the only three that David Brooks wasn't with us on was the last ones at the house on Lamar Street in Pasadena. The ones that I can remember by name are: David Hildegeist who Dean told me he had killed and buried in his boat stall a boy by the name of Malley Winkle, who David and Dean told they had killed and put in the boat stall, Charles Cobble who I killed and we buried in the boat Stall. I shot Charles in the head with Dean's pistol, over on Lamar Street in Pasadena, then we buried him in the boat stall. Then Marty Jones, me and Dean choked him and buried him in the boat stall. We killed a boy by the name of Billy Lawrence, I dont remember how we killed him, but we buried him up at Dean's place on Sam Rayburn Lake. We killed him at the house on Lamar Street too.Dean told me about one named Rueben Haney that he killed and buried on the beach at High Island. I shot and killed Johnny Delone, and we buried him at High Island. Then me and Dean and David Brooks killed two brothers, I think we choked them,anyway, we buried Billy Balch at High Island, and Mike Balch at Rayburn. We choked Mark Scott and Frank Aguirre and buried them at High Island. The last one that I cna remember their name is Homer Garcia, and I shot him in the head and we buried him at Rayburn. I don't remember the dates on all these, because there has been too many of them. Some of them were hitch-hikers and I can't remember their names. Dean told me that there was 24 in all, but I wasn't with him on all of them. I tried to tell me mother two or three times about this stuff and she just wouldn't believe me. I even wrote a confession one time and hid it, hoping that Dean would kill me because the thing was bothering me so bad. I gave the confession to my Mother and told her if I was gone for a certain length of time to turn it in. Me and David talked about killing Dean so that we could get away from this whole thing and several times, I have come within an inch of killing him but I just never got up enough nerve to do it until yesterday, because Dean had told me that his organization would get me if I ever did anything to him. This statement covers all that I can remember about all this killings and all that I know about where they are buried.

While making this statement, I have not asked for nor wanted the presence or advise of a lawyer. At no time during the making of this statement did I ask to stop or want to stop making this statement.

I have read the 2 page(s) of this statement, each page of which bears my signature, and the facts contained there in are true and correct.
This statement was finished at 12:40 PM. on the 9th day of August, 1973.

WITNESS: [signature]

WITNESS: [signature]

[signature]
Signature of person giving voluntary statement.

小埃爾莫・韋恩・亨利
完整自白，一九七三年八月九日

我叫埃爾莫・韋恩・亨利。我是白人男性，十七歲，生日是一九五六年五月九日，出生地是德克薩斯州休士頓。我念完八年級，會讀寫英語。目前我和媽媽一起住在德克薩斯州休士頓三二五西二七街。

大概三年前，我遇到一個男人，名字是狄恩・柯爾。狄恩年紀比我大很多，我的一位學校朋友大衛・布魯克斯介紹我們認識。大衛總是開著狄恩的車四處晃，還有其他很多東西。那時我才十四歲，我覺得那樣好厲害。

大衛・布魯克斯跟我說，他可以讓我參加一次交易，賺點錢，他就帶我去見狄恩・柯爾。狄恩告訴我他隸屬達拉斯的某組織，那個組織專門買賣男孩、拉皮條等等。狄恩跟我說，只要我每帶一名男孩給他，就會付我兩百美元，如果男孩真的很好看，還會給更多錢。

我沒有找任何男孩，一直到一年後，我打算要用這筆錢為我家人買好一點的東西，於是有天我到狄恩在舒勒街上的公寓，告訴他我會幫他找名男孩。狄恩那時候有一臺肌肉車，我們坐上車，狄恩和我開始開著車到處晃。我們在第十一街和史塔德伍德街路口接了一名男孩，我去和那名男孩攀談，因為我留長頭髮等等，我和他比較容易聊。

我說服他去狄恩的公寓吸大麻，所以我們開車回狄恩公寓。狄恩故意放了幾副手銬好讓大家都能看到，我們已經設好局了，我會戴上手銬，然後掙脫手銬。接著我們會說服這名男孩（我不記得他的名字）戴手銬試試看。唯一不同的是，我們幫他上了手銬，但手銬的鎖被關上了，他沒辦法把鑰匙插進去。然後狄恩制伏那位男孩，綁住雙腳，用膠帶貼住嘴巴。

我以為狄恩要把他賣給他隸屬的組織，所以我離開了。然後隔天，狄恩付給我兩百美元。一天或更多天之後，我發現狄恩殺了那位男孩；然後我發現狄恩操了他的屁眼，才殺死他。這是一切的開端，而且從那之後，我幫狄恩帶了八或十位男孩回來，我不記得確切數量了。狄恩會幹過每一位，有時候是吸他們陰莖，也會讓他們吸他的。然後他會殺了他們。我用狄恩的槍殺了其中幾位，也幫他掐死其他幾位。然後我們會帶他們到不同地方埋葬，大衛．布魯克斯多數時候都和我們一起行動。

亨利自白第二頁：

我想只有三次，大衛．布魯克斯沒有跟我們一起，是在帕沙第納拉瑪爾街房子最後那幾次。我記得名字的幾次是：大衛．海勒吉斯特，狄恩跟我說他殺了海勒吉斯特，埋在他的船隻倉庫；有個男孩叫馬利．溫克爾，大衛和狄恩跟我說，他們殺了他埋在船隻倉庫；查爾斯．考伯是我殺的，我們把他埋在船隻倉庫。那是在帕沙第納拉瑪爾街，我拿著狄恩的手槍朝查爾斯的頭開槍，然後我們把他埋在船隻倉庫。然後是馬蒂．瓊斯，我和狄恩掐死他，埋在船隻倉庫。我們殺了一名男孩叫比利．勞倫斯，我不記得我們是怎麼殺死他的了，但我們把他埋在狄恩家附近的薩姆雷本水庫區。我們也是在拉瑪爾街殺了他。狄恩跟我說他殺死一名叫魯本．海尼的男孩，埋在高島沙灘。我射殺了強尼．德洛梅，我們把他埋在高島。然後我、狄恩、大衛．布魯克斯殺了兩名兄弟，我想我們掐死他們，不管怎樣，反正我們把比利．鮑爾奇埋在高島，麥可．鮑爾奇埋在雷本。我們掐死馬克．史考特和法蘭克．艾吉雷，把他們埋在高島。最後一位我還記得姓名的是霍莫．賈西亞，我朝他的頭開槍，我們把他埋在雷本。

我不記得這些事情發生的確切日期，因為太多人了。有些男孩是搭便車的，我記不住名字。狄恩跟我說全部有二十四位，但我不是每個都跟在旁邊。我有兩、三次試著告訴媽這件事，但他就是不相信我。某次我甚至還寫了自白書藏起來，希望狄恩殺了我，因為這件事實在煩得我好難受。我把自白書給媽媽，告訴他如果我消失好一陣子，就把自白書交給警方。我和大衛說要殺了狄恩，我們才能遠離這一切，有好幾次，我差那麼一點就要殺了他，但我就是從來沒有足夠的勇氣殺他，直到昨天為止，因為狄恩跟我說如果我對他做任何事，他的組織會抓到我。

這份陳述包含了我記得的所有殺害，以及我知道的所有埋葬地點。

參考文獻

1. Abrams, Zara. "What Neuroscience Tells Us About the Teenage Brain." *Monitor on Psychology* 53 (5), July 2022. https://www.apa.org/monitor/2022/07/feature-neuroscience-teen-brain.
2. Albarus, Carmeta and Jonathan Mack. *The Making of Lee Boyd Malvo: The D.C. Sniper.* New York: Columb ia University Press, 2012.
3. Apter, Michael. *The Dangerous Edge: The Psychology of Excitement.* New York: The Free Press, 1992.
4. Barlow, Jim. "Henley Case Began in 1973 with Teen's Report of Killing." *Houston Chronicle*. December 21, 1979.
5. Becker, Steven W. "Human Trafficking, Homicide, and Current Prevention Efforts in the United States of America." *Hrvatski Ljetopis za Kaznene Znanosti I Praksu* November 29, 2022, 565–580. https://doi.org/10.54070/hljk.29.2.11.
6. "Behavior: The Mind of the Mass Murderer," *Time*, August 27, 1973.
7. Berliner, L. "The Concept of Grooming and How It Can Help Victims." *Journal of Interpersonal Violence* 33 (1), January 2018, 24–27. https://doi.org/10.1177/0886260517742057.

8. Blakemore, Sarah-Jayne. *Inventing Ourselves: The Secret Life of the Teenage Brain*. New York: Doubleday, 2018.
9. Bliss, George, and Michael Sneed. "Probe Destruction of Mail-Order Sex List," *Chicago Tribune*, May 30, 1977, 1.
10. Brandt, John Randall, Wallace A. Kennedy, Christopher J. Patrick, and John J. Curtin. "Assessment of Ps ychopathy in a Population of Incarcerated Adolescent Offenders." *Psychological Assessment* 9 (4), 1997, 429–435. https://doi.org/10.1037/1040-3590.9.4.429.
11. Caldwell, Michael, Jennifer Skeem, Randy Salekin, and Gregory van Rybroek. "Treatment Response of Ad olescent Offenders with Psycho-pathy Features: A Two-year Follow-up." *Criminal Justice and Behavior* 33 (5), 2006, 571–596. https://doi.org/10.1177/0093854806288176.
12. Capote File on Houston, Brooke Russell Astor Reading Room for Rare Books and Manuscripts, The New York Public Library.
13. "Capote Starts Work on Houston Murders," *Milwaukee Journal*, January 7, 1974.
14. Capote, Truman. *In Cold Blood*. New York: Random House, 1966.
15. Carlisle, A. C. "The Dark Side of the Serial-Killer Personality." In *Serial Killers*, edited by Louis Gerdes. San Diego, CA: Greenhaven Press, 2000, 106–118.
16. Casey, B. J., Rebecca M. Jones, and Todd A. Hare. "The Adolescent Brain." *Annals of the New York Acade*

my of Sciences 1124, March 2008, 111–126. https://doi.org/10.1196/annals.1440.010.

17. Chriss, Nicholas C., and Robert Rawitch. "Corll's Portrait: Polite, Quiet, Neat, 'Always with Young Boys.' " *Los Angeles Times*, August 19, 1973.
18. Cialdini, Robert. *Influence: The Psychology of Persuasion*. New York: Harper, 2006.
19. Cole, Sharline, and Susan R. Anderson. "Family Interaction and the Development of Aggression in Adolesc ents: The Experiences of Students and Administrators." *American International Journal of Contemporary Rese arch* 6 (4), August 2016. https://api.semanticscholar.org/Co-rpusID:168164675.
20. Collin-Vézina, D., M. De La Sablonnière-Griffin, A. M. Palmer, and L. Milne. "A Preliminary Mapping of Individual, Relational, and Social Factors that Impede Disclosure of Childhood Sexual Abuse." *Child Abuse and Neglect* 43, 2015, 123–134. https://doi.org/10.1016/j.chia-bu.2015.03.010.
21. Conaway, James. "The Last Kid on the Block." *Texas Monthly*, April 1976. Excerpted from *The Texans*, New York: Alfred A. Knopf, 1976.
22. Conte, Jon R., Steven Wolf, and Tim Smith. "What Sexual Offenders Tell Us About Prevention Strategies." *Child Abuse and Neglect* 13 (2), 1989, 293–301. https://doi.org/10.1016/0145-2134(89)90016-1.
23. Costa, Silvia and Peter Shaw. " 'Open Minded' Cells: How Cells Can Change Fate." *Trends in Cell Biology* 17 (3), 2006, 101–106. https://doi.org/10.1016/j.tcb.2006.12.005.
24. Dallas Police Prosecution Report on John David Norman apartment search, ID # 121699, August 15,

1973.

25. Da Silva, Diana R., Daniel Rijo, and Randall T. Salekin. "Child and Adolescent Psychopathy: A State-of-the-Art Reflection on the Construct and Etiological Theories." *Journal of Criminal Justice* 40 (4), 2012, 269–277. https://doi.org/10.1016/j.jcrimjus.2012.05.005.
26. Davis, David Martin. "Forensic Hypnosis is Big in Texas. Here's How It Got Its Start." Texas Public Radio, December 14, 2021. https://www.tpr.org/news/2021-12-14/forensic-hypnosis-is-big-in-texas-heres-how-it-got-its-start.
27. Dean, Andy C., Lily L. Altstein, Mitchell E. Berman, Joseph I. Constans, Catherine A. Sugar, and Michael S. McCloskey. "Secondary Psychopathy, But Not Primary Psychopathy, is Associated with Risky Decision-Making in Noninstitutionalized Young Adults." *Personality and Individual Differences* 54 (2), 2013, 272–277. https://doi.org/10.1016/j.paid.2012.09.009.
28. De Becker, Gavin. *The Gift of Fear: Survival Signals that Protect Us from Violence*. New York: Little, Brown & Co., 1997.
29. ——. *Protecting the Gift: Keeping Children and Teenagers Safe (and Parents Sane)*. New York: Dial Press, 1999.
30. Declercq, Frederic, Joachim Willemsen, Kurt Audenaert, and Paul Verhaeghe. "Psychopathy and Predatory Violence in Homicide, Violent, and Sexual Offences: Factor and Facet Relations." *Legal and Criminological*

Psychology 17 (1), 2012, 59–74.

31. Dietz, Park, Robert R. Hazelwood, and Janet Warren. "The Sexually Sadistic Criminal and his Offenses." *Bulletin of the American Academy of Psychiatry and Law* 18 (2), 1990, 163–178. https://api.semanticscholar.org/CorpusID:19298269.
32. Dunne, Dominick. "Greenwich Murder Time." *Vanity Fair*, June 2006.
33. Easton, Scott D., Lela Saltzman, and Danny Willis. "Would You Tell Under Circumstances Like That? Barriers to Disclosure for Men Who Were Sexually Abused During Childhood." *Psychology of Men and Masculinity* 15 (4), 2014, 460–469. https://doi.org/10.1037/a0034223.
34. "Five Ways Parents Can Deter Predators." *The Mama Bear Effect*. May 16, 2019. https://themamabeareffect.org/five-ways-parents-can-deter-predators/.
35. Flynn, George. "3 Sunny Days in August Cast a Cloud Over Houston." *The Houston Post*, February 14, 1974.
36. Forth, Adelle, Sune Bo, and Mickey Kongerslev. "Assessment of Psychopathy: The Hare Psychopathy Checklist Measures." In *Handbook on Psychopathy and Law*, edited by K. Kiehl and W. Sinnott-Armstrong. New York: Oxford University Press, 2013, 5–33.
37. Frick, Paul J. "Extending the Construct of Psychopathy to Youth: Implications for Understanding, Diagnosing, and Treating Antisocial Children and Adolescents." *Canadian Journal of Psychiatry* 54 (12), 2009,

803–812. https://doi.org/10.1177/070674370905401203.

38. Gao, Y., Adian Raine, F. Chan, P. H. Venables, and S. A. Mednick. "Early Maternal and Paternal Bonding, Childhood Physical Abuse and Adult Psychopathic Personality." *Psychological Medicine* 40 (6), 2010, 1007–1016. https://doi.org/10.1017/S0033291709991279.
39. Garbarino, James. *Miller's Children: Why Giving Teenage Killers a Second Chance Matters for All of Us*. Oakland, CA: University of California Press, 2018.
40. Gibney, Bruce. *The Beauty Queen Killer*. New York: Pinnacle, 1984.
41. Gibson, Barbara. *Houston Mass Murders—1973: A True Crime Narrative*. Self-published, 2023.
42. ——. "The Forty Year Search for Houston Mass Murder Victim May be Over." 2015. https://www.houstonmassmurders.com/finding-mark-scott, accessed December 2022.
43. Givens, David. *Crime Signals: How to Spot a Criminal Before You Become a Victim*. New York: St. Martin's Press, 2008.
44. Gnerre, Sam. "Christopher Wilder's Savage Crime Rampage Included Stop Off in the South Bay." *Daily Breeze*, July 19, 2021.
45. Gurwell, John. *Mass Murder in Houston*. Houston: Cordovan Press, 1974.
46. Hanna, David. *Harvest of Horror: Mass Murder in Houston*. New York: Belmont Tower, 1975.
47. Harbers, Scott, and Ed Jackson. "Dean and His Boys: A Tale of Sex and Death." *The Advocate*, September

12, 1973.

48. Hare, Robert D. *The Psychopathy Checklist-Revised, 2nd Edition*. Toronto, Ontario, Canada: Multi-Health Systems, 2003.

49. ——. *Without Conscience: The Disturbing World of the Psychopaths among Us*. New York: Simon and Schust er, 1993.

50. Hare, Robert D., David J. Cooke, and Stephen D. Hart. "Psychopathy and Sadistic Personality Disorder." In *Oxford Textbook of Psychopathology*, edited by T. Millon, P. H. Blanney, and R. D. Davies. New York: Oxf ord University, 1999, 555–584.

51. Hazelwood, Robert R., and Janet Warren. "Sexual Sadists: Their Wives and Girlfriends." In *Practical Aspec ts of Rape Investigation*, 3rd edition, edited by Robert R. Hazelwood and Ann Burgess. Boca Raton, Florida: CRC Press, 2001.

52. "Henley: Corll 'Like Two Different People.' " *Abilene Reporter-News*, August 11, 1973.

53. Hernandez, Katelyn A., Sara Ferguson, and Thomas Kennedy. *A Closer Look at Juvenile Homicide*. Cham, Switzerland: Springer Nature, 2020.

54. Hewitt, Don, executive producer. "Kiddie Porn," *60 Minutes*, May 15, 1977. Bentley Historical Library, University of Michigan.

55. Hickey, Eric. *Sex Crimes and Paraphilia*. Upper Saddle River, NJ: Pearson, 2006.

56. ——. *Serial Murderers and their Victims, 6th edition*. Belmont, CA: Wadsworth, 2013.

57. Hilberry, Conrad. *Luke Karamazov*. Detroit, MI: Wayne State University Press, 1987.

58. Hollandsworth, Skip. "The Lost Boys." *Texas Monthly*, April 2011.

59. "John David Norman—A Case Study." *Illinois State Police, Criminal Intelligence Bulletin* 39, December 1986.

60. Johnson, Sarah. "Investigative Hypnosis: What Is It and Does it Have a Place in Our Courts?" Bill Track 50, November 17, 2021. https://www.billtrack50.com/blog/investigative-hypnosis/.

61. Junge, Justin A., Brian J. Scholl, and Marvin M. Chun. "How is Spatial Context Learning Integrated over Signal Versus Noise? A Primacy Effect in Contextual Cueing." *Visual Cognition* 15 (1), 2007, 1–11. https://doi.org/10.1080/13506280600859706.

62. Katz, Carmit. " 'What Do You Mean the Perpetrator? You Mean My Friend?' Spotlighting the Narratives of Young Children who are Victims of Sexual Abuse by Their Peers." *Psychology of Violence* 10 (1), 2020, 30–37. https://doi.org/10.1037/vio0000238.

63. Katz, Carmit, and Z. Barnetz. "Children's Narratives of Alleged Child Sexual Abuse Offender Behaviors and the Manipulation Process." *Psychology of Violence* 6 (2), 2016, 223–232, https://doi.org/10.1037/a0039023.

64. Kennedy, T. "No Link Found to Homosexual Ring." *Houston Post*, n.d.

65. Kiehl, Kent. *The Psychopath Whisperer*. New York: Broadway Books, 2014.
66. Konnikova, Maria. *The Confidence Game: Why We Fall For It . . . Every Time*. New York: Penguin, 2016.
67. Labella, Madelyn H., and Ann S. Masten. "Family Influences on the Development of Aggression and Violence," *Current Opinion in Psychology* 19, February 2018, 11–16. https://doi.org/10.1016/j.copsyc.2017.03.028.
68. Lang, Rueben, and Roy Frenzel. "How Sex Offenders Lure Children." *Annals of Sex Research* 1 (2), 1988. https://doi.org/10.1177/107906328800100207.
69. Lebeau, Jean-Charles, Sicong Liu, Camilo Sáenz-Moncaleano, Susana Sanduvete-Chaves, Salvador Chacón-Moscoso, Betsy J. Becker, and Gershon Tenenbaum. "Quiet Eye and Performance in Sport: A Meta-Analysis." *Journal of Sport and Exercise Psychology* 38 (5), 2015, 441–457. https://doi.org/10.1123/jsep.2015-0123.
70. LeMaigre, Charlotte, Emily P. Taylor, and Claire Gittoes. "Barriers and Facilitators to Disclosing Sexual Abuse in Childhood and Adolescence: A Systematic Review." *Child Abuse and Neglect* 70, 2017, 39–52. https://doi.org/10.1016/j.chiabu.2017.05.009.
71. Lewis, Dorothy Otnow, Ernest Moy, Lori D. Jackson, Robert Aaronson, Nicholas Restifo, Susan Serra, and Alexander Simos. "Biopsychosocial Characteristics of Children Who Later Murder: A Prospective Study." *The American Journal of Psychiatry* 142 (10), 1985, 1161–1167. https://doi.org/10.1176/ajp.142.10.1161.

72. Lifton, Robert J. *The Nazi Doctors: Medical Killing and the Psychology of Genocide*. New York: Basic Books, 2nd edition. 2017.

73. Linedecker, Clifford. *Children in Chains*. New York: Everett House, 1981.

74. Lopez-Villatoro, J. M., N. Palomares, M. Díaz-Marsá, and J. L. Carrasco. "Borderline Personality Disorder with Psychopathic Traits: A Critical Review." *Clinical Medical Review and Case Reports* 5 (8), 2018, 227–35. https://doi.org/10.23937/2378-3656/1410227.

75. Lloyd, Robin, and Birch Bayh. *For Money or Love, Boy Prostitution in America*. New York: Vanguard Press, 1976.

76. Lynam, Donald. "Pursuing the Psychopath: Capturing the Fledgling Psychopath in a Nomological Net." *Jo urnal of Abnormal Psychology* 106 (3), 1997, 425–438. https://doi.org/10.1037/0021-843X.106.3.425.

77. Lynam, Donald R., Avshalom Caspi, Terrie Moffitt, Adrian Raine, Rolf Loeber, and Magda Stouthamer-Loeber. "Adolescent Psychopathy and the Big Five Results from Two Samples." *Journal of Abnormal Child Psychology* 33 (4), August 2005, 431–443. https://doi.org/10.1007/s10648-005-5724-0.

78. McVicker, Steve. "Killer Art." *Houston Press*, January 30, 1997.

79. Macknik, Stephen, Susana Martinez-Conde, and Sandra Blakeslee. *Sleights of Mind: What the Neuroscience of Magic Reveals about our Everyday Deceptions*. New York: Henry Holt and Co., 2010.

80. Marchocki, Kathryn. "Spader Won't Contest Life Sentence." *New Hampshire Union Leader*, April 22, 2013.

81. Meckel, Rob. "Body Identified After 12 Years in Local Morgue." *The Houston Post*, July 4, 1985.
82. Mellor, Lee. "Sexually Sadistic Homicide Offenders." In *Homicide*, edited by Joan Swart and Lee Mellor. Boca Raton, FL: CRC Press, 2016.
83. Montgomery, Paul L. "A Body Ruled Out as Victim of Ring." *The New York Times*, July 12, 1974.
84. Moore, Thomas. *Dark Eros: The Imagination of Sadism*. Dallas, TX: Spring, 1990.
85. Moreira, Diana, Susana Oliveira, Filipe Nunes Ribeiro, Fernando Barbosa, Marisalva Fávero, and Valeria Gomes. "Relationship Between Adverse Childhood Experiences and Psychopathy: A Systematic Review." *Aggression and Violent Behavior* 53, 2020, https://doi.org/10.1016/j.avb.2020.101452.
86. Myers, Wade C., David S. Husted, Mark Safarik, and Mary Ellen O'Toole. "The Motivation Behind Se rial Sexual Homicide: Is it Sex, Power, and Control, or Anger?" *Journal of Forensic Sciences* 51 (4), 2006, 900–907. https://doi.org/10.1111/j.1556-4029.2006.00168.x.
87. Myers, Wade C., Heng Choon Chan, Eleanor J. Vo, and Emily Lazarou. "Sexual Sadism, Psychopathy, and Recidivism in Juvenile Sexual Murderers." *Journal of Investigative Psychology and Offender Profiling* 7 (1), 2010, 49–58. https://doi.org/10.1002/jip.113.
88. Niehoff, Debra. *The Biology of Violence*. New York: The Free Press, 1999.
89. Nightbyrd, Jeff. "Runaway Murder in Texas." *Crawdaddy*, 1973, 38–45.
90. Oberg, Ted. "Bodies Exhumed of Victims of Serial Killer." ABC 13, February 8, 2011.

91. ——. "DNA Test Confirms Serial Killer Victim's Body Misidentified." ABC 13, November 30, 2011.

92. ——. "Man Recalls Encounter with Serial Killer's Accomplice." ABC 13, February 8, 2012.

93. ——. "Surviving a Serial Killer." ABC 13, August 8, 2008.

94. ——. "The Texas Following: Under a Serial Killer's Spell." ABC 13, February 4, 2013.

95. Ogilvie, Claire, Emily Newman, Lynda Todd, and David Peck. "Attachment and Violent Offending: A Meta-Analysis." *Aggression and Violent Behavior* 19 (4), 2014, 322–339.

96. Olafson, Steve. "DNA Test Puts Face on '70s Murder." *The Houston Post*, January 6, 1994.

97. Olsen, Jack. *The Man with the Candy: The Story of the Houston Mass Murders*. New York: Simon and Schuster, 1974.

98. Olsen, L., J. Daggs, B. Ellevold, and T. Rogers. "The Communication of Deviance: Toward a Theory of Child Sexual Predators' Luring Communications." *Communication Theory* 17, 2007, 231–251.

99. Olsen, Lise. "After Decades, Another Serial Killer Victim Identified." *Houston Chronicle*, December 1, 2011.

100. Ortiz, Adam. "Adolescent Brain Development and Legal Culpability." Office of Justice Programs, #204311, 2003.

101. Pisano, Simone, Pietro Muratori, Chiara Gorga, Valentina Levantini, Raffaella Iuliano, Genaro Catone, Giangenaro Coppola, Annarita Milone, and Gabriele Masi. "Conduct Disorders and Psychopathy in Children

and Adolescents: Aetiology, Clinical Presentation and Treatment Strategies of Callous-Unemotional Traits." *Italian Journal of Pediatrics* 43 (1), 2017, 84–104. https://doi.org/10.1186/s13052-017-0404-6.

102. Porter, Stephen, Michael Woodworth, Jeff Earle, Jeff Drugge, and Douglas P. Boer. "Characteristics of Sexual Homicide Committed by Psychopathic and Nonpsychopathic Offenders." *Law and Human Behavior* 27 (5), 2003, 459–470. https://doi.org/10.1023/a:1025461421791.

103. Raine, Adrian. *The Anatomy of Violence: The Biological Roots of Crime*. New York: Vintage, 2013.

104. Ramsland, Katherine. "The Care and Feeding of Serial Killers." In *A History of Evil in Popular Culture*, edited by Sharon Packer and Jody Pennington. Santa Barbara, CA: Praeger, 2014.

105. ——. *Confession of a Serial Killer: The Untold Story of Dennis Rader, the BTK Serial Killer*. Lebanon, NH: ForeEdge, 2016.

106. ——. "The Moors Murderers." *Serial Killer Quarterly* 3, 2014.

107. Ramsland, Katherine, and Patrick McGrain. *Inside the Minds of Sexual Predators*, Santa Barbara, CA, ABC/CLIO, 2010.

108. Reilly, Jill. "Could There Be Even More? 29th Victim of Candy Man 'Revealed' after Photo of a Terrified Handcuffed Young Boy Discovered." *Daily Mail*, February 9, 2012.

109. Rhor, Monica. "Coroner Still Seeks Names of Houston Mass Murder Victims After 35 Years." *The Canadian Press*, June 6, 2008.

110. Rignall, Jeff, and Ron Wilder. 29 Below. Chicago: Wellington Press, 1979.

111. Ringenberg, Tatiana R., Kathryn C. Seigfried-Spellar, Julia M. Rayz, and Marcus K. Rogers. "A Scoping Review of Grooming Strategies: Pre- and Post-Internet." *Child Abuse and Neglect* 123, 2022. https://www.sciencedirect.com/science/article/abs/pii/S0145213421004610.

112. Rosella, Louie. "Notorious Meadowvale Serial Killer Left a Suicide Note." Mississauga News, 2015. https://www.mississauga.com/news-story/5733577-50th-anniversary-notorious-meadowvale-serial-killer-left-suicide-note/.

113. Rouner, Jef. "Real Horror: Local Filmmaker Brings the Horrific Crimes of Dean Corll to the Screen." *Houston Press*, December 4, 2013.

114. Salekin, Randall T., and John E. Lochman. "Child and Adolescent Psychopathy: The Search for Protective Factors." *Criminal Justice and Behavior* 35 (2), 2008, 159–172. https://doi.org/10.1177/0093854807311330.

115. Sapolsky, Robert. "Dude, Where's my Frontal Cortex?" Nautilus, June 25, 2014. https://nautil.us/dude-wheres-my-frontal-cortex-234980/.

116. Schaffer, Lisa, and Julie Penn. "A Comprehensive Classification System." In *Sex Crimes and Paraphilia*, edited by Eric Hickey. Upper Saddle River, NJ: Pearson, 2006, 69–94.

117. *Sexual Exploitation of Children—Hearings Before the Subcommittee on Crime*, 95th Congress, 1st Session,

May 23, 25, June 10, and September 20, 1977.

118. Shivers, Rob. "Raid on 'Call-boy' Service Nets up to 100,000 Names." *The Advocate*, September 12, 1973.

119. Smallbone, Stephen W., and Richard K. Wortley. "Child Sexual Abuse: Offender Characteristics and Modus Operandi." *Trends and Issues in Crime and Criminal Justice* 193, 2001. https://www.researchgate.net/publication/29458465_Child_Sexual_Abuse_Offender_Characteristics_and_Modus_Operandi.

120. Spanos, Staci. "College Kids Easily Lured into Stranger's Van." News4Jax, November 14, 2014. https://www.news4jax.com/news/2014/11/14/college-kids-easily-lured-into-strangers-van/.

121. Spivey, Michael J. *Who You Are: The Science of Connectedness*. Cambridge, MA: MIT Press, 2020.

122. Stevenson, Robert Louis. *The Strange Case of Doctor Jekyll and Mr. Hyde*. New York: Scribner's, 1886.

123. Stone, Michael H. "Sadistic Personality in Murderers." In *The Psychopath: Antisocial, Criminal, and Violent Behavior*, edited by Theodore Millon, Erik Simonsen, Roger D. Davis, and Morten Birket-Smith. New York: Guilford Press, 1998, 346–355.

124. Stone, Michael H., and Gary Brucato. *The New Evil: Understanding the Emergence of Modern Violent Crime.* New York: Prometheus, 2019.

125. True, Alison. "Vito Marzullo's Grandson and Gacy: The Biggest Open Secret in Chicago History" *John Wayne Gacy's Other Victims* (blog). February 24, 2013. www.johnwaynegacynews.com.

126. Van Dam, Carla. *Identifying Child Molesters: Preventing Child Sexual Abuse by Recognizing the Patterns of the*

Offenders. New York and London: Routledge, 2001.

127. Vance, Carol S. *Boomtown DA*. Houston, TX: Whitecaps Media, 2010.
128. Vronsky, Peter. *American Serial Killers: The Epidemic Years* 1950–2000. New York: Berkley, 2020.
129. Warren, Janet I., and Robert R. Hazelwood. "Relational Patterns Associated with Sexual Sadism: A Study of Twenty Wives and Girlfriends." *Journal of Family Violence* 17, 2002, 75–89.
130. Weaver, Melanie. "Long-Term Survivors of Commercial Sexual Exploitation: Survivor Voice and Surviven cy in the Decades after Exiting." A Dissertation Presented in Partial Fulfillment of the Requirements for the Degree Doctor of Philosophy, Arizona State University, October 2019.
131. Wilk, Miss. "Reporter's Notebook: Is There Another Victim of the Houston Serial Killers?" April 10, 2012. https://crimeculture.wordpress.com/2012/08/10/reporters-notebook-is-there-another-victim-of/.
132. Wittenberg, Pete. "Henley Says Fear Prompted Slaying." *The Houston Post*. January 25, 1974.

媒體片段：

133. Corderi, Victoria, "Man with a Past." *48 Hours:* 1990. Accessed on Youtube January 2022, https://www.youtube.com/watch?v=wAm6Oil9sG4
134. Hobbes, J. P., "Interview with Elmer Wayne Henley, Jr.," *Collectors*. 2000.
135. KRPC-TV footage, August 8, 1974.

136. Vargas, Josh. *In a Madman's World*. 121 minutes, YouTube video, accessed January 2022, https://www.youtube.com/watch?v=Mf64WRQ6-e4

法律文件和案件：

137. David Brooks affidavit
138. David Brooks witness statement
139. Elmer Wayne Henley Jr. affidavits
140. Timothy Kerley affidavit
141. Rhonda Williams affidavit
142. *David Owen Brooks v. State of Texas*, 580 S.W.2d 825 (1979)
143. *Elmer Wayne Henley v. State of Texas*, 644 S.W.2d 950 (1978)
144. *State [of New Jersey] v. Hurd*, 432 A.2d 86 (NJ 1981)
145. Houston Police Department reports
146. Pasadena Police Department reports

個人訪問：

147. Steven Becker—Tracy Ullman, 2011–2012

148. Dr. Al Carlisle—Katherine Ramsland, 2013

149. Dr. Robert Hare—Katherine Ramsland, 2003, 2014, 2019

150. Robert R. Hazelwood—Katherine Ramsland, 2000

151. Elmer Wayne Henley Jr.—Tracy Ullman, 2020–present; Katherine Ramsland, 2021–present

152. Mary Henley—Tracy Ullman, 2018–present

153. Dr. Eric Hickey—Katherine Ramsland, 2014

154. Sally Keglovits—Katherine Ramsland, 2022

155. Dr. Kent Kiehl—Katherine Ramsland, 2014

156. Don Lambright—Tracy Ullman, July 2022

157. Gregg McCrary—Katherine Ramsland, 2014

158. Freddie Majors—Tracy Ullman, July 2022

159. Anthony Meoli—Katherine Ramsland, 2014

高寶書版集團
gobooks.com.tw

BK 086
連環殺手的學徒：誘拐綑綁、性侵凌虐、埋屍滅跡，休士頓最凶殘殺人魔與青少年共犯的罪惡行徑實錄
The Serial Killer's Apprentice: The True Story of How Houston's Deadliest Murderer Turned a Kid into a Killing Machine
作　　者　凱瑟琳・朗斯蘭（Katherine Ramsland）、崔西・烏爾曼（Tracy Ullman）
主　　編　林子鈺
責任編輯　高如玫
封面設計　之一設計
內頁排版　賴姵均
企　　劃　陳玟璇
版　　權　劉昱昕

發 行 人　朱凱蕾
出　　版　英屬維京群島商高寶國際有限公司台灣分公司
　　　　　Global Group Holdings, Ltd.
地　　址　台北市內湖區洲子街88號3樓
網　　址　gobooks.com.tw
電　　話　(02) 27992788
電　　郵　readers@gobooks.com.tw（讀者服務部）
傳　　真　出版部(02) 27990909　行銷部 (02) 27993088
郵政劃撥　19394552
戶　　名　英屬維京群島商高寶國際有限公司台灣分公司
發　　行　英屬維京群島商高寶國際有限公司台灣分公司
法律顧問　永然聯合法律事務所
初版日期　2025年07月

國家圖書館出版品預行編目(CIP)資料

連環殺手的學徒：誘拐綑綁、性侵凌虐、埋屍滅跡，休士頓最凶殘殺人魔與青少年共犯的罪惡行徑實錄 / 凱瑟琳.朗斯蘭(Katherine Ramsland), 崔西.烏爾曼(Tracy Ullman)著；傅文心譯. -- 初版. -- 臺北市：英屬維京群島商高寶國際有限公司台灣分公司, 2025.07
　面；　公分. --

譯自: The serial killer's apprentice : the true story of how Houston's deadliest murderer turned a kid into a killing machine.

ISBN 978-626-402-292-7（平裝）

1.CST: 柯爾(Corll, Dean, 1939-1973)
2.CST: 亨利(Henley, Elmer Wayne, Jr., 1956-)
3.CST: 殺人罪　4.CST: 報導文學　5.CST: 個案研究

548.5　　114007876